超高齢・人口減少社会のイノベーション

超成熟社会発展の経済学 III

樋口美雄＋駒村康平＋齋藤　潤　編著

慶應義塾大学出版会

はじめに

本書は、現在、慶應義塾大学が進めている博士課程教育リーディングプログラム（オールラウンド型）「超成熟社会発展のサイエンス」の取り組みの中から生まれたものです。

博士課程教育リーディングプログラムは、大学院の五年間を対象に、グローバルな舞台で活躍できる次代のリーダーを育てることを目的とする、文部科学省によるプログラムです。希望する大学が応募し、採択されて初めて取り組みが可能になるプログラムですが、中でも「オールラウンド型」は、全学的な取り組みを前提にした包括的なプログラムと位置づけられています。慶應義塾大学は、初年度（二〇一一年度）にこのオールラウンド型としての採択を受けました。これを受け、二〇一二年度から、大学院生を対象にした募集を行い、厳正な選抜を行った上で大学院生の受け入れを開始し、プログラムをスタートさせました。

リーディング大学院プログラムに参加する大学は、それぞれが工夫を凝らしてプログラム運営にあたっていますが、慶應義塾大学のプログラムの特徴は、参加者全員が「超成熟社会発展のサイエンス」を共通のプラットフォームとして、特別に編成された共通科目を履修しながら活動に取り組むことにあります。

まずこのプログラムに参加する大学院生は、リサーチ・アシスタント（RA）として、慶應義塾に雇用されます。そのうえで、文理融合の観点から、主専攻の修士課程を修了した後、全く分野の異なる別の修士課程をもう一つ副専攻として修めます。そしてさらにその後、主専攻の博士課程に戻り、プログラム参加後五年以内に博士号を取得することを目指すことが求められています（これをM／Dシステムと呼んでいます）。

また、本プログラムでは、産業界の第一線で活躍されている方々にメンターの役割をお願いしています。メンターの指導の下、学生は、実社会で直面するさまざまな課題に目を向けるとともに、その中から具体的な問題を一つ取り上げ、その解決策を取りまとめるプロジェクトに取り組むことになります。

さらに、本プログラムは、サバンナの中のオアシスが、さまざまな動物が集まる場所を提供することで、生物の進化の契機を与えてくれたように、「水飲み場」効果が生まれることを期待して、専攻やバックグラウンドの異なる人たちの交流や意見交換の場を積極的につくり出しています。また、英語能力の習得、海外での活動経験も重視しています。このため修士課程の間に約一カ月の海外インターンシップ、博士課程の間に約六カ月の海外短期留学を義務づけています。

初年度（二〇一二年度）に本プログラムに参加した一期生は、昨年度（二〇一四年度）までに全員が、主専攻の修士号に加え、副専攻の修士号を取得することができました。それぞれが、理工学修士と経済学修士、法学修士と理工学修士といったように、文理にまたがる学位を取得し、俯瞰力をつけて主専攻に戻ってきました。彼らは、本年度（二〇一五年度）からの二年間のうちに博士号を取得するとともに、社会問題に関する政策提言、企業戦略提言をとりまとめ、これらを財産に、広く社会に活躍の場を求めることになります。この最終ステージを順調に進むことは、これから学生たちが取り組まなければならない最後の課題であるとともに、私たちプログラム運営側にとっても大きな挑戦であります。

本プログラムに参加する学生は、前述のように本プログラム独自の共通科目を履修しなければなりませんが、その一つとして、経済学研究科と商学研究科が共同で開講している「超成熟社会発展の経済学」があります。本書は、昨年度（二〇一四年度）に行われたその講義の内容を基にしています。この講義の主題は、技術と制度のイノベーションということにあります。この主題を巡って慶應義塾大学大学院の教員の講義だけでなく、実業界等の第一線で活躍されておられる方々にも講義をお願いしているのがその特徴です。このことによって、理論と実際の両方を視野に入れた重層的な講義となっています。

そうした豊かな内容を記した本書は、大学院への進学を考えている大学生、大学院で学びながら将来のキャリアパスを思い描いている大学院生ばかりでなく、不透明感が強まっているビジネスの最前線にあって、現状をどのように理解すべきなのか、あるいは将来の経済社会はどうなっていくのかについて、新たなヒントを探し求められているビジネスパーソンの方々にも有益な示唆を与えるものと思います。そうした方々すべてに本書を広く読んでいただけることを期待しています。

二〇一五年一二月

慶應義塾長　清家　篤

超高齢・人口減少社会のイノベーション

超成熟社会発展の経済学Ⅲ

目次

序章　本書の問題意識――「超成熟社会」への挑戦

齋藤　潤
（慶應義塾大学大学院商学研究科特任教授）

一　「超成熟社会」としての現代

現在、日本の経済社会は、さまざまな難問に直面しています。
自律回復力が弱く、外的なショックに脆弱な景気。次第に低下する潜在成長率。正規と非正規の不均等処遇や貧困の拡大が顕著になっている格差問題。若い人が流出し、コミュニティーが崩壊する地域社会。子育てを支えるインフラがなく、長寿に伴う認知症への対応も遅れている福祉政策。負担と給付のバランスが崩れ、持続可能性が損なわれている社会保障。赤字が続き、債務が膨張の一途をたどる財政。

こうした難問は、一九九〇年代に入る頃から次第に顕在化してきました。当時はバブルが崩壊した直後であったこともあり、それがバブルの後遺症の一部をなす現象であると見られていたこともありました。しかし、二〇〇〇年代に入って不良債権処理を終え、バブル崩壊の影響から脱した後も、問題はなお残りました。否、むしろ問題は大きくなってしまったと言えます。このことは、こうした問題が、バブルの後遺症といった一時的な問題なのではなく、より深く、日本の経済社会に根差した構造的な問題であることを示しています。

本書は、こうした問題が、我が国が「超成熟社会」に突入したことに伴って生起した問題であると捉えることを出発点に、その克服のためにはどうすればよいのかを考えることを目的にしています。

二　超成熟社会とは何か

それでは、本書で言う「超成熟社会」とは、どういう社会のことでしょうか。

まず、それが少子・高齢化や人口減少の進展といった人口動態の大変化にさらされている社会であることは間違いありません。

我が国の合計特殊出生率は、一九七四年に人口置換水準（人口を維持するために必要な出生率水準である二・二）を下回って以降、基本的には低下傾向をたどってきています。他方、平均寿命は延び続け、今や女性は八六歳、男性も八〇歳と、世界でも指折りの長寿国になっています。

このため、人口に占める六五歳以上の高齢者の比率は上昇の一途をたどり、今や世界でも突出した超高齢社会となっています。他方、生産年齢人口（一五～六四歳の人口）は一九九〇年代半ばに減少に転じ、総人口も二〇〇〇年代半ばから減少を続けています。

　こうした人口動態の大変動は、我が国の経済社会に大きな影響を及ぼしています。国内市場の規模が縮小し、経済成長力を削いでいます。また、人口が東京都などに集中し、都市と地方の差をますます際立たせています。

　しかし、超成熟社会の背景にあるのは、高齢化・人口減少だけではありません。これ以外にも、超成熟社会の背景をなす要素がいくつかあります。

　一つは、グローバル化による競争環境の激化です。

　市場経済を基礎とする経済である以上、競争は常にあります。また、戦前の反省に立ってつくられたＩＭＦ・世銀やＧＡＴＴ／ＷＴＯのような国際機関や国際的取り決めの下で、戦後、貿易や投資の自由化が進み、グローバル化が進展してきました。しかし、一九八〇年代までの間、日本の企業が直面していた競争は、国内の同業他社や、欧米先進国の企業との間の競争でした。そのため、日本の技術力を背景にした品質での競争が、我が国の強みになったのです。

　しかし、冷戦の崩壊後、多くの旧社会主義・計画経済諸国が世界市場に参入してきました。また、発展途上国の中にも、先進国の援助をばねにして、競争力を持ってくるような国々が台頭してきました。そのような中で、次第に価格面での競争力が重要性を増すようになり、これまでとは違う種類の競争を強いられるようになりました。しかも、それがますます厳しいものになってきています。その結果、コスト削減が従来にも増して求められるとともに、その一環として、企業が生産拠点を海外に移転する動きも強まってきました。こうしたことは、従来の企業のあり方を大きく変えるとともに、雇用や賃金のあり方の変化を通して、広く社会に影響を与えることにもなっています。

高齢化・人口減少以外で超成熟社会の背景をなすもう一つの要素は、イノベーションの急速化です。技術革新は経済発展の大きな原動力ですが、それには、大きく二種類あります。一つは海外で開発された技術を輸入することによるものです。もう一つは、自前で技術を開発するものです。このうちの後者をイノベーションと呼ぶことにしましょう。

戦後の技術革新は、最初、海外からの技術輸入で進みました。そのうち、次第にイノベーションが出てくるようになりますが、その中心は、日本の強みであったラインでの生産方法の改善を内容とする、いわゆる「プロセス・イノベーション」でした。しかし、先進国にキャッチアップし、技術面でのフロンティアに到達すると、新しい製品やサービスを創造する、いわゆる「プロダクト・イノベーション」が求められるようになります。しかも、グローバル化の下で、それを急速に進めることが求められています。さらにそのことは、多くの分野においては、ベンチャーの役割が大きくなってくることも意味します。実はこれらは、いずれも我が国においては遅れている取組みなのです。そのため今日、これまでの企業組織のあり方や人材育成のあり方の改革が強く迫られているのです。

以上見てきたような構造的な変化、すなわち、①少子高齢化・人口減少の進展、②グローバル化による競争環境の激化、③イノベーションの急速化、は、ある意味では、いずれもこれまでの経済発展の結果であり、経済の成熟化によってもたらされたものです。

経済発展の結果、グローバル化が進み、イノベーションが進んできました。また、経済発展の結果、物質的な欲望が満たされ、代わって精神的な欲望の充足が求められるようになり、価値観の多様化が現れてきました。仮にこうした社会を「成熟社会」と呼ぶとすれば、その「成熟社会」そのものが、やがて出生率の低下をもたらすことになったのです。

これまでの経済発展や経済成熟化の帰結が、逆にそうした経済発展や経済成熟化の基盤を脅かしているというパラドクシカルな状況、これが「成熟社会」の先に到来した現在の「超成熟社会」の姿だと考えられます。

三　超成熟社会発展のための方策

それでは、環境条件の変化の下で経済社会が直面している難問を克服し、超成熟社会の持続的な発展を実現するためには、何をすればいいのでしょうか。

第一に、しばしば強調されることですが、超成熟社会であっても経済成長を遂げられるようにすることが重要です。そのためには全要素生産性を引き上げることが必要です。中でも、その中心となるべきは、イノベーションの活発化です。我が国の場合には、研究開発投資に占める民間部門の比重が大きいので、いかに民間部門が積極的にイノベーションに取り組むかが鍵を握っています。民間部門がリスクをとりながら、人的・物的資源を研究開発に投下することが求められています。

ただ、イノベーションの活発化にとっては、政府の支援、環境整備も必要です。研究開発投資を促進するような公的支援が必要なことは言うまでもありませんが、それればかりではありません。イノベーションの成果が実際に製品化、サービス化されようとするときに、しばしば既存の法律が障害となります。イノベーションに合わせた、法制度の柔軟な見直しも必要なのです。

第二に、超成熟社会が直面している難問の中には、日本の経済社会を取り巻く環境条件が前述のような構造的変化を遂げているにもかかわらず、経済社会のシステムがそれに適合するように見直されていないことに由来しているものが多くあります。

ここでは日本の雇用システムを例にとって説明をしましょう。一九八〇年代まではうまく機能していたと考えられる終身雇用制や年功型賃金制は、高齢化が進展する中で、人件費の高騰圧力にさらされることになりました。しかし、グローバル化による競争の激化の下では、それを負担する余裕はありません。その結果、正規との間に大きな処遇の差のある非正規雇用の拡大をもたらすことになったと考えられるのです。

また、現役世代が増加する一方、高齢世代がまだ多くなかったときに整備された賦課方式の年金制度は、少子高齢化が進んでくるのに伴い、収支が急速に悪化しています。そのため、保険料の引き上げやマクロ経済スライドによる給付の削減が行われていますが、依然として持続可能性には懸念を持たれているのが現状です。

このように、日本経済を取り巻く新しい環境条件に適合した、新しい経済社会システムを構築することが必要になっているのです。そのためには、新しい経済社会システムの方向を見定めるとともに、その実現に向けて、政府が柔軟・迅速に法制度を見直すことが必要です。

第三に、超成熟社会をもたらした環境条件そのものに働きかけることです。環境条件というと、影響を及ぼすことのできない与件のように捉えられがちですが、たとえば、高齢化・人口減少という現象は、私たちのあり方次第で歯止めをかけることが可能な条件です。そのためには、たとえば、出生率を引き上げることや、外国人労働者を受け入れることが考えられます。いずれも、これまでの制度のあり方や考え方の大幅な変更を必要とすることですが、それができれば、超成熟社会の将来は大きく変わっていくことになります。

以上のことを要約するとすれば、超成熟社会の持続的な発展のために必要なのは、「技術面でのイノベーション」と「制度面でのイノベーション」の二つであるということになります。

四　本書の構成

本書は、これまで述べてきたような問題意識を基に構成されています。その主題は、高齢化・人口減少という問題に直面する日本の経済社会が抱える課題や、それを解決するための方策について整理をするとともに、その課題に応えるために現実に進められている具体的な取組みについて紹介することにあります。

まず前半の第Ⅰ部では、超成熟社会の問題の中でも、高齢化・人口減少の問題に焦点を当て、その原因と影響について、教員が、主として経済学的な視点から分析を行います。

高齢化・人口減少の原因については、特に出生率の動向が婚姻率の動向と深く関係している我が国の特徴的な状況を踏まえて分析を行い、そのうえで高齢化・人口減少の負の影響を相殺するための方策のあり方を論じます。また、高齢化・人口減少の影響については、人口減少が地域経済に及ぼす影響と、高齢化の進展に伴う認知症の増加などが社会システムに及ぼす影響を分析します。最近急速に関心が高まっているこれらの問題についてどう理解すべきか、その基本的な視点を提示します。

こうした内容を通して、高齢化・人口減少に伴う問題を解決するために取り組むべき「技術面でのイノベーション」と「制度面でのイノベーション」の基本的な課題について整理することができればと思っています。

後半の第Ⅱ部では、そうした厳しい環境の下にあって、産業界等の第一線で活躍されている方々から、それぞれが直面する課題を打開すべく具体的に取り組んでいる内容について紹介していただきます。

具体的な分野としては、医療、エネルギー、宇宙、農業、金融を取り上げ、それぞれが置かれている現状を俯瞰していただいたうえで、将来を見渡したときの展望を語っていただきます。そのうえで、将来、どのような技術面でのブレークスルーが期待されるのか、それに伴ってどのような制度面での対応が必要とされているのかについても、論じていただきます。

こうしたことによって、高齢化・人口減少に立ち向かうために取り組まれるべき「技術面でのイノベーション」、「制度面でのイノベーション」の具体的なあり方が浮き彫りになるものと期待しています。

以上のような本書のねらいが十分に実を結んでいるのかどうかについては、読者の皆様のご判断を仰ぎたいと思います。それでは、本論にお進みください。

第Ⅰ部　超高齢・人口減少社会の経済学

第一章　人口減少の背景と克服策

齋藤　潤
（慶應義塾大学大学院商学研究科特任教授）

はじめに

我が国の総人口は二〇〇八年をピークに減少に転じています。二〇〇八年に一億二八〇六万人を記録した総人口は、二〇一五年三月時点で一億二六九〇万人にまで減少しています。[1] そしてこの減少基調は、今後も続くものと予想されています。国立社会保障・人口問題研究所が五年ごとに発表している「日本の将来推計人口」の最新版（二〇一二年一月）によると、五〇年後の二〇六〇年には、現在の人口の約三分の二にあたる八六七四万人に減少し、さらに一〇〇年後の二一〇〇年には、三分の一の四二八六万人にまで減少すると見込まれているのです。[2] これは、我が国の人口が、明治三〇年代初め（一八九〇年代後半）の頃の人口規模に逆戻りすることを意味します。

図表１　将来推計人口（出生中位、死亡中位ケース）

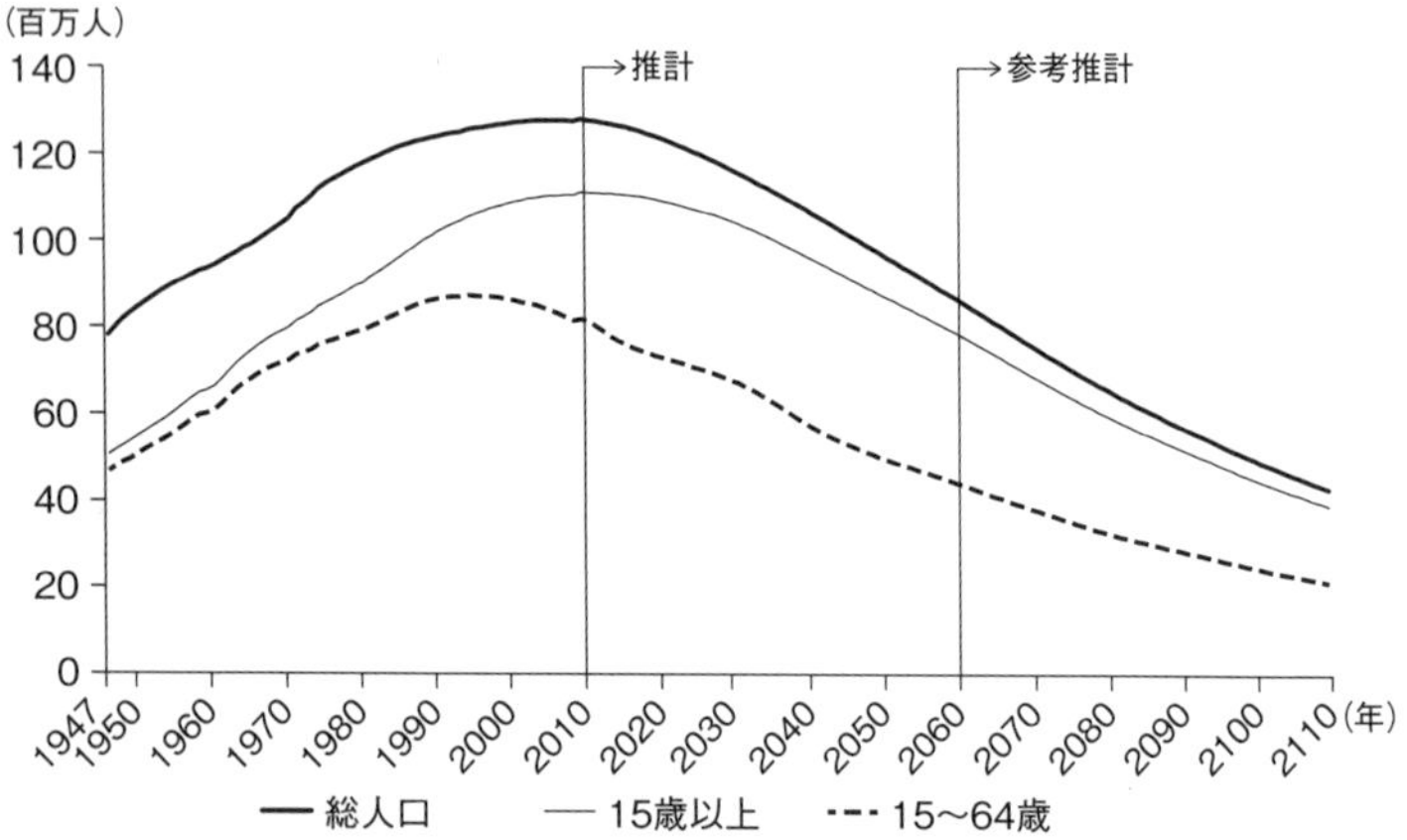

出所：国立社会保障・人口問題研究所。

日本の人口が減少することになった直接的な原因は、出生率が低下したことにあります。合計特殊出生率は、その年の年齢別出生率を合計したもので、仮にその年齢別出生率通りに出産したとき、女性が生涯に産むことになる平均子ども数のことです。特に、戦後日本におけるこの数字は、長期的に見て低下傾向にあるのです。人口の規模が維持されるためには、この合計特殊出生率が最低でも二・一ないといけないのですが（これを人口置換水準と言います）、一九七四年以降の合計特殊出生率は人口置換水準を下回り続け、二〇一四年も一・四二となっているのです。

世界的に見ると、日本のように出生率が低下し、人口置換水準を下回るようになっている国は、欧州やアジアを中心に数多くあります。しかし、人口が減少している国はまだ数えるほどしかありません。そういう意味で、我が国が直面している人口減少という事態は、世界でもあまり例のないことですが、どの低出生率国も、このままで行けば、遅かれ早かれ同じ道を通ることになるのです。

本章では、この人口減少に焦点を当てて、その影響や、原因、克服策などについて考えていきたいと思います。

一　人口減少が経済成長に及ぼす影響

まず人口減少が経済成長に及ぼす影響から考えてみましょう。

経済学で長期の経済成長を考えるときには、成長会計というのを用います。これはコブ＝ダグラス型生産関数を用いて、経済成長を供給側から分析する手法です。これによると、実質経済成長率は、労働投入の寄与、資本投入の寄与、全要素生産性の寄与という三つの要素の和に等しいことになります。ここでは、この手法を実質ＧＤＰの中長期的な趨勢としての潜在ＧＤＰの変化率（潜在成長率）に当てはめ、人口減少が経済成長にどのような影響を及ぼし得るかを考えてみましょう。(3)

(1) 労働投入の寄与

労働投入の寄与は、生産に携わる就業人口の増加率に労働分配率を乗じることによって求められます。このうち、就業者数は、一五歳以上人口に労働参加率を乗じて求まる労働力人口から、構造的な失業率（完全雇用状態でも存在する失業率）から得られる構造的な失業者数を除いたものとして求められます。ここでは、労働分配率は、通常六七％程度と想定されます。

したがって、労働参加率、構造的失業率、労働分配率が一定とすれば、就業者数の伸びは、一五歳以上人口の伸びによって決まってくることになります。今後、人口減少が続く中で、一五歳以上人口も減少していきますので、これによって将来の実質成長率も下押し圧力を受けることになります。今後五〇年間に生産年齢人口は年平均〇・七％減少するものと見込まれていますので、それに労働分配率を加味しますと、潜在成長率は年平均で概ね〇・五％ポイント引き下げられることになります。

現在の潜在成長率は〇・五％程度まで低下しており、そこにはすでにこの下押し圧力が顕在化していると考えられますが、それが引き続き持続することになります。さらに、高齢化の進展によって労働参加率も低下する可能性があることも考え合わせると、潜在成長率がさらに低下し、場合によってはマイナスになる可能性もあることになります。

もちろん、労働投入の寄与が低下しても、たとえば資本投入の寄与が高まれば潜在成長率の低下を回避することはできるはずです。しかし、残念ながら、人口減少下では、それもかなわないことになりそうなのです（もう一つの可能性である全要素生産性の寄与の上昇については、後述します）。

(2) 資本投入の寄与

そこで、次に資本投入の寄与について考えてみましょう。資本投入の寄与は、資本ストックの伸びに資本分配率を乗じたものとして求められます。資本ストックは、前年の資本ストック残高に設備投資額を加えたものから、固定資本減耗分を控除することによって求められます。他方、資本分配率は、一〇〇％から労働分配率を引いたものですので、通常は、三三％程度と想定されます。したがって、資本投入の寄与は、資本減耗率と資本分配率が一定であるとすれば、設備投資額によって決まってくることになります。

その設備投資の原資は貯蓄です。したがって、投資の動向は、貯蓄の動向によって左右されることになります。貯蓄が抑制されると、投資も抑制されざるを得なくなるわけです。そう考えたときに問題になるのが、人口減少とともに進行している高齢化が貯蓄に及ぼす影響です。

消費と貯蓄のライフサイクル仮説によると、高齢者は現役時代に蓄積した金融資産を取り崩すことによって生活をすることになるので、貯蓄率はマイナスになっているはずです。そうだとすると、高齢化に伴って、貯蓄率がマイナスの高齢者のシェアが高まることになるので、マクロの家計貯蓄率も低下することになります。そして仮に他の部門（企業や政府）の貯蓄率に変化がないとすれば、高齢化によって、国内貯蓄率も低下するものと見込まれるのです。

これに対しては、「海外貯蓄で投資を賄うこともできるのではないか」と考える人もいるかもしれません。確かにそうです。海外から資金を調達することができれば、投資はできるはずです。しかし、実は、我が国の場合には、その一般論が当てはまらない可能性があるのです。

その点は、国内投資と国内貯蓄の相関関係を見ることによって確認できます。これはかつて、マーティン・フェルドシュタイン教授とチャールズ・ユウジ・ホリオカ教授とが行った研究の成果です(Feldstein and Horioka, 1980)。彼らは、一九七〇年代のＯＥＣＤ諸国について分析していますが、その結果、国内投資と国内貯蓄の間に正の相関を確認しています。もし、投資が海外貯蓄を利用できたとすれば、このような相関は見られないはずです。したがって、この結果は、当時のＯＥＣＤ諸国が海外貯蓄を利用できていないことの証左と考えられています。

実は、最近までのデータを用いて同じようなことを行うと、ＯＥＣＤ諸国については、一部の例外を除いては正の相関が見られなくなっています。これらの国では、一九七〇年代以降の資本移動の自由化によって、国内投資に対する国内貯蓄の制約が緩和されたと理解することができます。ところが、その例外が我が国なのです。最近になっても、両者の間の正の相関は強いのです。つまり、海外貯蓄を利用した投資は依然として少ないのです。その点は、国際的に見て極めて低水準にある対内直接投資の現状を思い浮かべると、納得できることではないでしょうか。

以上は、投資の資金調達の面からの検討ですが、投資の必要性から見ると、そもそも投資をするインセンティブがない可能性もあります。なぜなら、投資は、多くが将来期待される需要の伸びに応じて、生産能力を高めるために行われるのが基本ですが、ここで説明しているように、高齢化や人口減少のために国内市場が長期的に縮小すると予想される中では、投資をする必要性がないからです。そういう状況の下では、既存の生産能力を維持するための投資（資本減耗を埋め合わせるための投資）は行っても、能力増強投資を積極的に行うはずはありません。

以上のように考えてくると、人口減少・高齢化が進むと、国内投資も抑制される可能性が高いのです。労働投入の寄与の低下を、資本投入の寄与の上昇によって補うことは、期待できそうにもないことになります。

図表2　合計特殊出生率

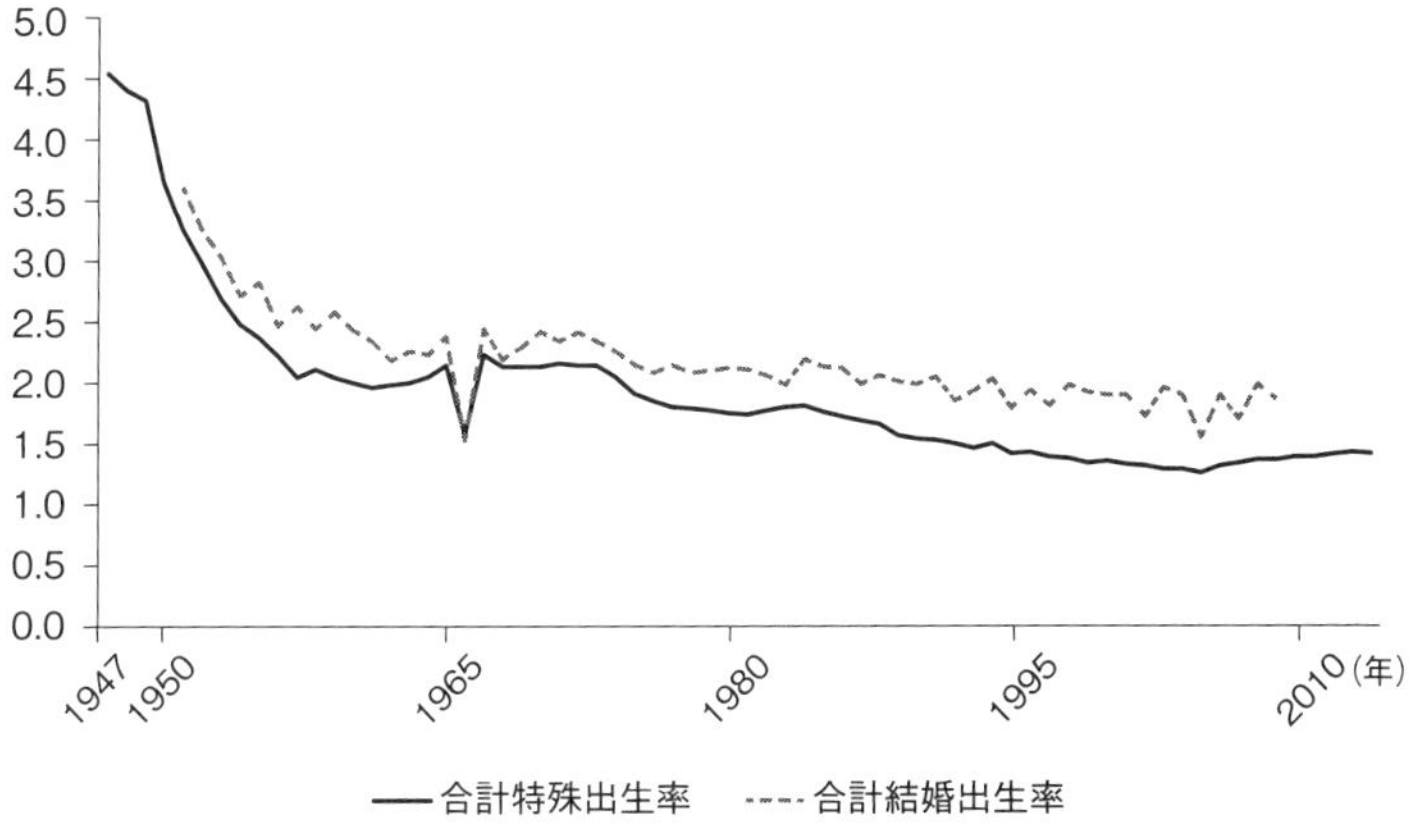

出所：厚生労働省。

二　人口減少の背景

(1)　出生率の低下とその要因

人口減少の直接的な原因が、出生率の低下にあることは前述の通りです。ここでは、その出生率がなぜ低下したのかについて、少し掘り下げてみましょう。

図表2にあるように、我が国の出生率は、戦争直後には極めて高い水準にありました。合計特殊出生率が四を超えたこの時期（一九四七〜一九五〇年）は、いわゆるベビーブームに対応し、この時期に生まれた世代が堺屋太一氏によって「団塊の世代」と名づけられた世代です。

その後、出生率は、一九五〇年代後半にかけて急速に低下しますが、しばらくは二程度で横ばいに推移しています。これが継続的に二・一を下回るようになるのは、一九七四年以降です（なお、一九六六年に一時的に二を下回っていますが、これは「丙午《ひのえうま》」に伴う特殊な現象です)。その後、緩やかな低下を続け、二〇〇五年には既往最低の一・二六を記録することになります。最近は少し戻していますが、直近の二〇一四年でも一・四二という低水準にあることはすでに述べた通りです。

このような出生率の低下傾向は、欧州諸国でも早くから見られていた現象です。そのため、人口学者を中心にして多くの議論が行われてきましたが、その後、経済学者も、ゲーリー・ベッカーの論文などを契機に、議論に加わるようになります(Becker, 1960)。ここでは、そうした議論も参考にしながら、出生率低下の背景について考えてみましょう。

経済学がこの問題にアプローチする場合、ミクロ経済学を応用し、夫婦による出生数に関する意思決定問題として分析することが基本です。具体的には、予算制約の下で効用を最大化しようとする中で、子どもの数が決定されると考えます。

そこで、出生率の低下がどのような要因から説明されるかを、効用関数の考え方と、予算制約の考え方とに分けて、見てみましょう。

①効用関数の考え方

効用関数をどう考えるかについては、二つの考え方があります。一つは、ミクロ経済学での一般的な想定がそうであるように、利己的な効用関数を考えます。もう一つは、比較的新しい考え方で、利他的な効用関数を考えます。

まず利己的な効用関数を考えてみましょう。この場合には、夫婦は子どもそれ自体から効用を得るものと考えます。初期の代表的論者であるベッカーは、夫婦は、他の財と同じように、子どもについてもどれだけの量と質を享受したいかを決定するとしています。この場合には、所得の増加に伴って子どもの質（子どもに蓄積する人的資本）が選好されることになるとすれば、子どもの量（子どもの数）は逆に抑制されることになります。

また、子どもから効用を得るのは、その子どもが、将来親である自分が高齢者になったとき、面倒を見てくれるからだという考え方もできます。その場合には、社会保障制度の整備によって、子どもから受ける効用が低下することになります。そうなると、子どもの数は減少します。出生率の低下は、社会保障の充実の結果というわけです。

利他的な夫婦の場合にはどうでしょうか。利他的とは、子どもの効用を自分自身の効用と捉えるという意味です。仮にその子どももこのような効用関数を持っているとすると、その子がまた自分の孫の効用を自分の効用と捉えることになり、その孫はまた……、という具合で、現在の世代が、無限の将来に生まれる子孫の効用までをも自分の効用と捉えるのと事実上同じことになります。これが「王朝モデル」と言われるものです。ある夫婦が、自分を起点とする「王朝」の効用を最大化しようとしているように見ることができるからです。

こうした家計では、子どもの効用を考慮するわけですが、子どもの効用の源泉となる消費の原資は賃金であり、それはその子どもがどれだけ多くの知識や技能（つまり人的資本）を蓄積するかに関係しています。そうすると、親は子どもに教育を与えるインセンティブが生じることになります。しかし、そのためには、教育投資が必要とされます。そして、予算制約の下では何かが犠牲にされなければばなりません。その結果、子どもの数が抑制されることになるのです。このようなモデルでは、出生率の低下は、子どもの人的資本を増加させる必要性によって説明されることになります。

②予算制約

予算制約の面でも子どもの数を抑制する要因が考えられます。特にここで注目したいのは、出産や子育てのための費用の増加です。

まず直接的な費用の増加が考えられます。特に、これまで見てきたような子どもの人的資本のための教育投資は、塾の月謝など関連費用までも含めると、かなりの金額になります。

しかし、それ以上に大きいのは、間接的な費用の増加です。女性労働に対する需要が拡大する一方、女性の高学歴化も進んできたことに伴って、賃金が上昇しています。賃金が上昇してくると、最初から働かないこと、あるいは出産や子育てのために働いていた女性が退職することに伴う逸失利益（機会費用）は、非常に大きなものになると考えられます。たとえば、正規労働者として仕事を続けた場合に比べて、出産・子育てのためにいったん退職し、その後、パートタイマーとして仕事を再開した場合には、約六分の一倍の所得しか稼ぐことができないとの試算もあります。(4)

こうした出産や子育てのための費用の増加は、出生率を低下させる大きな要因になっていると考えられます。

図表3　結婚している女性の理想子ども数等

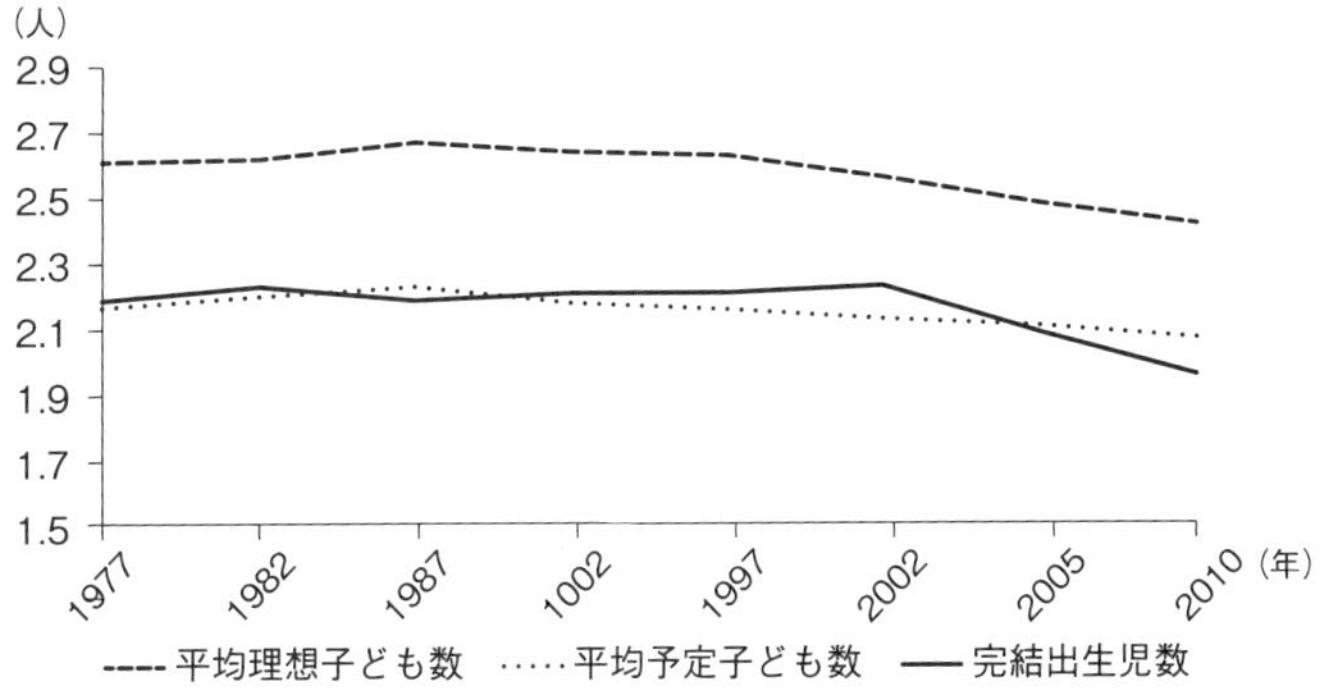

出所：国立社会保障・人口問題研究所「第14回出生動向基本調査」(2011年10月)。

(2) 婚姻率の低下とその背景

以上のような要因のために、経済発展が進み、所得水準も高まるのに伴い、出生率が低下してきたとする考え方が一般的になっています。このような議論は、我が国に限らず、多くの高所得国にも当てはまるように思われます。

しかし、ここで見落としてはならないことが一つあります。日本における出産は、もっぱら正式に結婚している夫婦の間で見られるということです。いわゆる嫡出子がほとんどで（九七％程度）、非嫡出子はほとんどいません。そこで、その結婚している女性の出生率（合計結婚出生率）を見ると、図表2にあるように、実は緩やかにしか低下しておらず、二〇一〇年時点でも、まだ一・九六にとどまっているのです。また結婚した夫婦の平均理想子ども数と平均予定子ども数を見ても、低下しているとはいえ極めて緩やかで、図表3にあるように、前者は二・四二人、後者は二・〇七人と、二を上回る水準にあるのです。

ではどうして合計特殊出生率は大幅に低下しているのでし

ょうか。それは、最近、婚姻率が低下していることに原因があります。これには二つの背景がありま す。一つは、結婚年齢が遅くなっていること（いわゆる晩婚化）、もう一つは、終生結婚をしない男女が増加していること（いわゆる非婚化）です。このために、女性が同じ年齢に達しても、結婚している人が減っているので、生まれてくる子どもの数も減ってしまっているのです。(5)

このうち晩婚について図表4で見ると、年齢別の未婚率は、一九七〇年代後半以降、男女ともに急速に上昇していることがわかります。(6) 二〇一〇年時点で見ると、三五～三九歳においては、男性の約三五％、女性の約二〇％が未婚となっています。こうした結果、図表5にあるように、平均初婚年齢が上昇しているほか、平均出産時年齢も遅くなっているのです（いわゆる晩産化）。

非婚の増加については、図表6で見ることができます。四五～四九歳と五〇～五四歳の未婚率の平均を生涯未婚率とすると、二〇一〇年で男性が二〇％、女性も一〇％を上回るところまで上昇しています。

そこで、晩婚化、非婚化が進んでいる背景を探るために、国立社会保障・人口問題研究所が二〇一〇年に実施した「第一四回出生動向基本調査」の結果を見てみましょう。

まず「結婚に対する障害」を尋ねた結果（図表7）を見てみると、男女いずれにおいても最も回答が多かったのは、「結婚資金」でした。結婚の意思が固まっても、経済的な理由によって結婚できないという姿が浮き彫りにされています。我が国では、雇用の非正規化が進んでいますが、その非正規労働者の平均賃金は、二〇一四年には正規労働者の約六三％に止まっています（「賃金構造基本統計調査」）。こうした非正規労働者を中心に、経済的な要因が結婚を妨げている可能性があります。

図表４　未婚率

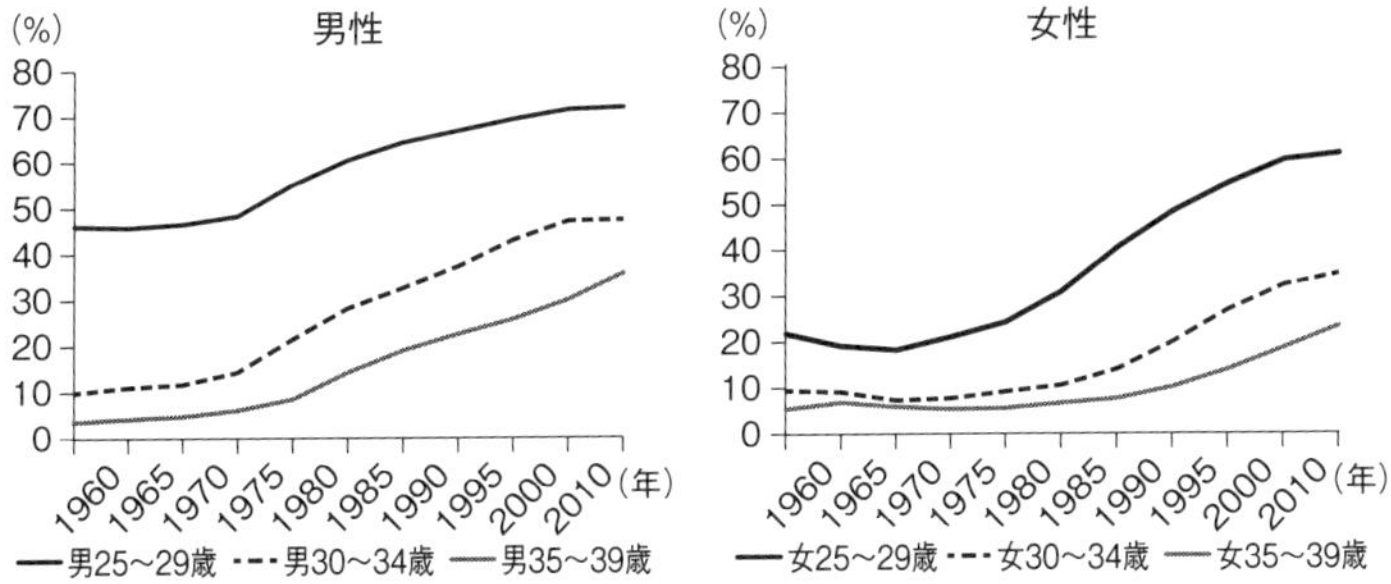

出所：国立社会保障・人口問題研究所「第 14 回出生動向基本調査」(2011 年 10 月)。

図表５　女性の初婚年齢と出産時年齢

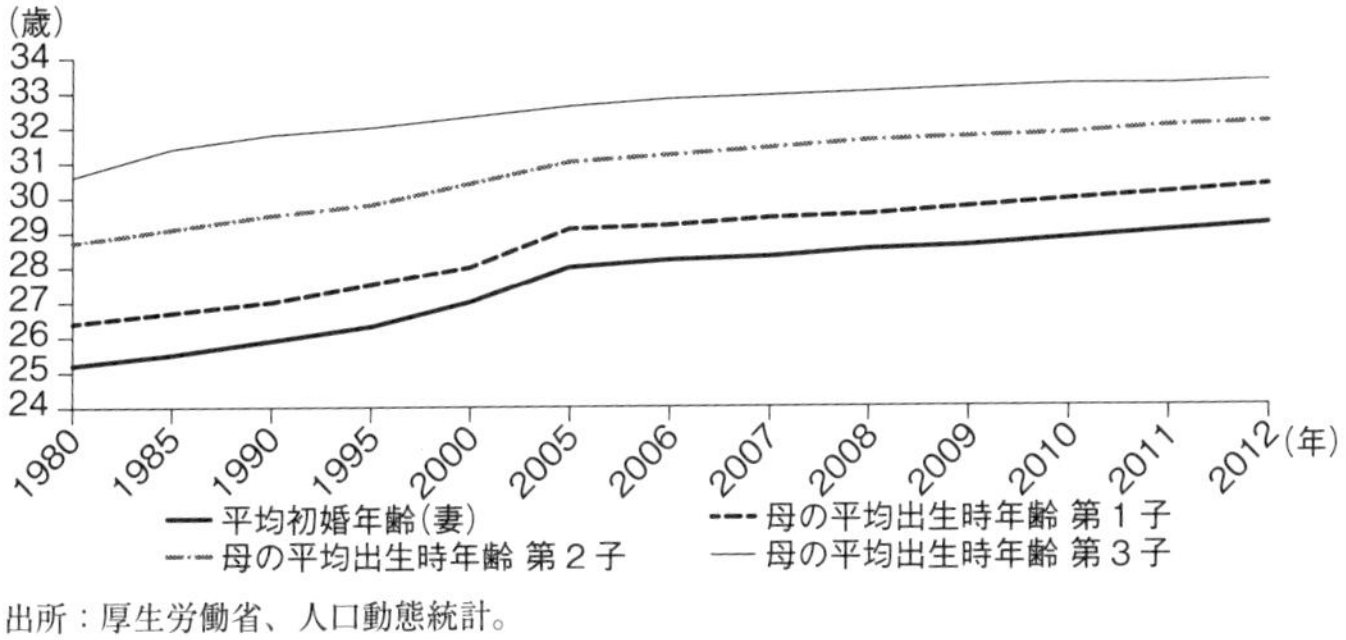

出所：厚生労働省、人口動態統計。

図表６　生涯未婚率

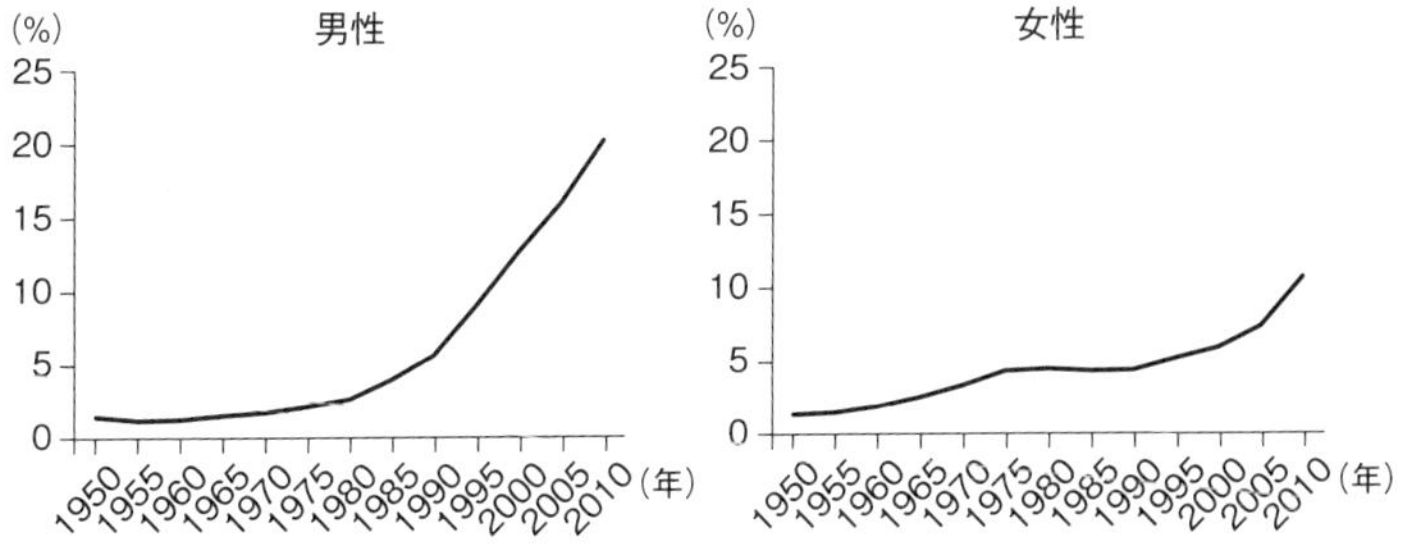

注：ここで生涯未婚率とは「45 ～ 49 歳」と「50 ～ 54 歳」の未婚率の平均値を指す。
出所：国立社会保障・人口問題研究所「第 14 回出生動向基本調査」(2011 年 10 月)。

図表７　結婚に対する障害

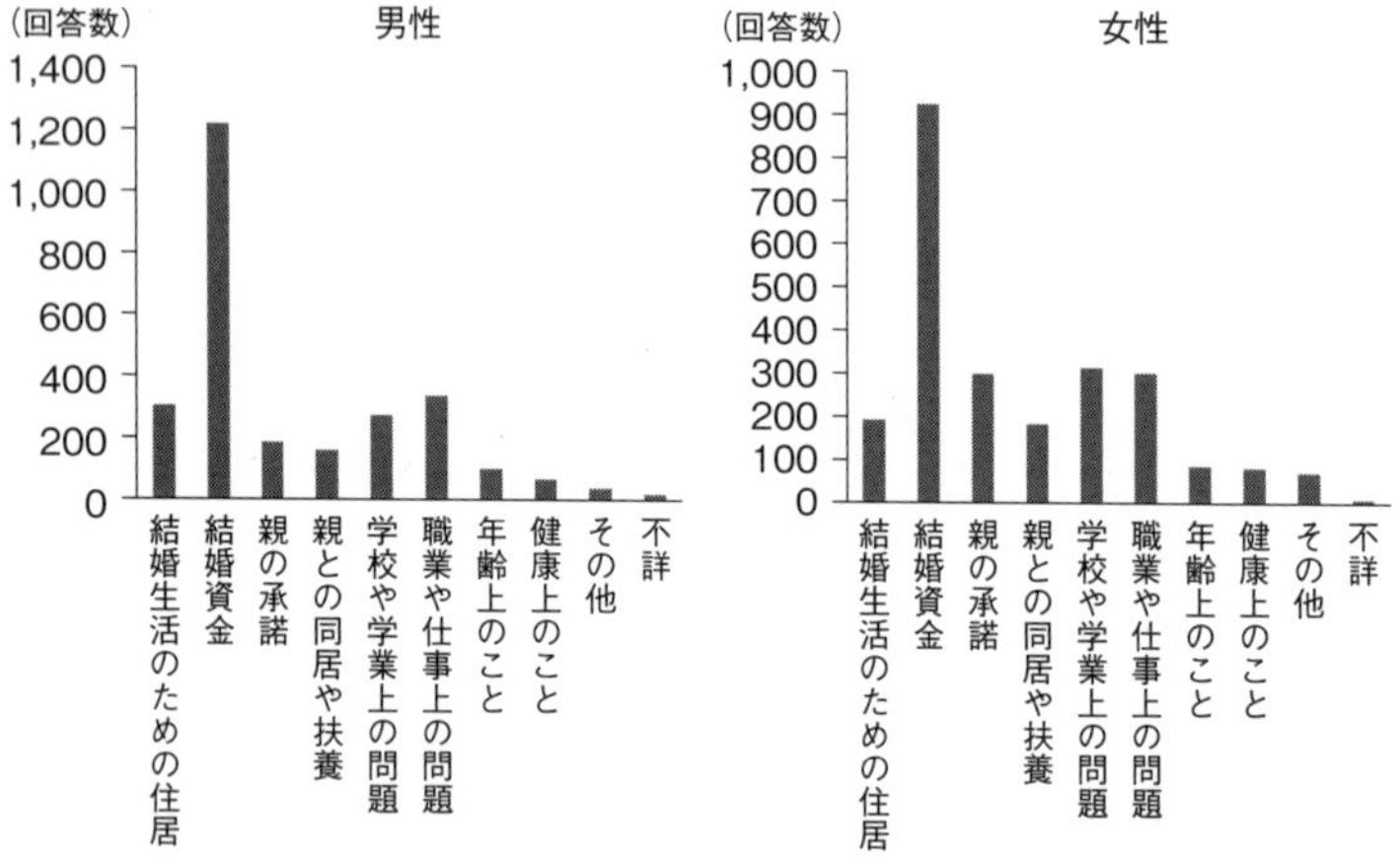

出所：国立社会保障・人口問題研究所「第 14 回出生動向基本調査」(2011 年 10 月)。

図表８　独身にとどまっている理由

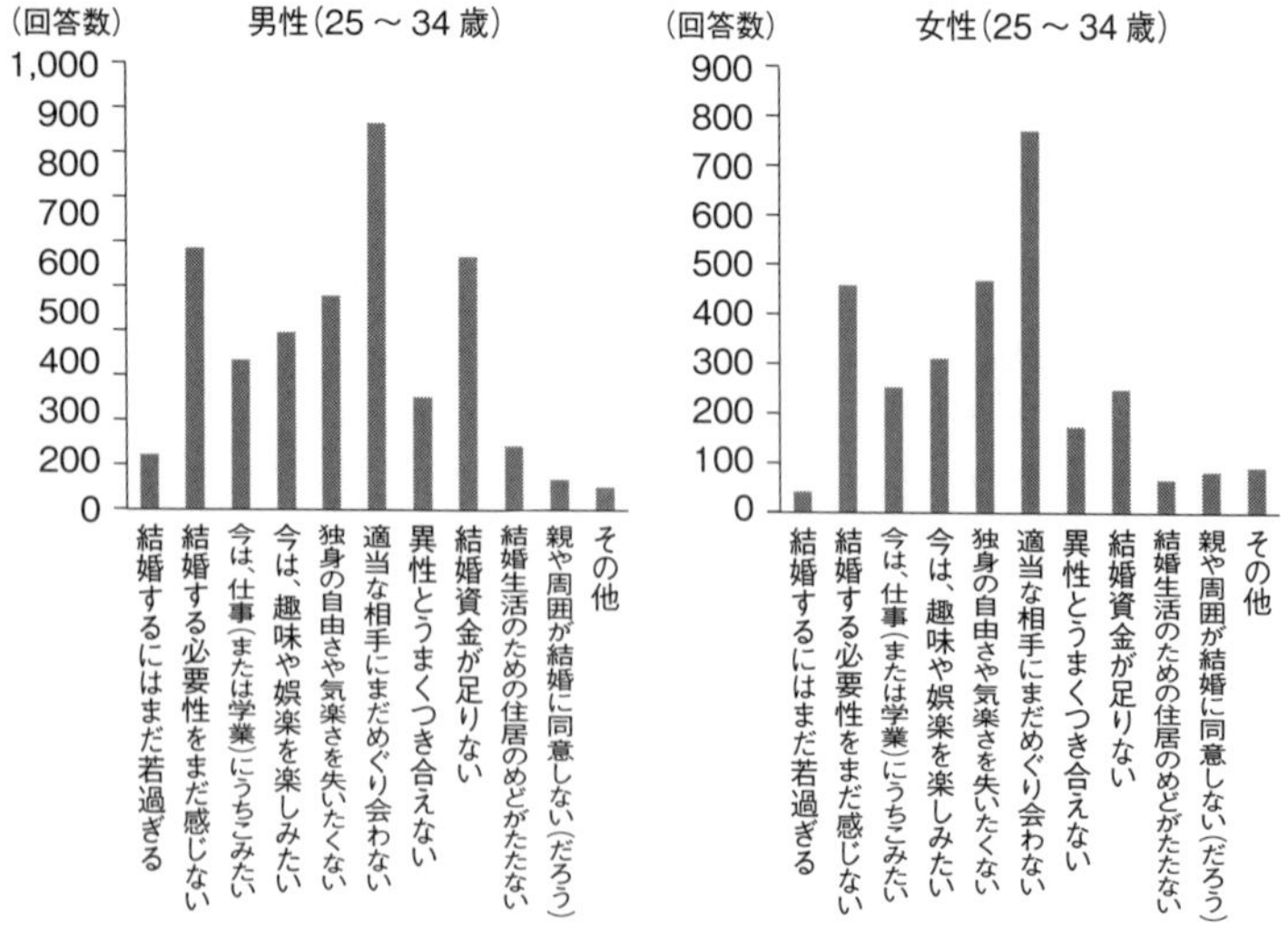

出所：国立社会保障・人口問題研究所「第 14 回出生動向基本調査」(2011 年 10 月)。

また、同じ調査で「独身にとどまっている理由」を尋ねた結果（図表8）を見ると、二五～三四歳の男性、女性ともに、「適当な相手にまだめぐり会わない」が第一位で、「結婚をする必要性をまだ感じない」「独身の自由さや気楽さを失いたくない」（男性の場合にはさらに「結婚資金が足りない」）といった回答が続いています。

つまり、結婚する意思はあっても、まだ適当な相手にめぐり会っていないという「マッチングの困難」、結婚したいとまだ思わないという「メリットの欠如」、独身の気ままさを失いたくないという「デメリットの大きさ」といった問題が存在していることが窺えるのです。先ほどの結婚資金の問題が経済的な要因だとすれば、こうした要因は、非経済的な要因です。以下では、このような非経済的な要因について考えてみましょう。

①家計内生産

結婚という意思決定を、経済学的な分析の俎上にのせたのもベッカーです（Becker, 1973, 1974）。彼によると、結婚は、さまざまな属性を持った男女が、「家計内財」を生産し、消費するプロセスの一環であると考えられます。独身にとどまって単独で家計内財を生産するより、結婚して夫婦となって生産した方がより大きな効用をもたらすのであれば、結婚するということになります。そのような観点で言うと、結婚を促す「結婚のメリット」には、家庭でしか得られない「安らぎ」といった特有の財を享受することができるということもありますが、その他にも、両者の比較優位に基づく「分業の利益」や、共通経費を節約することによる「規模の利益」が得られるということもあると考えられます。

この場合、男女の間の分業関係は、働いた場合に得られる賃金を考慮して決められることになります。これまでのように、男性の賃金が女性の賃金に比べて高い場合には、男性が外で働き、女性が家庭で子育てや家事をするということが合理的であったかもしれません。しかし、女性の賃金が高くなり、逆に男性の賃金が非正規の拡大などによって低下してくると、「男女共働き」や「女性が外で働き、男性が家庭で子育てや家事をする」という新しい分業の形が求められることになります。もしそのような新しい分業の形に、これまでの社会的通念に捉われて気持ちの上でついていけないとなると、そのことは結婚の障害になるかもしれません。

また最近は、単身でも安く生活できるような財やサービスが普及してきています。そのため、「結婚のメリット」としてあった規模の利益を低下させるようなことになっている可能性もあります。

さらに、日本がかつて「イエ社会」であったことの反動で、安らぎなど、結婚することによってしか得られない財の評価が小さくなり、「気楽さ」のような、単身でいることで生産される財の評価の方が大きくなると、「結婚のデメリット」が強調されることになるのかもしれません。

②「安定配分問題」「最適停止問題」としての結婚

次に「マッチング」の側面から、晩婚化、非婚化の理由を考えてみましょう。[7]

まず、異性に対する感情が明確に識別できる場合（選好が明確な場合）には、同数の男女の間で、あるルール（ゲール＝シャープレイのアルゴリズムと言われている）に従って相手を選べば、相手をそれ以上換えるインセンティブがないという意味で「安定」した組み合わせに至ることが知られています

（「安定配分問題」）。結婚も、このように相手を決められれば、大きな問題は起きないはずです。

しかし、現実問題としては、男女が同数いるということは稀ですし、すべての異性に対する選好がはっきりしているという場合も多くはないでしょう。むしろ、地域的な偏在もあって十分な数の異性がいないから結婚できない、あるいはもっと良い相手がいるかもしれないという期待から結婚に踏み切れない、といったことが多いのではないでしょうか。

仮に、どのような人がいるかわからないといった不確実性が存在するとした場合、どのようなことが起こり得るでしょうか。こういった状況下では、どこで相手の探索（サーチ）をやめるかが重要なポイントになります。この問題は、「最適停止問題」と言われています。これによると、最初にめぐり会う一定人数（母集団の一定割合）についてはやり過ごし、その後に会った人の中で、最初のグループで最も印象の良かった人を上回る人が現われたら、その人と結婚をするのがベストと言うことになります。

しかし、もし母集団の人数が不確実であるとすると、どこでサーチを取りやめるかを決められないことになります。最近のように学校の共学化が進み、女性の労働参加も高まってくると、それだけめぐり会う機会が増加してくるわけですが、逆にそのことが決断をしにくくさせている可能性があるのです。

晩婚化や非婚化の背景については、まだわからないことが多いのですが、その難しさは、このように非経済的な要因が複合的に重なっていることにあります。

三　人口減少を克服するための方策

第一節でも見たように、人口減少が続くと、潜在成長率が低下し、さまざまな問題が顕在化してくることになると考えられます。その中には、既に極めて危機的な状況にある財政や社会保障が直面する問題を解決することが、さらに困難になるという深刻な事態も含まれます。したがって、いかにこの影響を克服するかが日本経済の直面する最重要課題の一つであると言えます。

そこで、以下では、人口減少が及ぼすマイナスの影響を克服するための方策について検討していくことにしましょう。

(1)　労働参加率の引き上げ

まず労働参加率の引き上げを取り上げます。労働参加率とは一五歳以上人口のうち仕事をする意思がある人の割合のことですが、もしそれを引き上げることができるとすれば、人口減少によって労働投入が減少してしまうことの影響を相殺することができると考えられるからです。その場合、若者や高齢者の労働参加率を引き上げることも考えられますが、ここでは、特に注目されている女性の労働参加率の引き上げに絞って考えてみたいと思います。女性の労働参加が遅れていることは間違いありません。事情が許せば働きたいにもかかわらず、不本意ながら非労働力化している人が多いのが現状です。これがしばしば引き合いに出される女性の労働参加率のM字カーブの原因です。もし仮にこうした就業希望者の全員が希望通りに就業できたとしたら、人口減少や高齢化に伴う当面の就業者数の減少を相殺することも可能になるかもしれません。

このためには、女性の働く権利を尊重する企業の雇用システムを確立する必要がありますし、そのためには、男性を念頭に置いて定着してきた長時間労働、配置転換・転勤の仕組みを見直し、多様な働き方を許容するワーク・ライフ・バランスを重視した雇用への転換も必要になってきます。また、その過程では、国が一定の数値目標を掲げて企業の努力を促すことも、慣性を克服するための手段としては必要なことだと思われます。さらに、税制や社会保障制度の面では、家庭を持ちながら働く女性に比して専業主婦を相対的に優遇するような仕組みを、改める必要もあります。

言うまでもなく、女性の労働参加率を引き上げるにあたって重要ことは、それが出生率の維持・上昇と両立するようにしなければならないことです。労働参加率が上昇したとしても、それが出生率の引き上げに逆行するようでは、日本経済の直面する深刻な問題に対する解決策とはなりません。そのためには、前述のワーク・ライフ・バランスを重視する雇用システムへの転換ばかりでなく、政府が保育所の整備や地域における子育て支援体制の充実などを進める必要もあります。出生率の上昇と女性の労働参加の推進を同時に進めることはそう簡単なことではありませんが、決して不可能なことでもありません。現に北欧を中心にそれを実現した事例があります。それらも参考にしながら、具体的な手段を考えていく必要があります。

以上のような労働参加率の問題は、意志に反してその能力を活用できていないという意味で、個人にとって不幸なことであるばかりでなく、社会的な損失でもあり、絶対に取り組まなければならない問題であることは言うまでもありません。しかし、仮に女性や高齢者の労働参加率が上限まで引き上げられたとしたら（たとえば現役世代の男性の労働参加率並み、あるいは北欧の女性の労働参加率並みの水準を達成できたとしたら）、その先はどうなるでしょうか。実は、そうなると、それ以降は、少なくともこの要因からは、人口減少のマイナス影響を相殺する効果は期待できないことになります。

そのような意味では、労働参加率の引き上げという方策は、「中期的」に果たさなければならない課題ではあっても、「長期的に」人口減少問題を克服する手段とはならないのです。

(2) イノベーションの促進

次に取り上げるのはイノベーションの促進です。人口減少のマイナス影響を相殺する要因としては全要素生産性の寄与の引き上げが考えられますが、その中心となるのは、やはりイノベーションの促進です。イノベーションとは、新しい財やサービスの創出や新しい生産方法の考案によって、同じ労働や資本の組み合わせであっても、より多くの付加価値が作り出せるようになることです。

そのようなイノベーションを可能にする人間の知恵には、限界がないはずです。しかも、人口減少や高齢化によって、省力化や介護用のロボットなど、技術に対する新しいニーズも生み出されます。そうだとすれば、イノベーションも盛り上がるはずだと考えがちです。

しかし、イノベーションの供給側はどうでしょうか。新しい知恵を生み出すのは、主として科学者や技術者です。その科学者や技術者の規模が人口減少を背景に縮小することは必至なのです。しかも、既存の科学者や技術者も高齢化していきます。ノーベル賞の授賞者は高齢者の場合が多いのですが、受賞理由とされるのは、多くの場合、受賞者が若いときに挙げた業績です。そのように考えると、人口減少・高齢化の下でもイノベーションが活発に起こると楽観的に考えることにはリスクがあるように思えるのです[8]。

以上の点を実証するのは簡単ではありませんが、そのような影響を確認するような研究も行われてきています（加藤、二〇〇九）。また、その傍証は、技術進歩を内生化しようとする内生的成長論の中にも見られます。新しい知識の生産は科学者や技術者の人数の関数であると仮定して構築されたモデルが、超長期の歴史的現象（具体的には人口増加率と人口規模の関係）を説明することに成功していることにも、それが表れています（Kremer, 1993）。

ところで、現代のイノベーションは、ＩＴ分野やバイオ分野を見てもわかるように、多くがベンチャー企業によって担われています。しかし、我が国は、ＯＥＣＤ加盟国の中では最も新規開業率が低い国となっています。イノベーションを持続させるには、我が国における起業を促進していく必要があるのです。しかし、それは簡単な課題ではありません。

第一に、労働市場や金融市場の改革が必要となるからです。新規学卒者は、企業に就職することが基本で、その道からいったん外れるとドロップアウト扱いとなり、後に企業に仕事を求めようと思っても、それは極めて困難なのが現状です。そのため、若者が起業をするということは極めてリスクの高い選択となっています。また、本源的な貯蓄部門である家計の金融資産は、その大部分は銀行預金として保有されており、ベンチャーが必要とするリスクマネーは細々としてしか供給されていません。これが改められないかぎり、資金調達面からもベンチャーは制約を受けることになります。

第二に、新しい知識の生産のためには、異なる発想を持った人たちが交わり、刺激し合うことが必要ですが、それが期待しにくい状況にあるからです。特に、異なる歴史的・文化的なバックグラウンドを持った外国人の割合が少ないことは、我が国にとって大きなハンディです。日本人のノーベル受賞者が海外で研究をしてきたのは、必ずしも研究資金の潤沢さだけが理由ではないように思われます。

このように考えてくると、人口減少・高齢化が進展する中では、全要素生産性の寄与が高まることも期待しにくいようです。やはり、我が国の潜在成長率は、現在の極めて低い水準が持続する、あるいは場合によってはさらに低下することになることを覚悟せざるを得ないのでしょうか(9)。

(3) 出生率の引き上げ

これまで検討してきたような取り組みは、いずれも重要で、取り組むべき課題ですが、最終的な回答にはなりそうもありません。それでは、最終的な回答とは何でしょうか。言い換えると、人口減少・高齢化の影響を克服するための窮極の解決策とは何でしょうか。

それは言うまでもなく、出生率の引き上げです。もともと人口減少・高齢化が進展したのは、出生率が人口置換水準である二・一を下回り続けたことにありました。したがって、その原因を抜本的に取り除くためには、出生率を、少なくとも人口置換水準にまで回復させればよいのです。

出生率が低下した背景に関する議論を前提にすると、出生率の引き上げのためには、次のような取り組みが考えられます。

第一に、出産・子育ての費用を引き下げることです。そのためには、①直接的な費用として、入院費や分娩費の補助の他、授業料の引き下げ、奨学金の充実が考えられます。また、②機会費用については、出産・子育てのために退職をしなくても済むように、産休・育休の充実を図るほか、働きながら子育てができるように、保育所の量的・質的な充実や、地域の子育て支援体制を強化することです。

第二に、結婚の環境を整えることです。前述したように、出生率の低下の主因は、晩婚化や非婚化でした。これを食い止めるためには、①若年層の経済的な要因に関連しては、所得環境を改善するために、非正規労働者の処遇改善等を行うことが必要です。また、②これまでの社会的なタブーを排し、現実に進行している新しいマッチングの試み（同棲、できちゃった結婚、離婚・再婚等）や新しい男女間分業の在り方（主夫、育メン等）を許容するような社会になることが必要です。

もっとも、このような出生率引き上げは、直ちに効果が見えてくるわけではないことには注意を要します。仮に明日から出生率を二・一に引き上げることに成功したとしても、すぐには、人口は下げ止まらないのです。なぜなら、若い女性の出生率が上昇したとしても、そもそも若い女性の数が少ないので、すぐには社会的な出生数と死亡数のバランスが取れないからです。このような一種の慣性（「人口モメンタム」と言います）の存在のために、出生率の人口転換水準への回復が人口の安定化をもたらすのには、相当程度の年数がかかることになります[10]。試算によると、二〇一〇年以降人口置換水準に出生率が回復したとしても、人口が安定化するのは二〇七〇年代に入ってからのことになると見込まれています[11]。出生率を引き上げるにはそもそも時間がかかることを考慮すると、出生率を引き上げるという取り組みは、一〇〇年を超える超長期の取り組みになる可能性があります。

そうなると、出生率の引き上げは、「超長期的」な意味での回答にはなっても、それまでの間の

「長期的」な回答にはならないことになります。この残されたこの「長期的」な問題にはどう対処すればいいのでしょうか。

(4) 外国人労働者の受け入れ

人口減少の影響を相殺するための「長期的」な回答としては、外国人労働者の受け入れが考えられます。外国人労働者を受け入れることで、人口を維持し、必要な財・サービスの供給を確保すると同時に、消費を中心とする国内需要を拡大させ、併せて税収や社会保険料収入の増加を図るのです。さらに、異なる文化や教育をバックグラウンドに持つ外国人を受け入れることで、知的刺激を受け、イノベーションを促進させる効果を期待することもできます。

そこで、我が国における外国人労働者の現状を見ると、諸外国に比べて極めて低い水準にあることがわかります。厚生労働省の「外国人雇用状況の届出に基づく現況」（二〇一四年一〇月現在）で見ると、外国人労働者数は七八万七六二七人で、労働力人口に対する比率は一・二％にしかすぎません。シンガポールの三七・九％、米国の一六・二％は別としても、ドイツの九・四％、英国の八・二％、フランスの五・八％とも大きな開きがあり、韓国の一・八％より低い状況にあります。

このような状況にあるのも、我が国の出入国管理が極めて厳しいスタンスをとっているからです。たとえば、法務省の平成二六年版『出入国管理』は、「我が国は専門的な技術、技能又は知識を生かして職業活動に従事する外国人の入国・在留は認めるが、これら以外の外国人労働者（いわゆる単純労働の分野で働く外国人）の入国・在留は認めないこととしている」と明言しています。

これを受けて、先の七八万人あまりの外国人労働者のうち、身分に基づく在留資格（永住者、定住者等）を有する三三・九万人を除く、残りの四四・九万人は、専門的・技術的分野の在留資格を有する一四・七万人の他は、技能実習の一四・五万人、資格外活動（留学等）の一四・七万人、特定活動（ＥＰＡ（経済連携協定）関係等）の〇・九万人といった人たちに限られています。

もっとも、最近は、多少変化も見られます。高度人材の受け入れについては積極化しており、受け入れを促進するために、二〇一二年五月から「ポイント制」による優遇制度が導入されました。また、技能実習についても、期間を三年から五年に延長するほか、介護分野を対象職種に追加することも提案されています。さらに、建設分野では、二〇二〇年までの時限的な措置として外国人労働者が受け入れられようとしています。

しかし、こうした動きも限定的で、依然として単純労働者については極めて厳しいスタンスが維持されています。その背景には、国民の根強い不信感があることは否定できません。その理由としては、①日本人の雇用を奪うこと、②日本人の賃金を引き下げること、③日本語教育などのために社会的コストが増加すること、④犯罪が増加すること、⑤日本文化や習慣が失われてしまうこと、といった点に対する懸念が挙げられます。

経済的な影響については、確かに外国から単純労働者が流入してくることにより、短期的には、同じような低技能職種では仕事を巡る競争が激しくなるので、ある部分は外国人労働者に占められることになるし、賃金も低下することが考えられます。しかし、長期的には、受け入れ国の単純労働者は、人的資本投資を行い、より高い技能を持つ労働者にシフトする結果、賃金低下の影響は緩和することが考えられます。実際、海外では、そういった効果を確認するような実証分析も見られます（Borjas, 2014）。また、日本についての実証分析でも、外国人労働者が入ってきた地域から競合する日本人労働者が他地域に移動したり、より高い教育を受けるために進学を選んだりした結果、賃金はむしろ上昇したとの報告も見られます（中村他、二〇〇九、上林、二〇一五）。

また社会的なコストについても、確かにそれが増加することは、すでに外国人労働者を数多く受け入れている地方自治体の経験が示しています。しかし、そうしたコストの増加と同時に、経済活動が活発化し、税収が増加することも期待できます。また、その影響を考える際には、外国人労働者を受け入れていなければ経験していたであろう、地域経済の衰退との比較で考える必要があります。

犯罪の増加は、多くの人が懸念するところです。もちろん、そういうことが起きるのであれば、それを防ぐことは何よりも大事です。しかし、問題はその手段です。経済学では、政策の割り当てを考える際には、その政策が比較優位を持つ目標に割り当てるべきだという定理（「マンデルの定理」）があります。この場合も、そのような政策割当論が適用されるべきではないでしょうか。もし犯罪が増加する懸念があるのであれば、それは防犯対策の強化で行うべきです。それを外国人労働者の受け入れ規制で行うことは、外国人労働者を受け入れることのメリットを犠牲にすることになり、極めて非効率的なように思われます。

最後に、日本のアイデンティティに対する危惧についてです。これについては、弥生時代の農業の伝来や、大化の改新前後における仏教の伝来、明治維新における西洋文明の吸収などの例を挙げるまでもなく、我が国の文化が多様性を有し、吸収力を備えていることを改めて認識することが必要なのではないかと思われます。

おわりに

以上、人口減少がもたらすマイナスの影響を克服するための方策について、「中期的」なものから「超長期的」なものまで、さまざまなものを取り上げて検討してきました。いずれの方策も、それを実施することには困難を伴うものばかりです。特に、その実施に伴い必要とされる調整には多大な努力が必要になると予想されます。そのため、そうした方策の先送りをする誘惑にかられがちです。

しかし問題は、先送りをしたら日本経済がどうなってしまうかということです。このままでは、人口減少が続き、経済はますます低迷、衰退していくことは必至です。現在迫られているのは、過去の栄光に浸る「老いた旧大国」になることに甘んじるのか、それとも新たなダイナミズムを得て成長を取り戻した「生まれ変わった新大国」として復活するのか、という二者択一のように思われるのです。

注

（1）日本の二〇一五年三月時点の総人口一億二六九〇万人の内訳は、日本人人口が一億二五二九万人、非日本人人口が一六一万人となっています。

（2）国立社会保障・人口問題研究所（二〇一二）はさまざまな想定の下での推計値を公表していますが、ここに引用しているのは、出生率と死亡率についていずれも中位の想定を置いた場合の推計値です。

（3）潜在成長率及び成長会計に関する議論については、樋口・駒村・齋藤（二〇一三）の第三章を参照してください。

（4）内閣府（二〇〇三）における試算結果。
（5）女性の結婚・出産・就業に関する実証分析については、樋口（二〇〇〇）を参照してください。
（6）コーホートで言うと、男性は一九五〇年生まれから、女性は一九五五年生まれから変化が見られます。詳細は、津谷（二〇〇九）を参照してください。
（7）この問題については、阿部・北村（一九九九）、北村（二〇〇二）が参考になります。
（8）Kuznets（一九六〇）を参照してください。クズネッツは、人口増加が経済成長の足を引っ張るという見方が多かった中で、人口の増加はイノベーションを担う人材が増加するので、むしろ経済成長を促進すると主張しました。現在の日本には、ちょうどその逆が当てはまるように思えます。
（9）「マクロの潜在成長率の低下は問題ではない、問題は一人当たりの実質GDPが増加するかどうかだ」という考え方もあります。その点についても、樋口・駒村・齋藤（二〇一三）の第三章を参照してください。
（10）このような「慣性」の存在は、出生率が一九七四年に二・一を下回ってから、実際に人口が減少し出すまでに三〇年近くかかった（具体的には二〇〇五年から）ことを思い起こすと、理解できると思います。
（11）国立社会保障・人口問題研究所（二〇一二）のうち『解説および参考推計（条件付推計）報告書』を参照。

参考文献

阿部正浩・北村行伸（一九九九）「結婚の意思決定モデルとその実証」一橋大学経済研究所。

加藤久和（二〇〇九）「人口と技術進歩に関する実証分析」（NIRA研究報告書『高齢化は脅威か――鍵握る向こう10年の生産性向上』、所収）。

上林千恵子（二〇一五）『外国人労働者受け入れと日本社会――技能実習制度の展開とジレンマ』東京大学出版会。

北村行伸（二〇〇二）「結婚の経済学」一橋大学経済研究所。

国立社会保障・人口問題研究所（二〇一二）『日本の将来推計人口（平成二四年一月推計）』

津谷典子（二〇〇九）「なぜわが国の人口は減少するのか――女性・少子化・未婚化」（津谷典子・樋口美雄編『人口減少と日本経済――労働・年金・医療制度のゆくえ』日本経済新聞出版社、所収）。

内閣府（二〇〇三）『平成一五年度経済財政白書』

中村二朗・内藤久裕・神林龍・川口大司・町北朋洋（二〇〇九）『日本の外国人労働力――経済学からの検証』日本経済新聞出版社。

樋口美雄（二〇〇〇）「パネルデータによる女性の結婚・出産・就業の動学分析」（岡田章・神谷和也・黒田昌裕・伴金美編『現代経済学の潮流２０００』東洋経済新報社、所収）。

樋口美雄・駒村康平・齋藤潤編著（二〇一三）『超成熟社会発展の経済学――技術と制度が切拓く未来社会』慶應義塾大学出版会。

Becker, Gary (1960) "An Economic Analysis of Fertility", in National Bureau of Economic Research (ed.), *Demographic and Economic Changes in Developed Countries*, Columbia University Press, pp.209–240.

—— (1973) "A Theory of Marriage, Part 1", *Journal of Political Economy*, Vol.81, No.4, pp.813–846.

—— (1974) "A Theory of Marriage, Part 2", *Journal of Political Economy*, Vol.82, No.2, Part II, pp.11–26.

Borjas, George J. (2014) *Immigration Economics*, Harvard University Press.

Feldstein, Martin, and Charles Yuji Horioka (1980) "Domestic Savings and International Capital Flows", *Economic Journal*, Vol.90, No.358, pp.314–329.

Kremer, Michael (1993) "Population Growth and Technological Change: One Million B.C. to 1990", *Quarterly Journal of Economics*, Vol.108, No.3, pp.681–716.

Kuznets, Simon (1960) "Population Change and Aggregate Output", in National Bureau of Economic Research (ed.), *Demographic and Economic Changes in Developed Countries*, Columbia University Press, pp.324–340.

第二章　日本における地域の人口減少と地方創生

樋口美雄
（慶應義塾大学商学部教授）

一　人口減少と日本社会

日本の人口は今後、大きく減少することが予想されている。国立社会保障人口問題研究所の推計によると、すでにわが国では二〇〇八年に人口のピークを迎え、このときの一億二八〇八万人から二〇一五年には一億二六六〇万人に減った。その減少幅は今のところ小さいが、今後はそのスピードを速め、二〇四〇年に一億七二八万人（中位推計、以下同様）、そして二〇六〇年には八六七四万人に減少すると推計されている。

人口の減少は社会や経済に大きなインパクトを与える。とくに一五歳から六四歳の生産年齢人口の減少は他の条件に変化がなければ、労働力の減少をもたらし、働き手が減ることを意味する。一般に人口の減少は労働力が減少した分、人手不足をもたらしそうだが、しかしその一方で、消費者も減るから内需も減って、企業の採用も削減される結果、日本経済全体が縮小均衡に陥ってしまう可能性もある。それだけ生産性を高め、付加価値を高めることにより、賃金も引き上げ、所得の上昇により需要を拡大していくことも重要な課題になる。

他方、少子高齢化の進展は、相対的に現役世代の人口を減らし、引退世代を増やす。人間のライフサイクルを考えると、現役時代は消費支出も大きいが、それを所得が上回る結果、その分を貯蓄し資産を蓄え、老後に回そうとする。そして老後はその蓄積した資産を取り崩して、生活費に充てる。現役世代が減って、引退世代が増える結果、日本の貯蓄率は、今後、マイナスに陥る危険性が高い。それだけ国内で投資をしようと思っても、今とは逆に海外から資金を借りてこないかぎり、投資は難しくなりかねない。

高齢化の進展は、財政にも大きな影響を及ぼす。個々人が自分のライフステージにおいて、今までと同じ所得パターンを取っていたとしても、税金を納め、社会保険料を払う人が減り、逆に給付を受ける人が増えるであろう。そうなれば、これまでに国が借金してきた国債を返済するどころか、何も対策を打たないかぎり、年々の借金は拡大してしまう可能性が高い。

マクロの経済を考えただけでも、わが国の今後予想される人口減少、少子高齢化の進展は日本社会に大きな影響を与える。そして、それに加えて、人口減少、高齢化の進展は日々の生活にも大きな影響を与えるであろう。人々は地域の中で生きている。その地域の人口は大都市ではわずかな減少で済みそうであるが、地方では現状のままでは、多くの地域で人口減少は拡大せざるを得ない状況にある。こうした地域では、はたして、今のうちにどのような対策を講じたらよいのか。そして人口減少を避けるためには、どのような取り組みが必要なのか。以下では、経済学の手法を使って、科学技術の力を借りて、地域がどのように取り組んでいったらよいかについて考えてみたい。

二　地域の人口減少

国立社会保障・人口問題研究所（以下、社人研）は、二〇四〇年までの全国の市区町村別の人口推計を発表している。図表1は例示として、このうちの高知県のいくつかの市を取り上げ示したものである（中位推計）。下の図は、今後の変化を見るため、二〇一〇年を一〇〇とした指数を示している。これを見ると、全国が二〇四〇年までの三〇年間に人口が一六％減ると推計されているのに対し、高知県全県では二九・八％、高知市で二一・八％、南国市で二三・五％、四万十市で三四・八％減少すると推計されている。

図表2は、この人口の増減率を自然増減率と社会増減率とに分けて見たものである。自然増減は、出生児数から死亡者数を引いた人数であり、死亡者数が出生児数を上回ればマイナスとなる。これに対し、社会増減はその地域からの流入者数から流出者数を引いた人数であり、流出者が流入者を上回れば、マイナスになる。図表2を見ると、各市の人口の減少は自然増減による部分が大きく、出生児数の減少、死亡者数の増加により、これが起こると推計されている。出生児数の減少は、合計特殊出生率は今後も大きな変化はないと想定されての数字であり、この地域における二〇代、三〇代の女性が今後大きく減少し、子どもを生む母親の数が減ることによって、こうした状態が生じると推計して

図表１　全国・高知県の人口推計

（人、全国：千人）

	2010年	2015年	2020年	2025年	2030年	2035年	2040年	日本創成会議 2040年
全国	128,057	126,597	124,597	120,659	116,618	112,124	107,276	—
高知県	764,456	729,679	693,347	654,741	615,642	576,136	536,514	510,000
高知市	343,393	334,982	324,804	312,525	298,926	284,140	268,602	259,169
南国市	49,472	47,889	46,142	44,201	42,171	40,053	37,832	36,138
四万十市	35,933	33,927	31,888	29,781	27,682	25,577	23,434	21,563

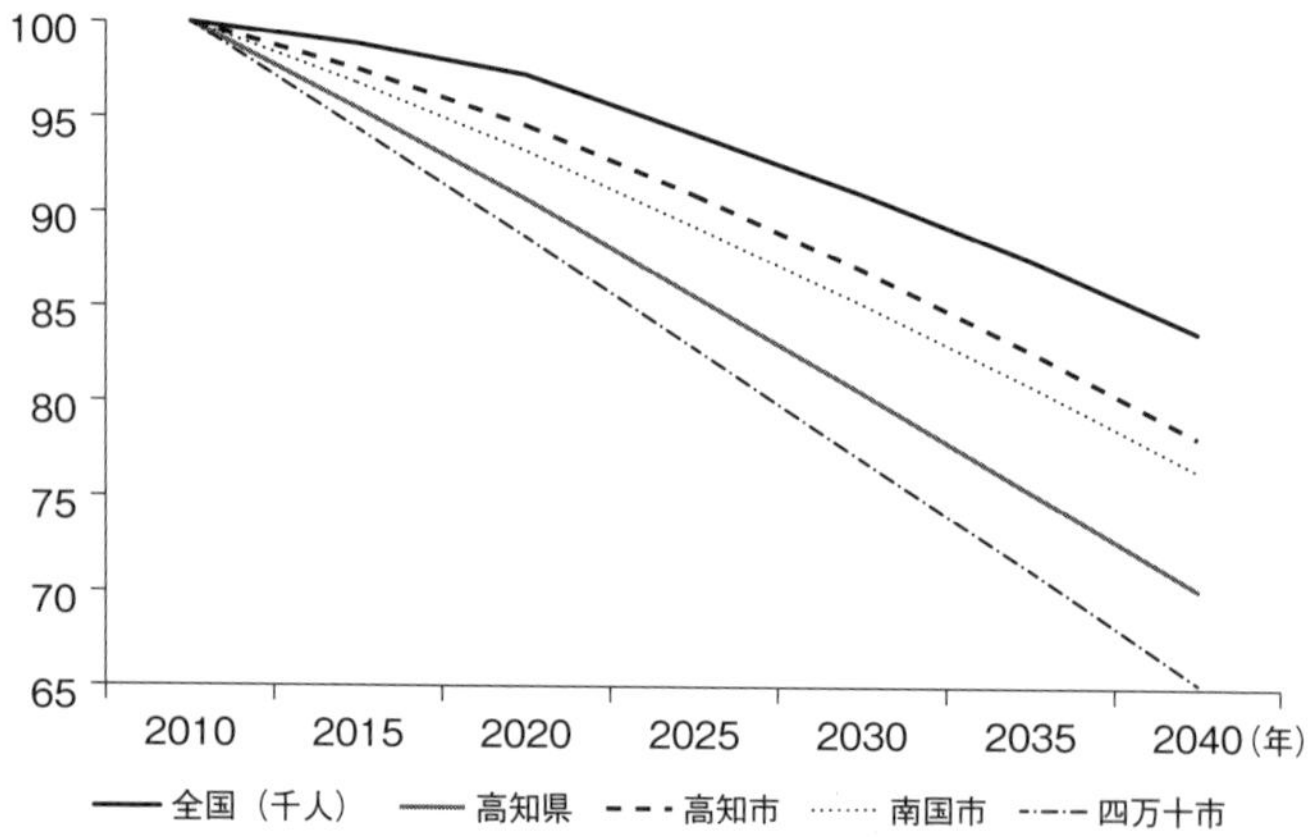

出所：国立社会保障・人口問題研究所。

図表２　高知県の自然増減・社会増減（2015-2040年）

	増減（人）	自然増減（人）	社会増減（人）	人口増減率（%）	自然増減率（%）	社会増減率（%）
高知県	−193,165	−160,475	−32,690	−26.5	−22.0	−4.5
高知市	−66,380	−53,358	−13,022	−19.8	−15.9	−3.9
南国市	−10,057	−7,928	−2,129	−21.0	−16.6	−4.4
四万十市	−10,493	−7,535	−2,958	−30.9	−22.2	−8.7

出所：国立社会保障・人口問題研究所。

いる。

他方、社会増減率の影響は、四万十市などでは大きく、人口の流出が今後も続くと見ているが、自然増減率に比べると総じて小さい。これは社人研の推計が、今後、人口の地域間移動は収束していくと想定しているためである。一般に人口推計はこれまでの出生率の変化や死亡率の変化が今後も続くとすると、人口はどうなるかを推計している。ところが、この推計では、二〇〇五年から二〇一〇年の各地域における純移動率を一〇〇とした場合、純移動率が五年ごとに約七割に縮小し、二〇一〇年から二〇二〇年には五〇となり、二〇二〇年以降は五〇のままで推移すると想定している。

図表2の人口推計はそのように想定した結果であるが、もしも人口移動がこれまでと同じように続いたとしたら、各地域の人口推計はどうなるだろうか。私も参加した民間の政策提言グループ・日本創生会議は、こうした状況を想定し人口推計を行っている。これによると高知県の二〇四〇年の人口は、社人研の推計値が五三万七〇〇〇人であるのに対し、五一万人にさらに減少することになる。そして高知市の人口は二六万九〇〇〇人から二五万九〇〇〇人に、南国市は三万八〇〇〇人から三万六〇〇〇人に、そして四万十市は二万三〇〇〇人から二万一〇〇〇人に、五％から八％ほど減ることになる（増田寛也編『地方消滅――東京一極集中が招く人口急減』中公新書、二〇一四年、樋口美雄・北海道総合研究調査会『地域人口減少白書』日本生産性本部、二〇一四年）。

日本創生会議は、二〇代、三〇代の女性の数に注目し、この人口が二〇四〇年までの間に半分以下になる都市を「消滅可能性都市」と名づけ、これらの市町村を発表した。こうした都市では母親の数が減ることにより、たとえ出生率が現在よりも二倍に上昇したとしても、一年間に生まれてくる子どもの数は減少せざるを得ないことから、こうした名前を与えている。人口移動が収束しないとした場合、全国一七九九（福島県を除く）の市区町村のうち、八九六の市区町村が消滅可能性都市になり、その数は全体の四九・八％の自治体に上る。また二〇代、三〇代の女性人口が三割から五割減少するとした市町村が六一九（三四・四％）、三割未満の市町村が二六九（一五・〇％）になると推計される。とくに消滅可能性都市は小都市に多く、人口一万人未満の自治体が全体の二九・一％、一万人から五万人の自治体が一七・六％を占めるとしている。

三　人口移動と雇用増減

社会増減に、どのような要因が影響しているのだろうか。図表3は一九五四年から二〇一三年までの年々の転入超過数を示している。これを見ると、高度成長期に人口移動は非常に大きかったことがわかる。東京圏、大阪圏、名古屋圏の人口流入はいずれもプラスで、一番大きかった一九六一年には東京圏に年間三五万八〇〇〇人が、大阪圏に二一万八〇〇〇人が、名古屋圏に七万四〇〇〇人が超過流入していた。その分、他の地方圏では六五万人が超過流出していた。ところが高度成長期の終わった一九七〇年ごろから三大都市圏への人口移動は急激に減少し、ついにバブル経済が崩壊した一九九三年から九六年になると、一時的ながら東京圏、大阪圏で人口流出になり、むしろ地方圏で人口流入が観察された。他方、近年、大阪圏、名古屋圏では人口の流入は見られなくなっており、わずかではあるが人口が流出するようになり、もっぱら三大都市圏では東京のみが人口流入圏になった点も注目

図表3　三大都市圏及び地方圏における人口移動（転入超過数）の推移

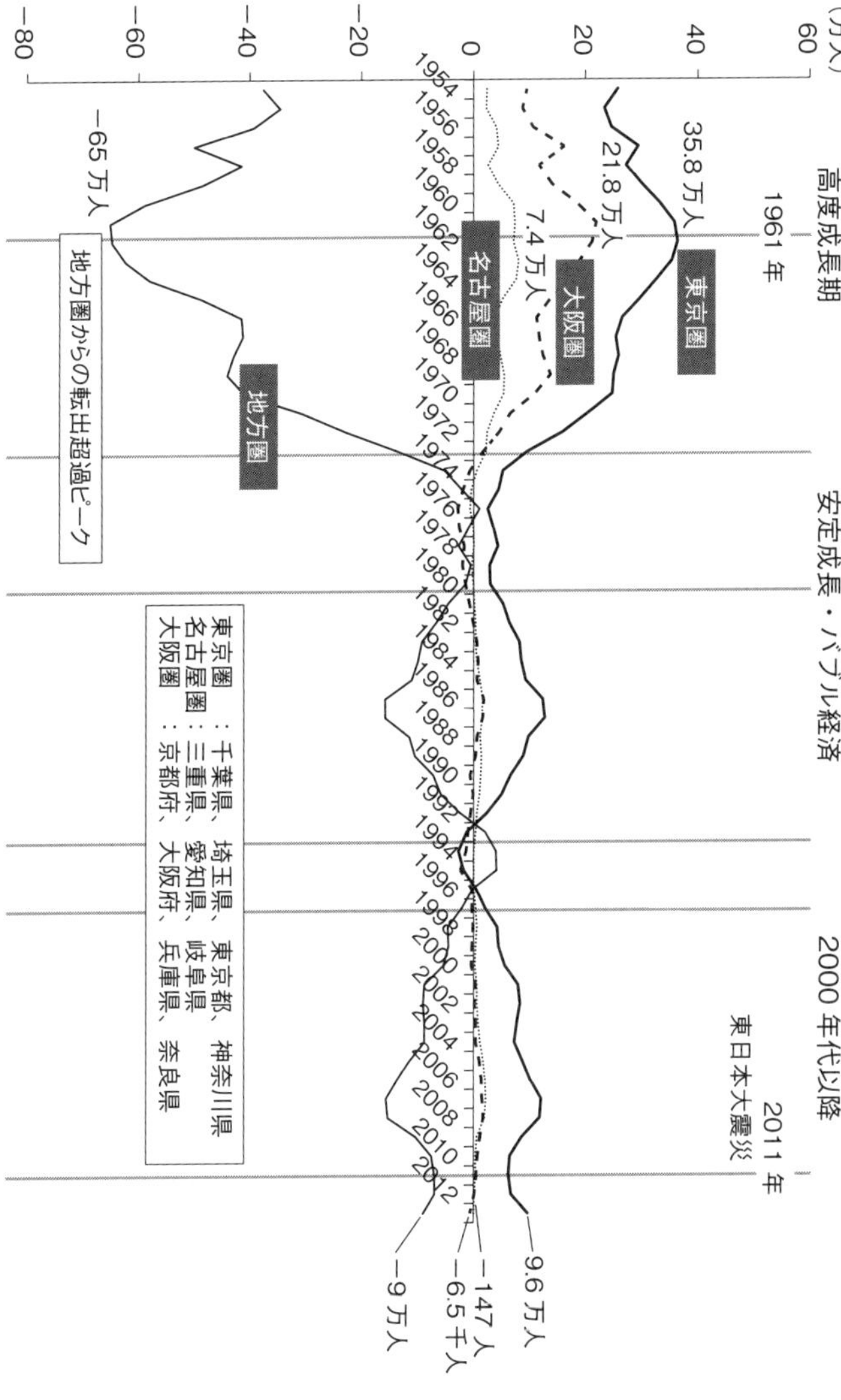

出所：総務省「住民基本台帳人口移動報告」。日本創成会議作成、以下同様。

される。

高度成長期以降、人口移動は高度成長期に比べれば減少したものの、大きな変動を示していることは注目に値する。東京圏への人口流入、地方圏からの人口流出を見ると、一九八〇年代後半に一度拡大し、バブルが崩壊してから数年の間、逆転し、そして二〇〇〇年以降、再び拡大傾向にある。こうした変動に大きな影響を与えているのが、雇用機会の増減である。

図表4は東京圏（東京都・神奈川県・千葉県・埼玉県）における有効求人倍率を、それ以外の地域の有効求人倍率で割った「求人倍率格差」の推移を示している。この線を東京圏への転入超過数を示す線と比べると、両者が平行に動いていることがわかる。東京圏で相対的に求人が増えると、人口は東京圏に集まり、逆に地方圏で求人が増加すると、人口は地方へ流出する。バブル崩壊後、しばらくの間、東京に比べ地方圏で求人は増加した。地方の失業を増やさないように、地方で公共事業が行われたためである。このときには東京から地方に人口が流出するといった状況が発生した。

だが、それ以降、有効求人倍率格差は、リーマンショック直後の二〇〇九年から二〇一一年を除いて拡大傾向にある。これに呼応する形で、東京圏への人口移動は増加する傾向が見られる。長期的に見て、これにはいくつかの要因が影響している。第一は日本経済における産業構造の転換である。農林水産業は言うまでもなく地方における就業機会を創った。さらには製造業においても、大都市で求人難が発生すると、地方に大規模工場を移そうとする企業が見られた。しかしサービス業となると、そうはいかず、人口、すなわち消費者の集積している大都市に企業が立地するメリットは大きく、人口の少ない地域にとっては不利になる。サービス産業化の進展は総じて大都市に有利に、人口の少な

図表4　東京圏への人口移動（転入超過数）と有効求人倍率格差の推移（1963-2013年）

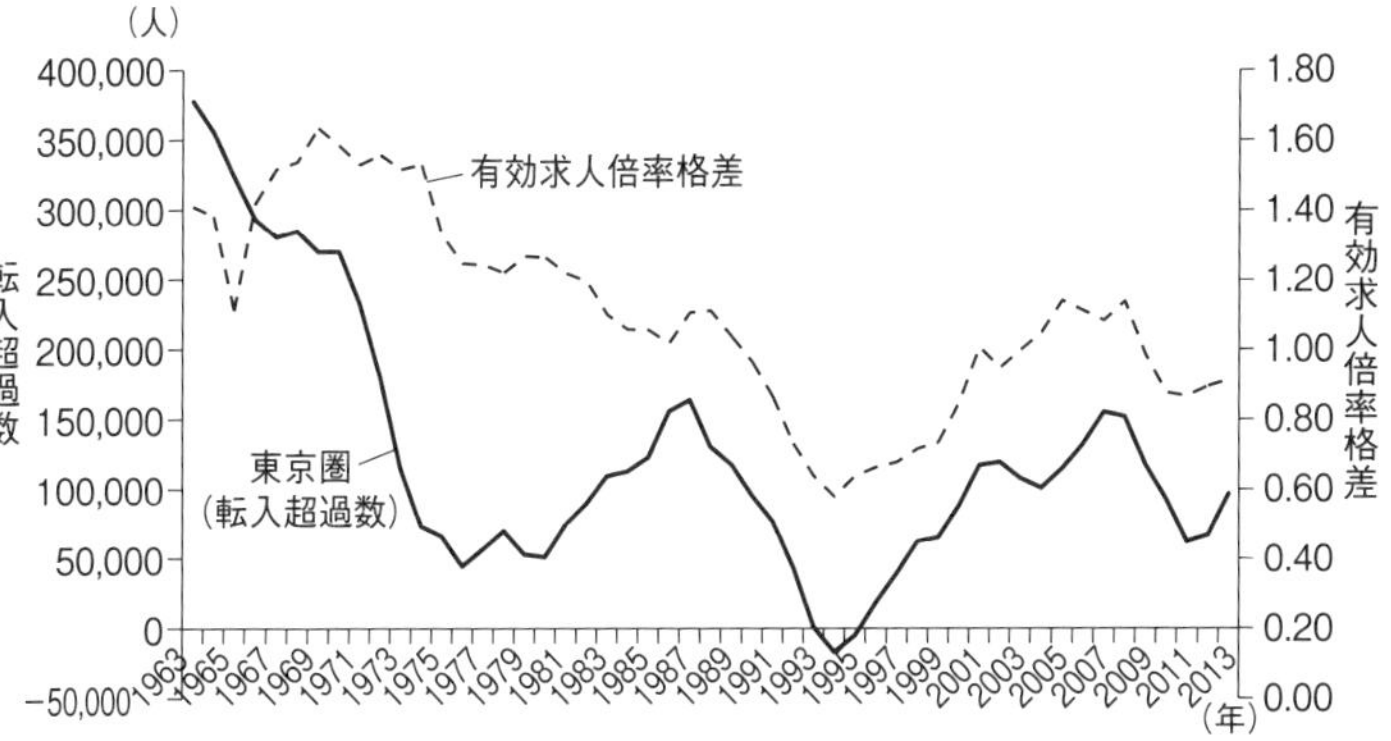

注：ここで言う「有効求人倍率格差」とは、東京圏（埼玉、千葉、東京、神奈川各都県）における有効求人倍率（有効求人数／有効求職者数）を東京圏以外の地域における有効求人倍率で割ったもの。
出所：総務省「住民基本台帳人口移動報告」、厚生労働省「職業安定業務統計」。

い地域に不利に働く。

農林業にしろ、製造業にしろ、一般に生産と消費の分離が可能であり、地方で生産し消費者の多い大都市へ輸送すればそれで済む。地方でも生産活動は成り立つ。しかしサービス業となると生産と消費は同時に行われる必要があり、人口、すなわち消費者が集積しているメリットが働きやすい。グローバル化の進展は、地方に移転した大規模生産工場を海外に移す企業を増やし、地方の雇用機会の減少に拍車をかけた。今後、消費者からの距離を意識しないですむIT技術・インターネット技術の活用や人を地方にひきつける観光業、さらには地域の特性を活かした産業の活性化により、いかに雇用機会を拡大していくかが検討されなければならない。

地方における雇用機会が減少しているもうひとつの理由は、財政支出の抑制である。従来、地方における雇用機会の創出は財政支出の拡大に頼ってきたところがあった。財政支出の拡大が直接的・間接的に地方の雇用機会に与える影響は、公共事業費による創出、年金や医療、介護など社会保障給付による創出、公務員等の雇用による創出の三つが考えられる。図表1の人口推計で見た高知県について、財政支出が多かった一九九九年における、全就業者に占めるこれら三つの財政支出による波及効果も含めた雇用機会の創出割合を試算してみると、公共事業費による創出が全就業者の二二・二%、社会保障給付による創出が四・六%、公務員等の雇用が一二・〇%に上り、三つ合わせると三八・九%の雇用が、財政により創り出されていたことになる（樋口美雄、S・ジゲール労働政策研究・研修機構編『地域の雇用戦略――七カ国の経験に学ぶ〝地方の取り組み〟』日本経済新聞社、二〇〇五年）。

高知県のこの比率は四七都道府県中、最も高い。しかしほかの地方圏においても、財政支出による雇用創出は二〇%台後半から三〇%台を占める。今も社会保障給付の増加は続いているが、財政支出の抑制は地方の雇用削減の一因になる。

産業別に地方圏における雇用の増減を見ると、卸・小売、建設業、製造業はいずれも雇用を大きく減らしている。逆に雇用を増やしているのは情報通信・事業所向けサービスと医療・福祉の分野だけである。とくに医療・福祉の分野における雇用創出は大きく、言うなれば地方における高齢者の増加が若者や女性の雇用を創ってきたと言える。

しかし地方においては、今後も高齢者の絶対数が増え続けるわけではない。現在、六〇歳代後半になっている団塊の世代（一九四七〜四九年生まれの世代）は東京圏や大阪圏において多い。一〇年後、二〇年後の医療サービス・介護サービスのニーズはこれらの大都市で急激に増加することが予想されている。その一方、高齢者数は今後、減少する地域が増える。住民台帳に基づくと、もうすでに二〇一〇年以降、六五歳以上人口が減少している市町村は約二割に上る。こうした地域では若者が高齢者以上に減少しているために人口に占める高齢者比率は上昇する。だが、高齢者の絶対数は増加するわけではない。こうした地域では、今後、医療・介護に雇用機会の拡大を多く期待することはできない。東京圏・大阪圏ではこれらの分野の人材が不足することが懸念される。

人口の移動には地域間の所得格差も大きな影響を及ぼしている。東京圏と地方圏の一人当たり県民所得の格差が拡大すると東京圏への人口移動は拡大する。所得格差が縮小すると人口移動は縮小する。それだけ地方における人口流出を押しとどめるためには所得の高い雇用機会を創っていく必要があり、内閣官房「まち・ひと・しごと創成会議」は単身で年収三〇〇万円以上、夫婦で働いて五〇〇万円以上を稼げる就業機会を創出することの重要性を強調している。

求人の多いところに求職者が移動するということは、地域間のミスマッチをなくす。地方にとっても失業率を下げる効果がある。しかし長期的には、人口の流出はその地域の消費者の減少をもたらし、とくに第三次産業にとっては需要の減少をもたらす。この解消のためには、地方で付加価値の高い産業を起こしていく必要があり、雇用を創る地域戦略が求められる。

四　性別・年齢別の人口移動

人口移動の推移を、性別・年齢別にもう少し詳しく見てみよう。地域間の人口移動を見ると、高校を卒業した一八歳の春に大都市の企業に就職したり、大学に進学したりする者が多く、都市圏では大量の流入超過が起こっている。ここ三〇年間、こうした傾向に変化は見られない。しかし二〇〜二四歳、さらには二五〜二九歳における人口移動には、二〇〇〇年代後半以降、大きな変化が起こった。たとえばそれ以前においては、二〇代前半、あるいは二〇代後半においては、地方から都市への人口移動よりも、都市から地方への人口移動のほうが大きく、一八歳のときに地方から都市に出てきたものの、二〇代以降になると地方に戻っていくIターン、Uターンの人が多く見られた。あるいは結婚して東京から出ていく人が増加した。しかし二〇一〇年になるとこの傾向は逆転し、二〇代前半では地元の大学を卒業した者、あるいは地元の企業にいったん就職した者が都市の企業に就職・再就職するケースが増えている。二〇代後半になっても、地方に移動する人のほうが増えるという傾向は見られない。

もうひとつの大きな変化は、以前は六〇歳を過ぎ、大都市の企業を定年で退職した人が地方に戻る動きがあった。しかし近年では、六〇歳を過ぎても継続して同じ企業で働いている人が増えてきたためか、地方に戻る人は減っている。

男女別に人口移動を見たときも、近年、大きな変化が見られる。図表5は男女別に見た東京都への流入超過数を示している。年齢別に見た人口の流出入は、すでに述べたように近年、二〇代以降も東京への人口流入が見られるようになったことがこの図で確認される。これを男女別に比較してみると、かつては男性の人口流入が多かったが、近年ではむしろ女性の方が流入していることがわかる。

たとえば、男性の一五〜一九歳では一九八〇〜八五年に二〇万人近くが流入していたが、人口の絶対数が減ったこともあり、二〇〇五〜二〇一〇年になると一一万人ぐらいに減った。これに対し女性

図表５　年齢階級別人口移動（東京都）

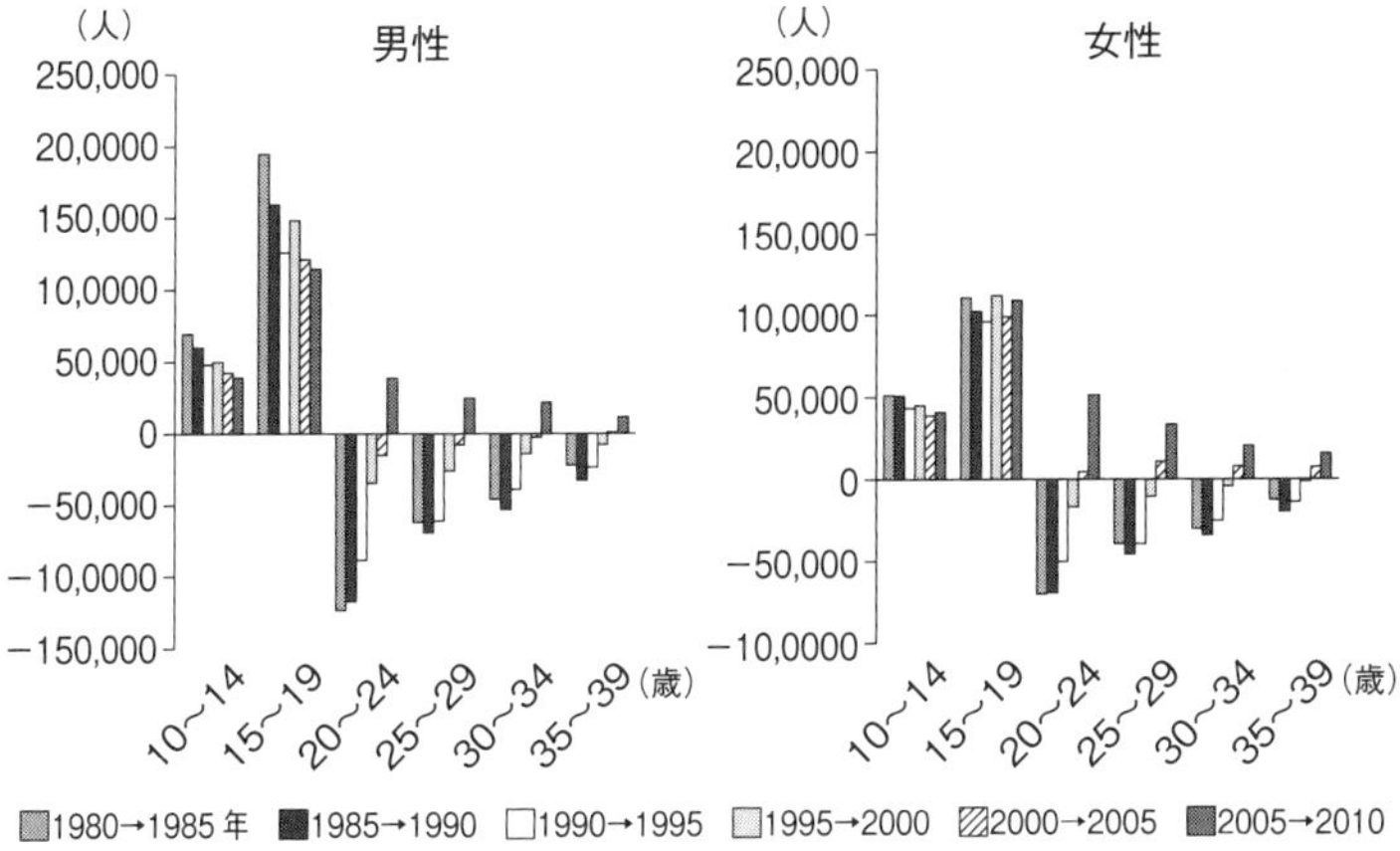

出所：総務省統計局「国勢調査」。

は、かつては男性の半分の一一万人ぐらいしか流入しておらず、多くの女性は地元に残っていた。その結果、地方では女性が多く、大都市では男性が多かった。ところが近年では男性の人口流入が大きく減少したにもかかわらず、女性の人口流入はほとんど変わっていない。むしろ二〇代の東京への人口流入は男性を上回っている。若い層では、地方に女性が多く、東京に男性が多いという傾向は見られなくなった。

こうした男女別の移動の動きを「住民基本台帳人口移動報告」に基づき、東京圏、大阪圏、名古屋圏、そしてそれ以外の地域について見ても、同じような傾向が確認される。一九八〇年代には男性のほうが大都市圏に流出する人は多かった。しかしその違いは徐々に弱まり、一九九〇年から二〇〇五年ぐらいまでは、男女ほぼ同数の人口移動が見られるようになった。そしてそれ以降は女性の方が東京圏に流入し、地方から流出傾向が確認される。それだけ女性の人口移動率が高まっており、どこに住むかの選択肢が拡大していると言えよう。

東京に在住する男女について、内閣官房「東京在住者の今後の移住に関する意向調査」（二〇一四年）は移住の希望を尋ねている。雇用機会が地方にあるならば移住したいという人は、男性の四〇代が四八％、五〇代が五一％と高い。これに対し、女性は東京に残りたいという人が多く、移住希望率はそれぞれ三七％、三四％にとどまる。移住を実現することができるかどうかは、女性が鍵を握っていると言われる。女性にとって住みたい町を作っていくことが人口増加の戦略となる。

五　希望出生率の実現を阻む要因

出生率を引き下げている要因は地域によって異なる。

図表6は代表的な県の合計特殊出生率の推移を示している。東京では以前から出生率は低い傾向にあったが、かつては都道府県間の出生率の差は小さかった。その後、いずれの県でも出生率は低下したが、その差は広がる傾向にある。そして二〇〇五年以降は、出生率の上昇する県が多く見られるようになったが、一方で依然として低下を続けている県も見られる。こうした変化にどのような要因が影響しているのであろうか。

図表6の右側に、出生率に影響を及ぼしそうな特徴が記載されている。これを見ると、保育所の整備状況や労働時間の長さ、通勤時間、女性の仕事と育児の両立の可能性が出生率に影響していることがわかる。出生率の上位にある県では、週六〇時間以上働く人の割合が低く、通勤時間が短く、女性

図表6　地域によって異なる出生率の推移

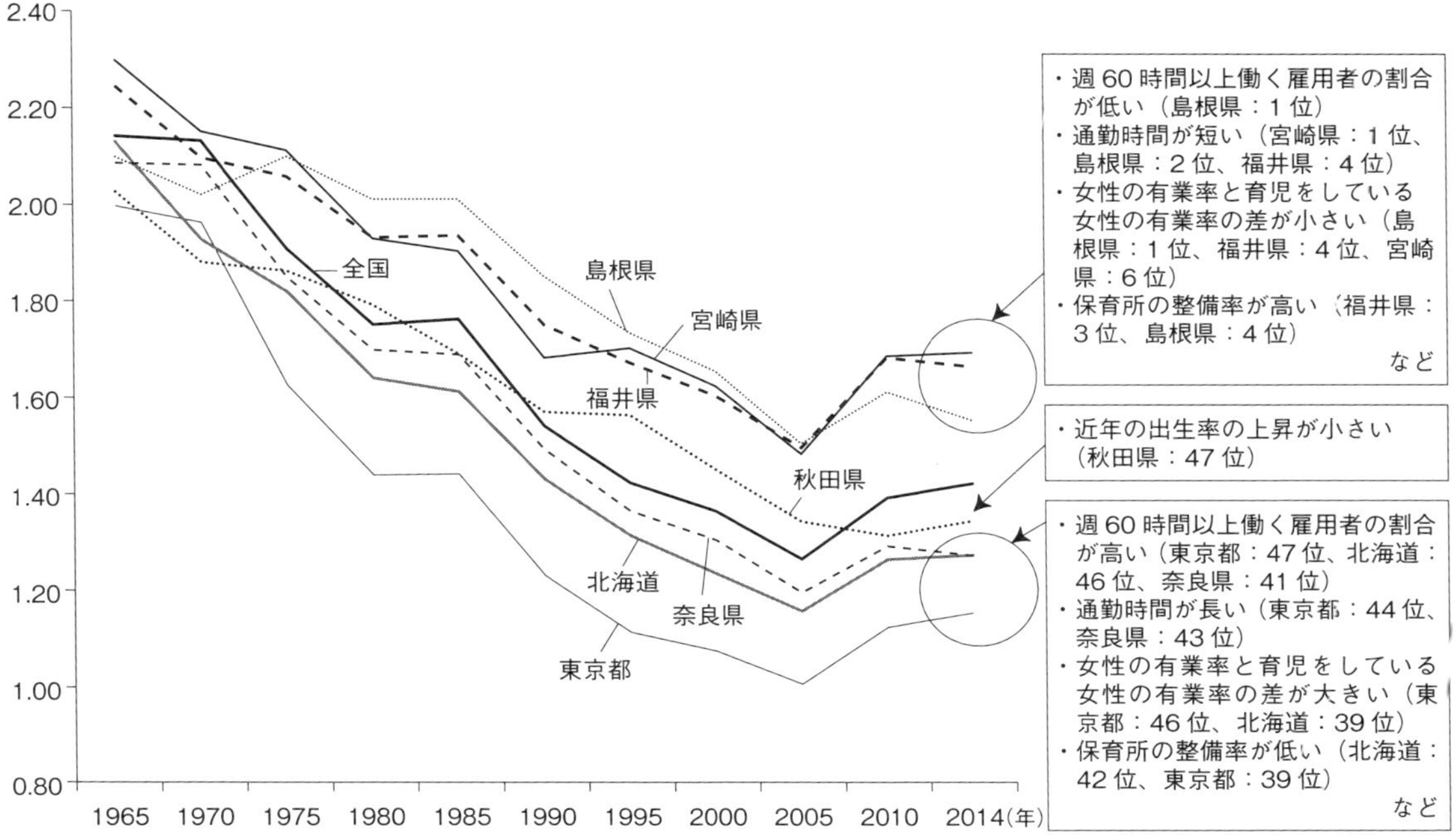
2.40
2.20
2.00
1.80
1.60
1.40
1.20
1.00
0.80
1965
1970
1975
1980
1985
1990
1995
2000
2005
2010
2014(年)
全国
島根県
宮崎県
福井県
秋田県
北海道
奈良県
東京都
・週60時間以上働く雇用者の割合が低い（島根県：1位）
・通勤時間が短い（宮崎県：1位、島根県：2位、福井県：4位）
・女性の有業率と育児をしている女性の有業率の差が小さい（島根県：1位、福井県：4位、宮崎県：6位）
・保育所の整備率が高い（福井県：3位、島根県：4位）
など
・近年の出生率の上昇が小さい（秋田県：47位）
・週60時間以上働く雇用者の割合が高い（東京都：47位、北海道：46位、奈良県：41位）
・通勤時間が長い（東京都：44位、奈良県：43位）
・女性の有業率と育児をしている女性の有業率の差が大きい（東京都：46位、北海道：39位）
・保育所の整備率が低い（北海道：42位、東京都：39位）
など

出所：厚生労働省『人口動態統計』（2014年）。

全体の有業率と育児をしている女性の有業率の差が小さく、育児が仕事の妨げになっていない県、さらには保育所の整備率が高い県が多く含まれている。それとは逆に出生率の低い県では、長時間労働者が多く、通勤時間が長く、育児が女性の就業の妨げになっている県、保育所の整備率が低い県が多い。また所得の低い県において、二〇〇五年以降も出生率の低下が続いている傾向が見られる。少子化対策として、一般に待機児童の解消や働き方改革、若者の安定した所得の確保が求められる。

地域によって、出生率の上昇を妨げている要因は異なる。経済学的には、出生の意思決定は、子どもを持つ費用と便益の比較によって決まると説明される。地域によって費用を引き上げている要因は異なる。各地域は自らの地域のその要因を見極め、それを解決する対策を講じていく必要がある。

六　各国における首都圏への人口集中

大都市への人口の流入、地方小都市における人口の流出はどの国でも起こっているのだろうか。図表7は、欧米及びアジア諸国における主要都市圏への人口の集中割合の推移を見たものである。上の図は、東京、パリ、ロンドン、ニューヨーク、ベルリンがそれぞれの国の全体の人口に占める構成比を示している。国により水準には差があるものの、東京を除くいずれの大都市圏においても、人口集中割合は高まっていない。確かに若いうちはこれらの大都市に流入する傾向は見られるが、二〇代後半、三〇代になると、出身地、あるいはその近くの大都市に戻る傾向が見られる。

他方、下の図は、アジア各国における首都圏への人口集中割合を見ているが、これについてはジャ

図表7　各国における大都市圏の人口構成比の推移

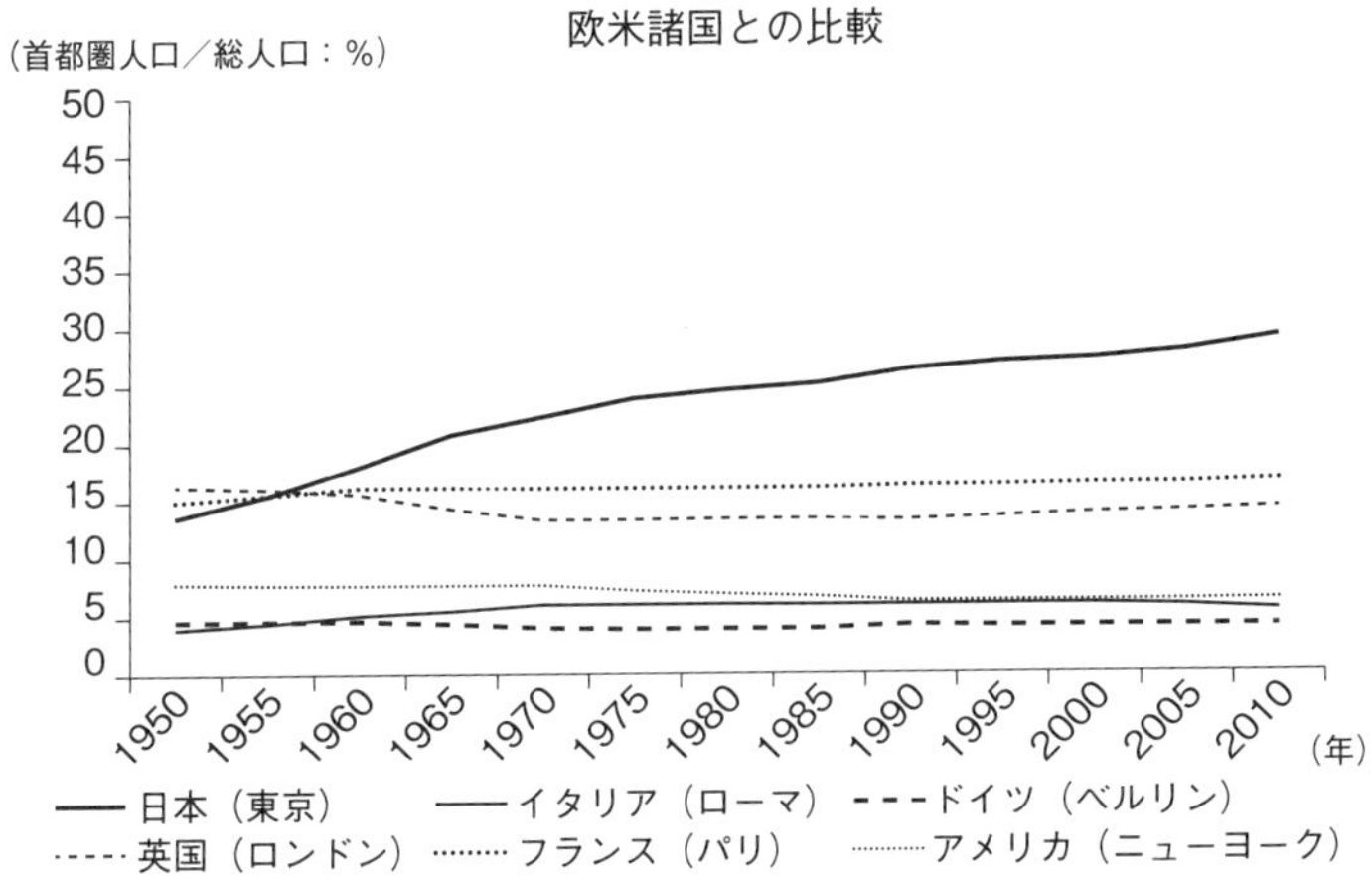

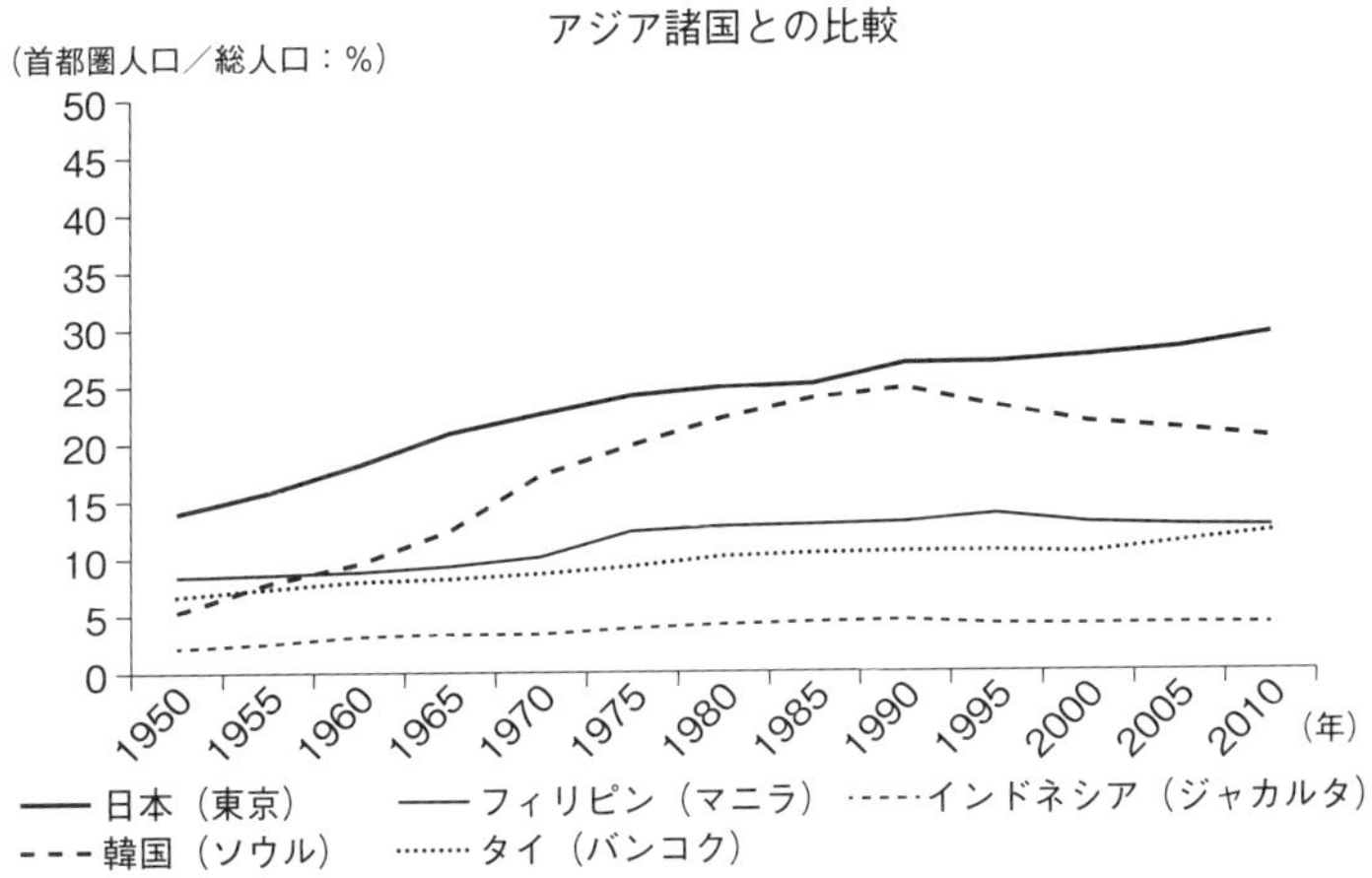

〈備考〉UN World Urbanization Prospects The 2011 Revision より作成。

注：各都市の人口は都市圏人口。ドイツ（ベルリン）、韓国（ソウル）は都市人口。
　日本（東京）の値は2005年国勢調査「関東大都市圏」の値。中心地（さいたま市、千葉市、特別区部、横浜市、川崎市）とそれに隣接する周辺都市が含まれている。
出所：国土交通省国土政策局「国土のグランドデザイン2050」（2014年7月4日）の関連資料。

図表８　日本・ドイツの地域間人口移動

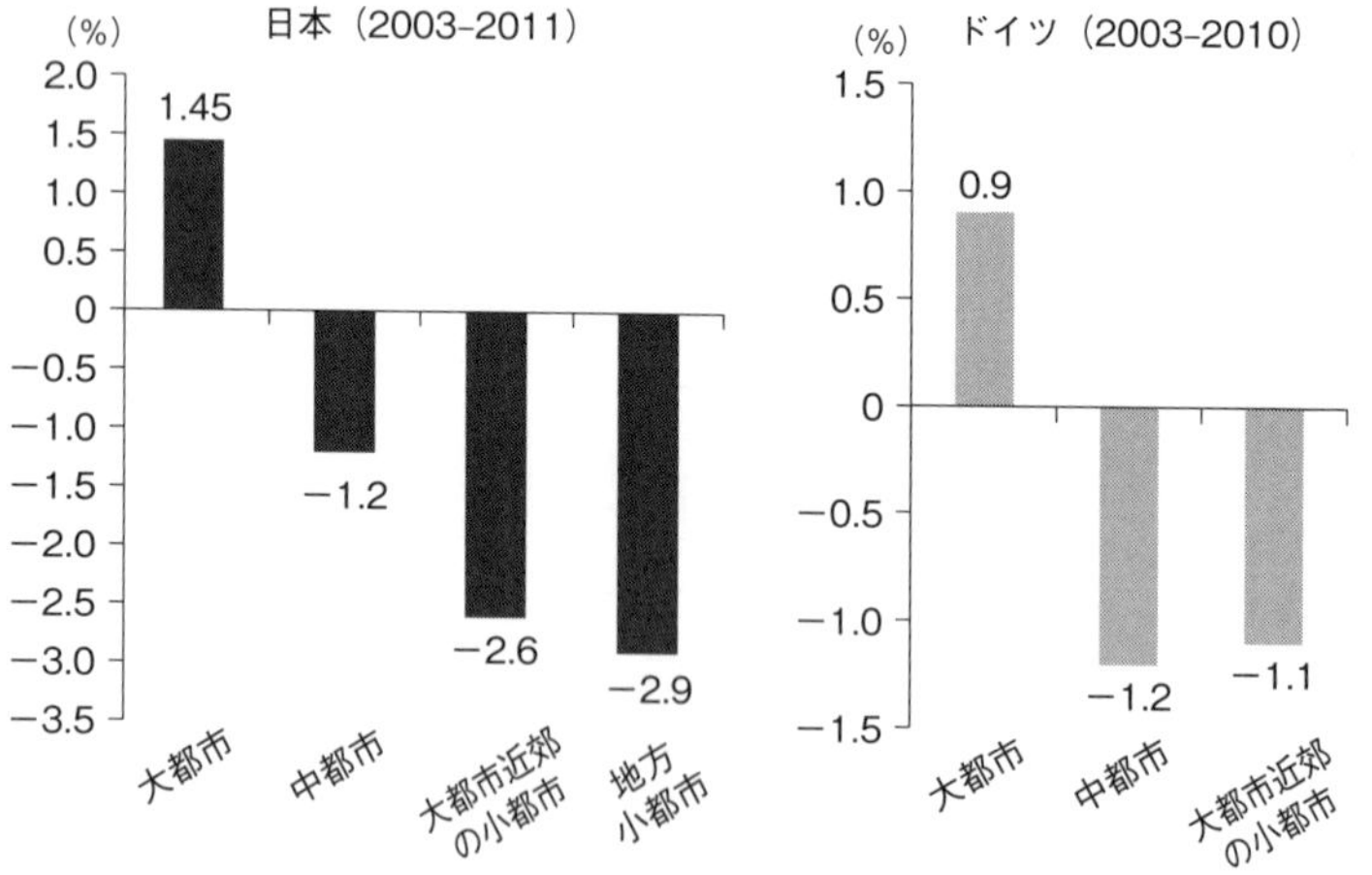

出所：OECD LEED (Local Economic and Employment Development) 調べ（2014 年）。

図表９　イギリス・アメリカの地域間人口移動

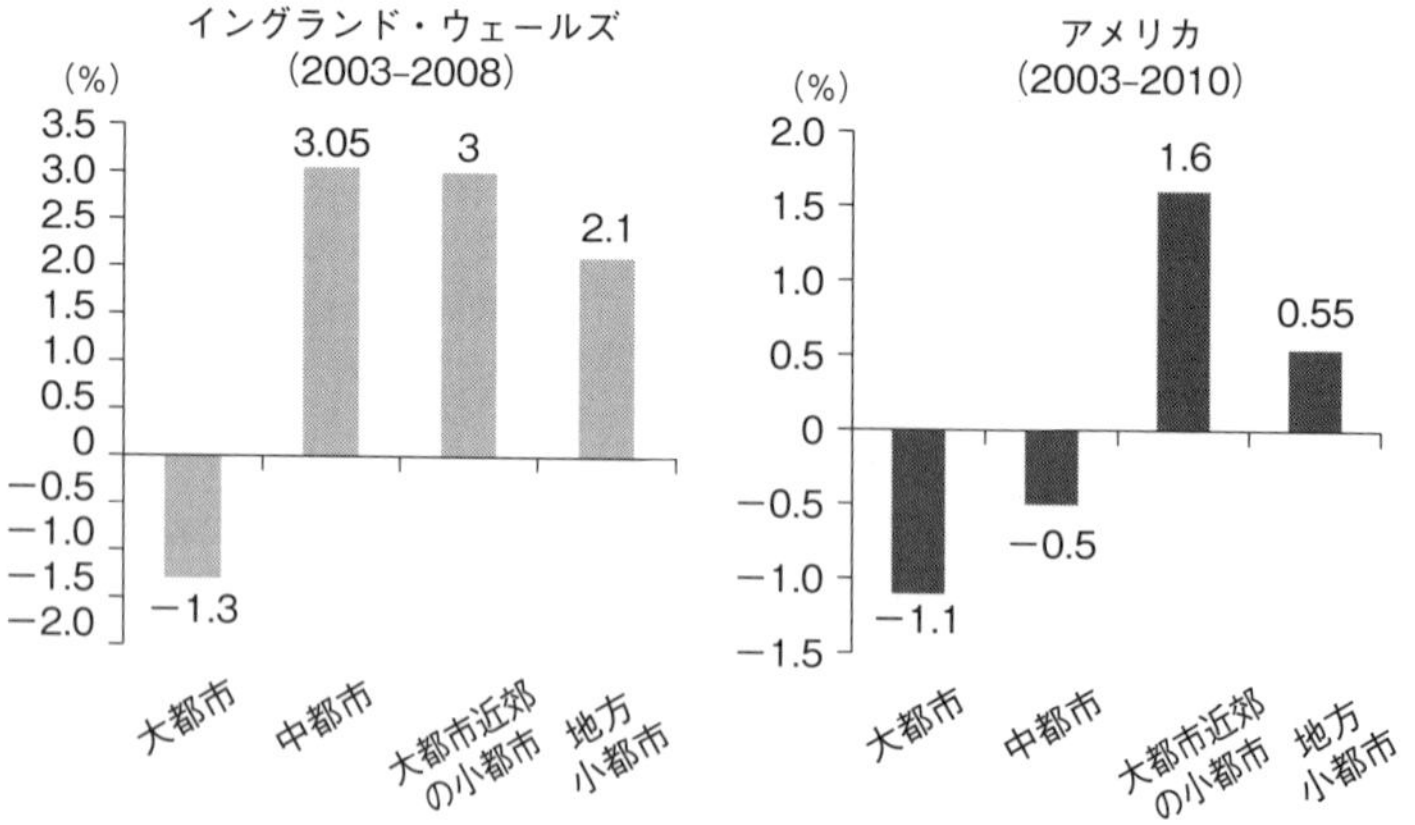

出所：OECD LEED (Local Economic and Employment Development) 調べ（2014 年）。

カルタ、バンコク、マニラはほぼ横ばいか、上昇してもわずかなものにとどまっている。これに対し、東京とソウルは大きく上昇している。

図表8と図表9は、日本・ドイツ・イギリス・アメリカにおける都市規模別の人口の流出入を示している。日本では二〇〇三年から二〇一一年にかけて、大都市では一・五％近い人口の流入が見られる。これに対し、中都市、および小都市では人口の流出が見られる。他方、ドイツではどうか。この図を見るかぎり、日本と同様、大都市への人口の流入がある一方、中都市、小都市では人口が流出している。ただしその移動率は日本に比べて低いのと同時に、日本が東京への一極集中であるのに対し、ドイツでは地方の中核都市へ人口が集まり、多極化が進展している。この図には含まれていないが、フランスでもドイツと同様の傾向が見られる。

他方、イギリスやアメリカでは動きが逆である。たとえばイギリスでは大都市の人口はこの間、流出しており、中都市、小都市へ人口が流入している。アメリカも大都市で人口は流出し、大都市近郊の小都市や地方の小都市に人口は流入している。国により、都市間の人口流出入は異なっている。すべての国において、大都市への人口集中が起こっているわけではない。これには、大都市の人口集中のデメリットが生じているのと同時に、農林水産業における高付加価値化や本社機能の地方への分散が影響していると指摘される（ＯＥＣＤ地域経済・雇用開発局）。

七　人口減少に対する地域戦略

人口の減少に対し求められる地域の取り組みは、大きく分けて「守りの戦略」と「攻めの戦略」から成る。守りの戦略は、当面の間は人口の減少を想定せざるを得ず、そのもとでのまちの活性化につながる施策を講じていくことであり、攻めの戦略は人口の増加をもたらすと期待される戦略である。

まず守りの戦略として考えられるのが、空き家対策、シャッター商店街対策、耕作放棄地対策、買い物難民対策、コンパクトシティ化対策である。日本には六〇六三万戸の住宅があるが、このうち、八二〇万戸が居住者のいない空き家になっている。別荘等の二次的住宅を除いてもその数は七七九万戸、率にして一二・八％に上る（総務省「住宅・土地統計調査」二〇一三年）。適切な管理の行われていない空き家は防災、衛生、景観等の地域住民の生活環境に深刻な影響を及ぼしかねないが、従来はそれらが私有財産であることから行政が立ち入ることは難しかった。しかし、国は二〇一四年に「空き家等対策推進特別措置法」を制定し、地域住民の生命・身体・財産の保護、生活環境の保全、空き家等の活用のために対応が必要であるとして、倒壊等が著しく保安上危険となる恐れのある空き家、著しく衛生上有害となる恐れのある空き家、適切な管理が行われないことにより著しく景観を損なっている空き家、その他周辺の生活環境の保全を図るために放置することが不適切な空き家を「特定空き家等」として、これらへの立入調査ができるようにし、その結果により指導・勧告・命令・代執行の措置を取れるようにした。またすでに二〇一四年一〇月の時点で、四〇一の自治体が空き家条例を制定し、この問題に取り組んでいる。

他方、従来は固定資産税・都市計画税において、住宅が建っていれば住宅用地の特例が認められ、課税標準額が二〇〇平米までなら六分の一に、これを超えると三分の一に抑えられてきた。このため、空き家を解体し更地にすると六倍、あるいは三倍の税金を払わなければならなかった。その結果、相続や贈与された家屋等で、本来、解体すべき住宅であっても、節税上、それを残す人が多かった。しかし、特定空き家については、二〇一五年からこの特例が適用されなくなることが決定され、これらの取り壊しが促進されることが期待されている。

また耕作放棄地問題もすぐに着手しなければならない地域が増えている。日本全体の農地面積は大きく減少し、二〇一一年には四五六・一万ヘクタールに縮小した。それにもかかわらず、これに含まれる耕作放棄地はこの三〇年間で三・二倍に増加し、二〇一〇年時点で三九・六万ヘクタールに拡大した（農林水産省「耕地及び作付面積統計」、「農林業センサス」）。とくに農業従事者の高齢化により耕作を辞めた人や、親から土地を相続したが農業には就いていない「土地持ち非農家」が急増している。これらを農業を営んでいる他の人に貸与するなどして、大規模農業を可能にすれば、生産性を高め農家の所得を向上させることもできる。

シャッター通り問題についても、人口の減少や郊外への大規模小売店の新設により、中心市街地の商店や事務所が閉店・閉鎖しシャッターを下ろした状態の地域が目立つ。店舗や人通りが減少すると、スラム化や治安悪化を招く恐れもあり、好事例を参考に、商店街の活性化、あるいは住居を備えた再開発に着手する必要性も高まっている。人口が減って、商店も減った中山間地の過疎地域では、公共交通も廃止され、車の運転もできない高齢者が買い物難民になったり、さらには公共サービスの供給が難しくなったりする等の問題が発生している。こうした地域では中心市街地への移転等によるコンパクトシティ化を進めていく必要性も高まっている。そして地域によっては、高齢化に伴う医療・介護サービスへのニーズの拡大に対する対策も検討していかなければならない。

こうした守りの対策に加え、同時並行して進めていかなければならないのが「攻めの戦略」である。人口を増やすには、少子化対策が不可欠である。先にも述べたように、人々が希望する子ども数を実現できず、出生率の低下を招いている原因は、保育サービス不足や働き方の問題、安定した所得の欠如など、地域によって異なっている。それぞれの地域がどこに重点を置いた対策を講じていくべきなのかを検討し、効果的な対策を実施していく必要がある。

人口の流出を止め、逆に人口の流入や移住を促進するためにも必要なのが産業の活性化である。新規開業率を引き上げ、働き方の改革による雇用機会を創出していく必要がある。それぞれの地域特性を活かし、マーケティング力を高めることにより、地域の稼ぐ力を向上させる必要がある。大学と協力して、科学技術の力を新産業の発展に活かしていくことも有効であろう。会社に勤める労働者ばかりではなく、自ら業を起こし、雇用を創り出す起業家や企業の後継希望者の移住促進なども検討していく必要がある。個々の地域の取組だけでは解決が難しい問題も多く、地域間の連携も求められる。

八　今後の取り組み

地方再生の取り組みは、これまでも何度となく試みられてきた。しかしそれが成功した事例はそう多くはない。原因はどこにあったのか。これまでの多くの取り組みは、①府省庁・制度ごとの「縦割り構造」のもと、②地域の特性を十分考慮しない「全国一律」の手法が取られ、③政策の効果検証を伴わない「金のバラマキ」の傾向が強かった、④そしてまた行政だけがこれに関与した結果、地域の住民に浸透せず、いつの間にか始まって、いつの間にか終わった「表面的な取り組み」にとどまっており、⑤あまりにも「短期的な成果」を追い求め、施策そのものが次々に変更されていった。

今回の「まち・ひと・しごと創生」については、こうした反省から、①一過性の対症療法的なものにとどまらず、構造的な問題に対処し、地方自治体・民間事業者・個人の自立につながる「自立性」、②地方が自主的かつ主体的に夢を持って前向きに取り組むことを支援する施策に国は重点を置く「将来性」、③各地域は客観的データに基づき実情分析や将来予測を行い、科学的手法を用いて地方の総合戦略を策定・推進、国は利用者の視点に立って支援を行う「地域性」、④限られた財源や時間の中で最大限の成果を挙げるため、ひと・しごとの創出とまちづくりを直接支援する施策を集中的に実施する「直接性」、⑤明確なPDCAサイクルのもとに、短期・中期の具体的な数値目標を設定し、政策効果を客観的な指標に基づき検証し、改善していく「結果の重視」、を政策五原則として掲げ、各政策を実施していくことにしている（内閣官房「まち・ひと・しごとの創生に向けた政策五原則」）。

具体的には、各地域は、客観的なデータに基づき、地域ごとの特性と地域課題を抽出し、自治体のみならず、企業や金融機関・大学・労働者・市民が参加したプラットフォームを作って「地方人口ビジョン」と五ヵ年の「地方版総合戦略」を策定することになっている。そしてそれに沿って、PDCAサイクルによる「見える化」を図り、地域間の連携を推進していくことになっている。

こうした戦略が成功するためには、信頼できる地域のリーダーと科学的なストーリー・戦略が必要であり、住民の積極的な参加が不可欠である。そのすべては、地域による人財の確保にかかっているといっても過言ではない。そうした人材をいかにして育て、あるいは確保し、活用していくのかが最大の課題となっており、これに対する取り組みも検討されている。

第三章　長寿社会に対応した社会経済の仕組み

駒村康平
（慶應義塾大学経済学部教授）

日本は人口減少とともに、高齢化が急激に上昇する大きな人口構造の変化に直面している。長期的には日本の人口は毎年一％減少し、二〇五〇年頃には一億人を下回ると推計されている。同時に六五歳以上人口で見た高齢化率は上昇し、現在二六％の高齢化率は二〇二五年には約三〇％、二〇五〇年前後には約四〇％となる。これほど激しくかつ急速な人口構造の変化が見込まれる以上、社会経済の仕組みもそれを想定したものに早急に切り替える必要がある。本章では、人口構造の変化の中でも長寿化に着目し、新しい社会経済の選択肢について考察したい。

はじめに――日本の人口構造の変動

人口構造の急激な変化により日本社会は歴史的な転換点に直面している。長期的には日本の人口は二〇五〇年頃には一億人を下回ると見込まれているが、まず当面二〇一五年から二〇二五年の間に人口は約六〇〇万人減少すると推計されている。すなわち毎年平均六〇万人、小規模の県の人口に相当する数が減少していくことになる。そして人口減少は加速し、二〇二五年から二〇三五年の一〇年で約八五〇万人、二〇三五年から二〇四五年の間約一〇〇〇万人減少するとされ、平均約一％の割合で人口が減少していくことになる。(1)

一方で、政策や経済の中心となる東京圏の人口減少、高齢化は現時点ではまだ目立っていないため、対応への緊張感がまだ低い。しかし、経済力や利便性を背景に全国から人口を集めている東京も、二〇二〇年以降は人口減少に突入することが予想されている。

人口減少とともに高齢化率も上昇し、現在二六％の高齢化率は二〇二五年には約三〇％になると推計されているが、本格的に厳しくなるのはそれ以降である。二〇五〇年前後には高齢化率は約四〇％となり、特に七五歳以上人口比率も現在の二倍の二七％程度まで上昇する。

このように急速に進む高齢化の大きな要因の一つに長寿化があるが、日本ではその負担部分ばかり強調される。しかし、諸外国では長寿化が経済成長を促進することも確認されている。デービット・ブルームらの研究によると「アメリカでは、平均寿命が一年長くなると実質経済成長率は〇・三〜〇・五％高くなる」ことが確認されている。またケビン・マーフィーらの推計によると「米国の過去一世紀の平均寿命の延びは一人あたり一二〇万ドルの富を生み出した」とされている。WHO（二〇一五）は、イギリスでも、高齢者の年金、医療コストに比較して税金、消費面での四〇〇億ポンドの経済貢献を行い、二〇三〇年には七七〇億ポンドになると推計している。

これらの研究から、長寿化が社会・経済に与える影響は、社会経済の仕組み次第でプラスにもマイ

図表1　65歳以上人口比率の動向

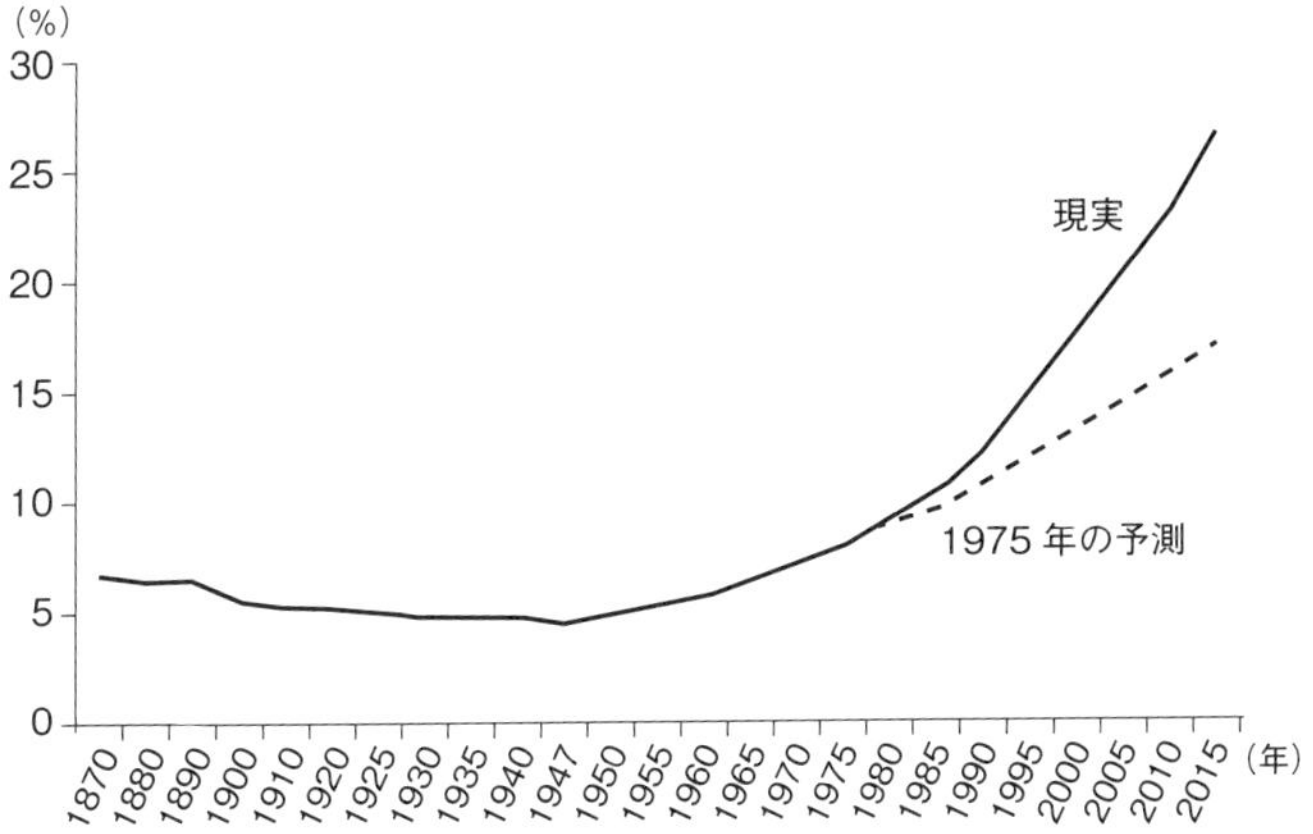

出所：人口問題研究所（1975）『日本の将来推計人口』および総務省統計局『人口推計』より作成。

ナスにもなることがわかる。

一　長寿と人口高齢化

人類の寿命は、乳幼児死亡率の改善による伸長分を除くと、長期にわたってかなり安定しており、ヨーロッパでは古代ギリシャ、ローマ時代から、日本でも奈良時代に関する記録では、成人の平均寿命は長期間、六〇歳程度で安定してきたと考えられる。

日本では、人口における公式統計は近代になって整備されたが、人口学の研究によると明治維新前後の一八七〇年時点での六五歳以上人口比で見た高齢化率は七％程度であったとされる。その後、一時的に高齢化率は低下するが、これは寿命が短くなったわけではなく、乳幼児死亡率の低下や出生率の上昇による人口増加の結果である。高齢化率は、二回の大戦を経て、一九六〇年頃から再び上昇するが、そのペースは政府の予想を上回るものであった。

図表1は、一九七五年当時の人口問題研究所による将来予測であるが、その時点での推計された高齢化率と二〇一五年の現実の高齢化率の乖離幅は九％に広がっていることが確認できる。一九七五年はいわゆる福祉国家を目指し、社会保障制度の充実を図った直後であるが、政府は高齢化の見通しをかなり楽観的に見ていたことがわかる。

(1) 人口構造の変化

人口構造の変化すなわち人口数と高齢率の変化は、出生率の変化と死亡率の変化に分けることができる。ここでは死亡率の変化、長寿に着目しよう。

死亡率の低下すなわち生存率の上昇を長寿化として表現する。図表2は横軸に年齢、縦軸に生存率を示している。一九四七年から一九六〇年は〇～五歳の生存率、および若年世代の生存率の上昇が見て取れる。しかし、近年になるほど高齢者の生存率の上昇が見て取れる。二〇世紀の後半から七五歳以上の生存率が急上昇しているが、このことは「生存率曲線の四角形型化」（祖父江、二〇〇九）と呼ばれる。現在、男性の半数が八四歳まで生存し、女性の半数が九〇歳まで生存している。この間の長寿化の結果、一九六〇年の六五歳の平均余命は一一・六歳であったが、現在の平均余命が一一・六歳に相当する年齢は七五歳になっている。

年齢で人口を区切る一般的な老齢扶養率は、「六五歳以上人口（＝分子）／一五～六四歳人口（＝分母）」として計算される。ここで、支える側の年齢を高等教育機関への進学率を考慮して労働力率の高い二〇～六四歳とし、労働力率の低い六五歳以上を扶養される側とした。

図表2　生存率の変化

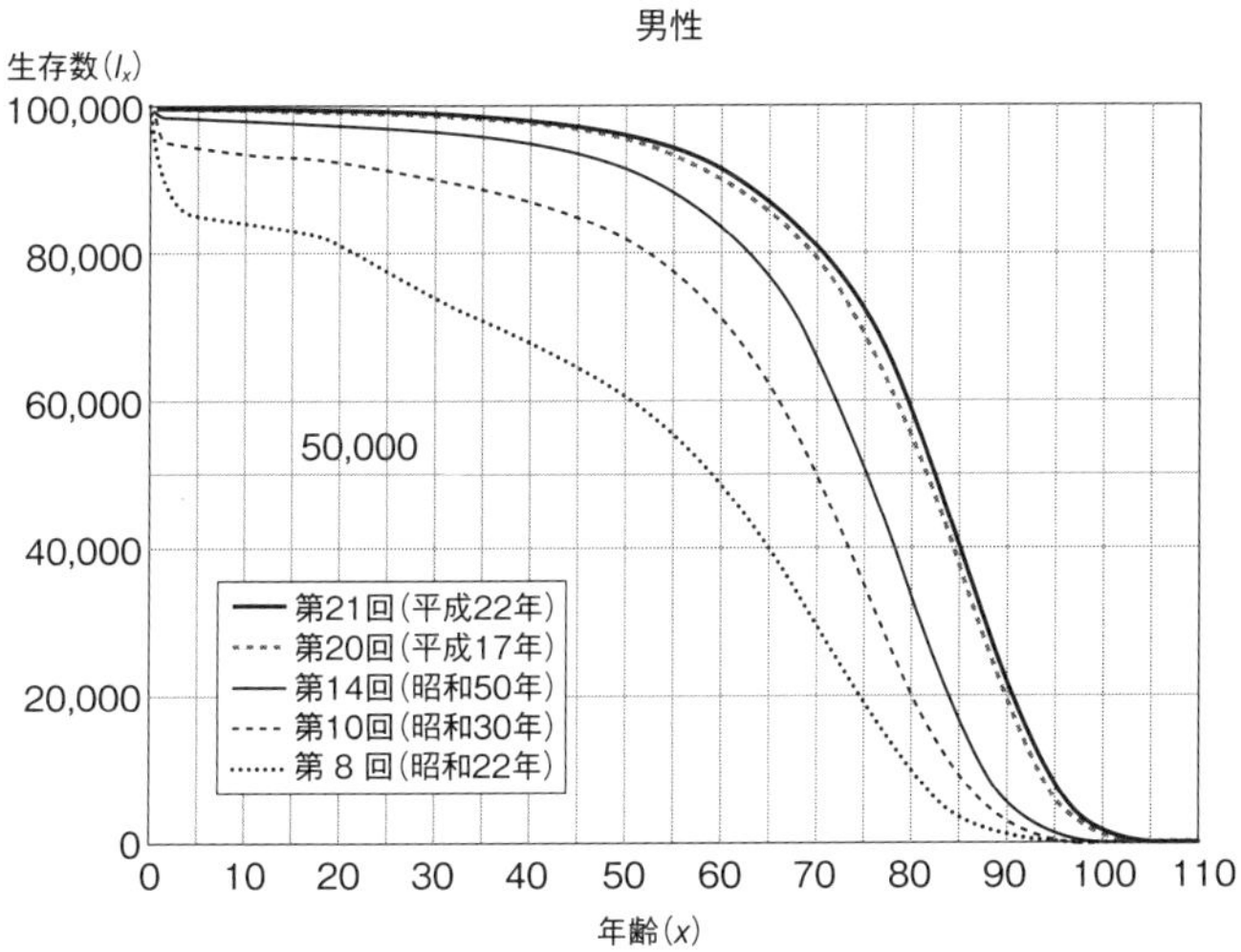

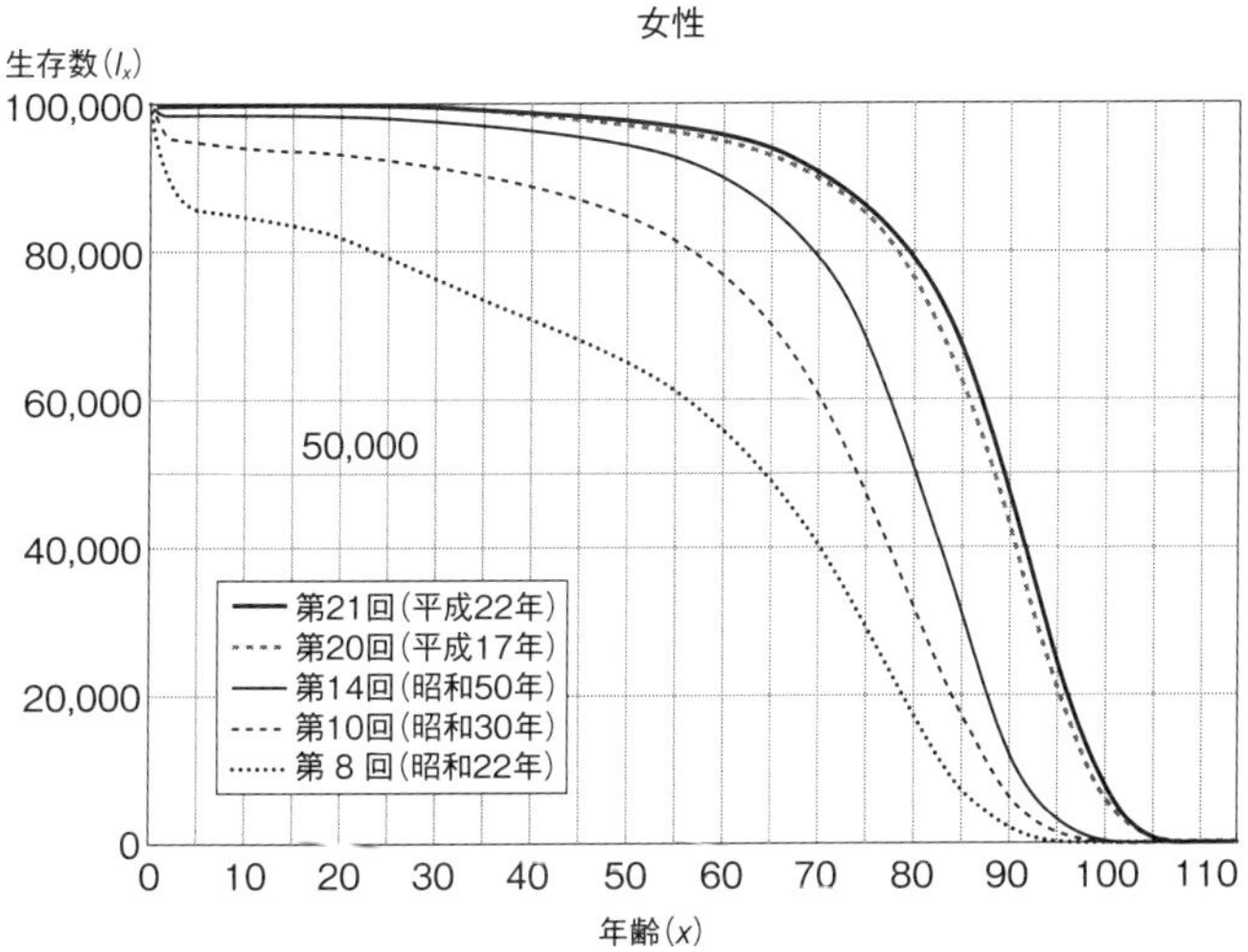

出所：厚生労働省（2012）『第21回完全生命表』。

図表3　老年扶養率＝65歳以上人口／20〜64歳人口

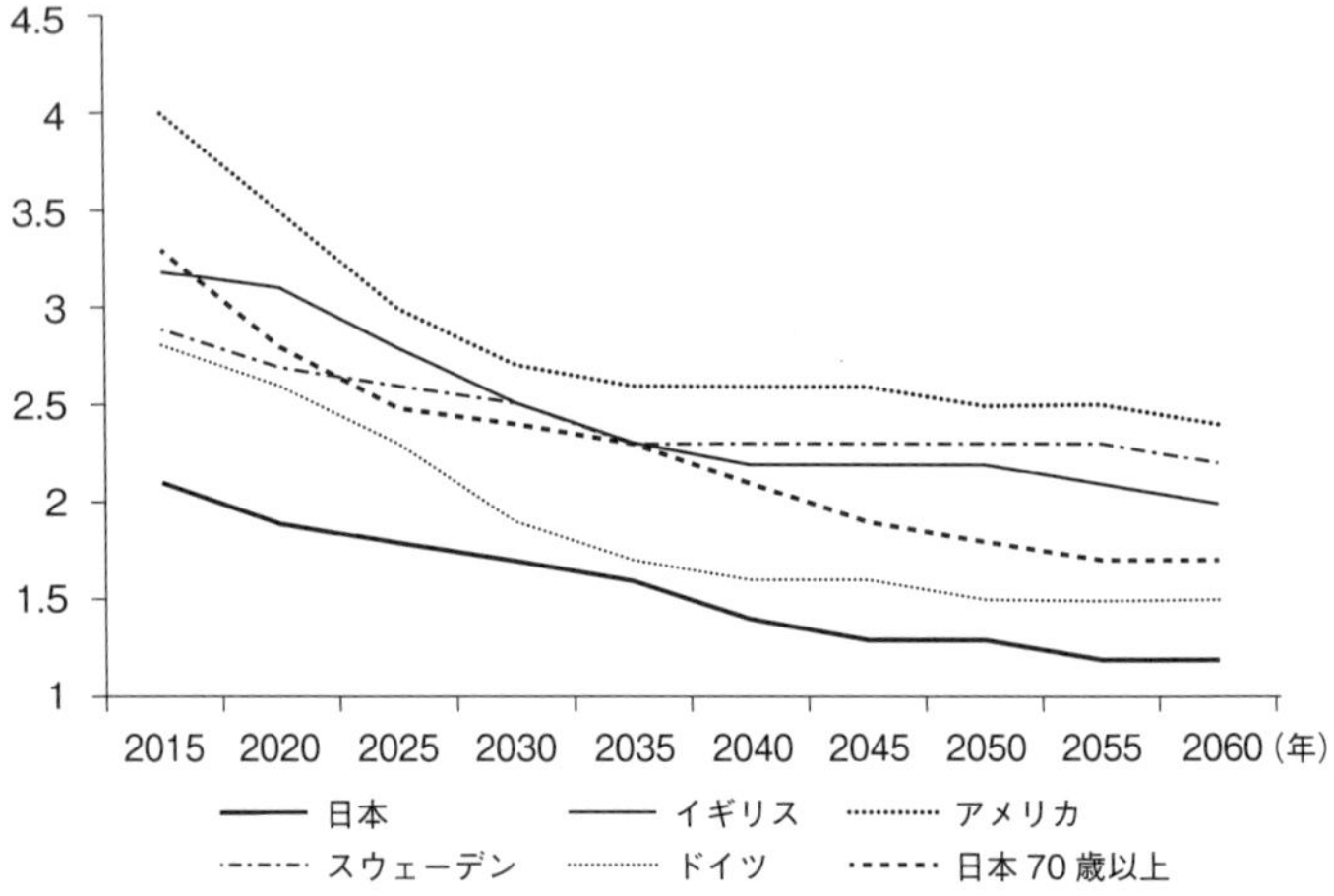

出所：国連の資料より作成。

図表3は、老年扶養率の動きを示したものであり、この比率は二〇一〇年で二・二、将来は二〇四〇年で一・二となり、現役世代二人で高齢世代一人を支える社会から一人で一人を支える社会になる。

(2)　社会保障給付費の構造

高齢化率の上昇は社会保障制度に大きな影響を与える。すなわち日本の社会保障制度は、若い世代が支払った税や保険料を財源に高齢者に給付を行う世代間扶養の仕組みである。図表4で示したように二〇一二年時点で、社会保障給付費は約一一〇兆円となり、GDPの二〇％以上を占めるようになっているが、二〇二五年には約一五〇兆円に接近すると予測されている。社会保障の給付対象を年齢別に見ると、全体の給付の八〇％近くが六五歳以上に給付されている。それを年齢別人口数で割ると、六五歳以上の高齢者は一人約二四〇

図表4　社会保障給付費の動向

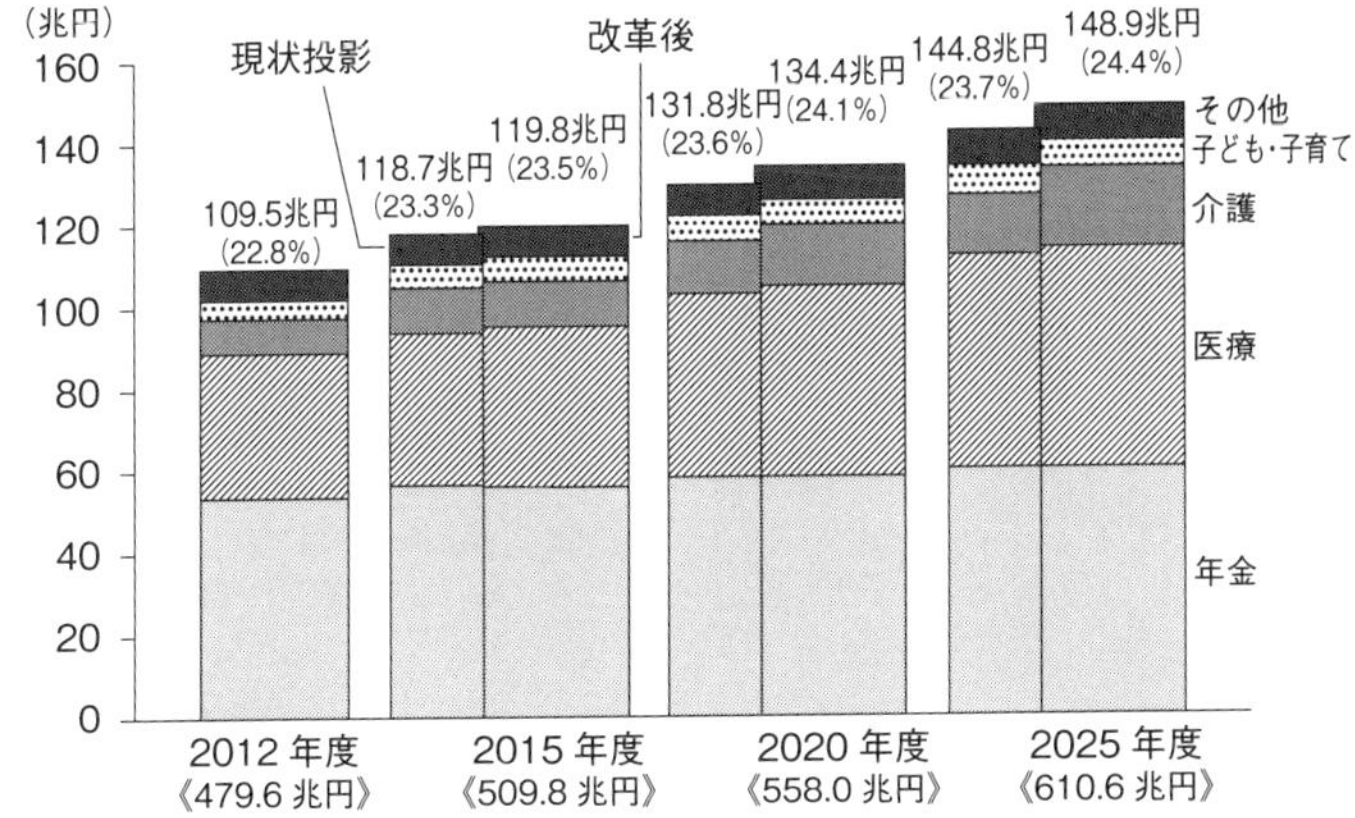

注1：「社会保障改革の具体策、工程及び費用試算」を踏まえ、充実と重点化・効率化の効果を反映している（ただし、「Ⅱ　医療介護等　②保険者機能の強化を通じた医療・介護保険制度のセーフティネット機能の強化・給付の重点化、逆進性対策」および「Ⅲ　年金」の効果は、反映していない）。

注2：上図の子ども・子育ては、新システム制度の実施等を前提に、保育所、幼稚園、延長保育、地域子育て支援拠点、一時預かり、子どものための現金給付、育児休業給付、出産手当金、社会的養護、妊婦検診らを含めた計数である。

注3：( ) 内は対GDP比である。《 》内はGDP額である。

出所：厚生労働省ホームページ「社会保障に係る費用の将来推計の改訂について」。

万円を使っており、他方六五歳未満の社会保障給付費の平均額は一人約三三万円であるので、高齢者は若い世代の八倍の社会保障給付を使っていることになる。今後、急速な高齢化の中で社会保障制度を支えきれるのかという不安が高まることになる。

二　三つの寿命

寿命が延びれば、仮に出生率が低下しなくても扶養者（分子）は上昇し、若い世代の負担は大きくなる。仮に六五歳以上の人数の増加が、そのまま医療費・介護費を必要とするような不健康な高齢者や要介護者の増加（〔先の扶養率の定義式のうちの六五歳以上の不健康な人数〕＝分子）を意味すれば、医療・介護保険制度は不安的になる。

そこで、単純な扶養率ではなく、寿命の質についても考える必要がある。本章では一般的な寿命のほかに、健康寿命、労働寿命の三種類の寿命概念を使うことにする。

まず健康寿命であるが、その定義は多様である。辻（二〇〇四）によると、健康寿命は、①不健康と自覚しない生存期間、②労働・家事・社会参加に支障のない生存期間、③移動に支障ない生存期間、④基本的ＡＤＬ（Activities of daily living：日常生活動作）に支障のない生存期間、⑤知的・認知機能に障害のない生存期間、⑥長期ケア施設に入所しない生存期間、などがあり、厚労省の研究チームはＡＤＬで測定した健康寿命を発表している。

寿命と健康寿命の間には一定の関係がある。辻（二〇〇四）によると男性の場合、都道府県別の六五歳時の平均余命と健康寿命には正の相関関係があることを確認している。また、辻（二〇〇四）は平均余命と健康寿命の乖離、すなわち要介護期間は都道府県で格差が大きく、そして要介護期間が長いほど介護保険料が高くなることも確認している。

寿命が延びても、同時に健康寿命が延びれば、医療費や介護費の負担増は抑えられることになる。健康寿命の伸長は医療・介護保険制度にとっての実質的な扶養率の上昇を意味しなくなる。(2) 実際の寿命と健康寿命の動向であるが、現在、現在医療技術の進歩等で寿命は大きく延び続けている。この一方で、緩やかであるが、健康寿命も延びているものの、寿命の延びのほうが大きいため、寿命と健康寿命の乖離が広がりつつある。

次にもう一つの寿命を労働寿命とし、具体的には就労を通じて経済貢献を行っているかどうかという点に着目しよう。高齢者の就労状態に目を向けると、六五歳以上の高齢者の就業率は定年のない農業などの第一次産業就労者や自営業の減少により、長期低下傾向にあった。しかし近年では、年金の支給開始年齢の引き上げや高齢者就業促進政策により、緩やかな上昇傾向にある。さらに就業構造基本調査によると、六五～六九歳の無業者五一％のうち一三％が就業希望となっている。

しかし、後述するように二〇世紀の工業化社会、福祉国家では、定年退職制度や年金制度のように人為的に引退年齢を規定し、固定化したために寿命と労働寿命の乖離も広がる傾向があった。

寿命と健康寿命の乖離を縮めると医療費を使う期間や介護を受ける期間を短くできるが、加えて労働寿命を延ばすことができれば、納税者や保険料負担者として社会の支え手を増やすこともできる。したがって、六五歳以上の労働寿命の伸長は、扶養率の「分子」を「分母」に転換する効果を持ち、社会保障制度のみならず高齢化社会を支える経済を強化するようになる。高齢化社会では、分子の数を抑えるだけではなく、分子を分母に振り分ける、つまり引退期間の延びを抑え、現役期間を長くすることが必要である。

このことは、個人にとってみれば、寿命が延びる中で、自分の人生の時間をどのように配分するのかというテーマにもなる。そして、寿命、健康寿命、労働寿命の三つの寿命のギャップを小さくすることが高齢化社会の持続性を高めるために重要である。

もう一つ重要なことは、この三つの寿命は相互に独立ではないかもしれない。この点については、今後の実証研究が待たれるが、就業している高齢者ほど健康状態がよいことが確認されている。もちろん因果関係が逆の可能性もあるが、健康のために就労するという考え方は、否定されるべきではない。

三　人口構造の変化と社会

先に述べたように、人類の歴史を遡れば成人した者の寿命は長期にわたって安定していたが、二〇世紀に入り高齢者の死亡率の低下という形で急激に長寿化が進んだ。

これまでも人類の歴史の中では、人口構造の急変や社会構造の変化の中で高齢者の役割は大きく変化してきた。ここでは、その一例としてペストの流行による急速な人口構造の変化が社会に与えた影響と、産業革命、福祉国家のスタートが高齢者の役割に与えた影響を見てみよう。

(1)　ペストによる人口構造の変化が社会経済に与えた影響

すでに述べたように一般的なイメージと異なり、人類の寿命は長期安定しており、六〇歳以上人口は五％程度で長期安定していた。古代や中世は寿命が短いというイメージは乳幼児死亡率が高かったためであり、成人した者は六〇歳程度まで生存し、健康なものは死亡する間際まで就労などの社会参加をしてきた。他方、肉体的に働けないものは、家族による扶養、そして宗教や地域の「互助」、そして近代以降は公的な福祉制度が生活を支えていた。

ヨーロッパでは中世以降、高齢で働けなくなった親が子どもに農地を譲渡し、代わりに扶養を受ける親子扶養契約が拡大した。生産手段である農地がないと、子どもは結婚が認められなかったため、親側は強い交渉力を持っていた。しかし、こうした状況は一四～一五世紀のペスト流行によってヨーロッパの人口の三割から四割が死亡するという人口構造の急激な変化の中で一変した。この時、ヨーロッパが経験した人口構造の変化は、単に人口総数の変化だけではなく、高齢化を伴うものであった。最近の歴史学の研究によると、ペストは数次にわたって来襲したが、最初のペストの流行を乗り切った世代は、その後ペストでの死亡率が低くなり、むしろ後発のペストによる若年者の死亡率が高かったため高齢化率が上昇した。そのため、たとえば一五世紀のイタリア・フィレンツェでは、高齢化率が一五％まで上昇したという記録がある。

高齢者にとっては、老後の扶養を期待していた若年世代の減少は深刻な問題であった。余った農地の地価・地代は安くなり、農地の譲渡と扶養を巡る交渉条件が若い人に有利になった。また血縁関係のない若年者との扶養契約や修道院への寄付と引き替えに、修道院で扶養を受けるものも増加した。身寄りがなく、財産を十分持っていない高齢者は、教会や地域が「福祉」として高齢者をケアするという考えも広まった。

若い人の数が減ることで、人手不足が発生した。若い労働力は希少になり、賃金は上昇し、封建領主に対する農民の交渉力が上昇し、封建制度は崩壊していくことになった。急激な人口構造の変化は社会経済構造に大きな影響を引き起こすことになった。

(2)　工業化社会、福祉国家がもたらした定年制度

農業が中心の社会では、年齢にかかわらず高齢者も健康なかぎり引退せず働き続ける生涯現役社会

であった。しかし、一九世紀の産業革命以降は、工場労働が中心になり、高齢になると統制された工場における作業に対応できなくなり、「年齢」に基づく引退が広がることになった。その一方で、引退しても生活できるような公的保障、年金制度が必要となり、まずドイツで年金保険制度が確立し、その後、世界に広まった。

日本においても明治の後半になると、工業化の中、工場労働者に対し年齢によって引退するという制度が広がった。さらに一九二〇年代後半からは、産業合理化運動や昭和大恐慌の中で雇用調整の手段としてホワイトカラーにも定年が普及するようになった。この一方で、一九四一年に労働者年金（今の厚生年金）が導入された。

以上見てきたように人類の歴史を遡ると、ほとんどの時代で人々は健康なかぎり現役として働いてきたが、一九世紀の産業革命と二〇世紀の福祉国家の広まりの中で一定年齢で引退する制度が普及するようになった。

(3)　長寿社会にあった社会の仕組み

ペストによる人口構造の急激な変化と同様に、日本社会もまた急激な人口減少と高齢化を経験している。若年人口が減っているので、若年世代の賃金を上げる必要がある。その一方、人口減少で住宅が余り始めて、空き家が急増している。このような人口構造の変化は、若い世代に有利であるが、他方で中世ヨーロッパと異なるのは民主主義という政治体制と社会保障制度の存在である。多数決による民主主義のもとでは、経済的には有利な立場になるはずの若年者であるが、政治的には少数派になる。政治力を通じて高齢者は自分たちに有利な社会保障制度を維持し、その負担を若年世代に転嫁することになる。

しかし、若い世代の負担能力にも限度がある。若い世代の負担を抑えるためには、高齢者自身の自助が不可欠であり、その方法として高齢者の保有する不動産資産の活用、具体的にはリバースモーゲージが候補になる。しかし、リバースモーゲージには、①予想以上に高齢者が長生きした場合のリスクや、②日本では中古住宅市場が確立しておらず、日本の中古住宅は家屋部分の価値の評価は極端に低く、土地のみが評価されるため、地価が下落した場合、担保割れするリスクがある、などの課題がある。

もう一つの自助の仕組みとしては、家族内扶養を活用するための相続制度の見直しである。すでに高齢化社会にふさわしい相続制度の議論が法務省で行われ、二〇一五年一月に報告書が公表されている。そこでは、遺産分配時に考慮される寄与分や遺留分の見直し言及もある。

均等相続を重視する現行民法制度では、子どもであるがゆえに、親の療養看護に協力しなくても、法定相続人として最低保障となる遺留分については保障されている。すなわち親の扶養・介護を行わなかった子どもへのフリーライドが保障されており、親の生前中の扶養・介護の負担と相続を巡って兄弟間でのトラブルが多発している。もともと遺留分は親が亡くなったときに、子どもが幼ければ、子どもの生活保障分として保障するための法的な遺産割り当て分である。しかし、長寿社会では、親が亡くなったときに子どもは平均で五〇歳以上になっているので、子どもの生活保障を重視する必要性は低下している。親の療養・看護をした子どもやその配偶者の貢献を寄与分として評価し、かつ遺留分を小さくすると、親は扶養・介護した子どもにより重点的に財産を残す余地が高まる。遺留分を引き下げるということは、親の交渉力を高め、親の介護に協力しなかった子どもが相続をフリーライドすることを防ぐ効果を持つ。

四　長寿とライフコース

これまで長寿化社会に対応した社会経済システムについて議論したが、長寿は個人のライフコースにも大きな影響を与える。

(1)　現役期間と引退期間のバランスの変化

具体的に、長寿により人生の時間配分バランスがどのように変化するかを見てみよう。まず、現在の制度的な引退年齢を年金支給開始年齢（六五歳）とし、教育期間終了後から引退年齢までの現役である年数（現役期間）に対して引退年数から死亡するまでの年数（＝引退期間）がどのくらいになるのか、その比率（＝現役期間／引退期間）を見てみよう（図表5）[3]。

まず一八二九年生まれの世代は、現役期間四・五対引退期間一くらいのバランスの人生であった。それが、一九五〇年生まれの世代は、現役期間二・五対引退期間一の比率に変わる。

仮にこのまま年金の支給開始年齢六五歳と引退年齢を固定すると、一九九五年生まれは現役期間二対引退期間一の時代になり、非常に長い引退期間を過ごすことになる。そこで、人生の現役年数／引

図表5　現役期間と引退期間の比率

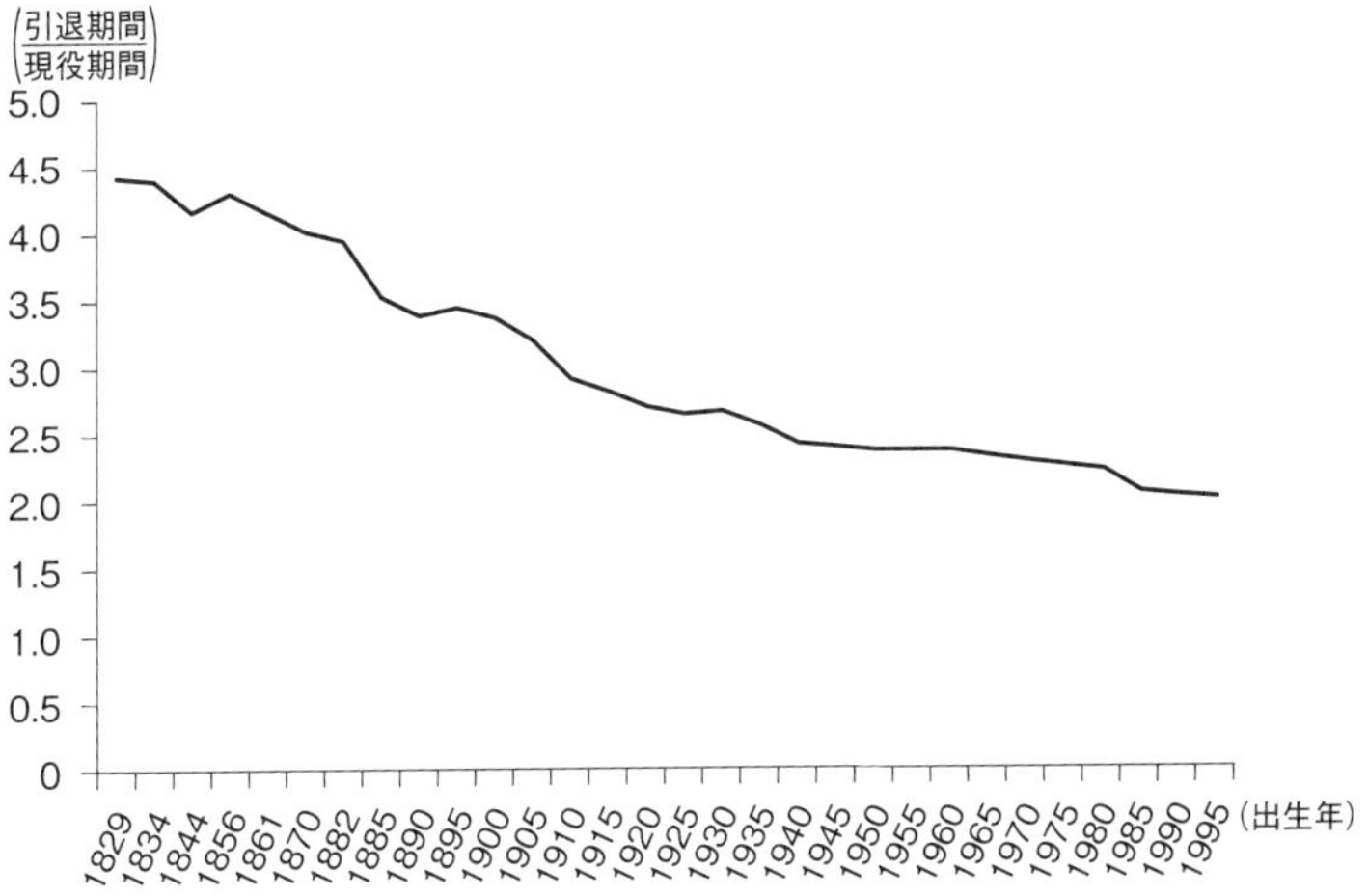

出所：厚生労働省（各年）「完全生命表」および国立社会保障・人口問題研究所（2012）『日本の将来推計人口』より作成。

図表6　仮想引退年齢

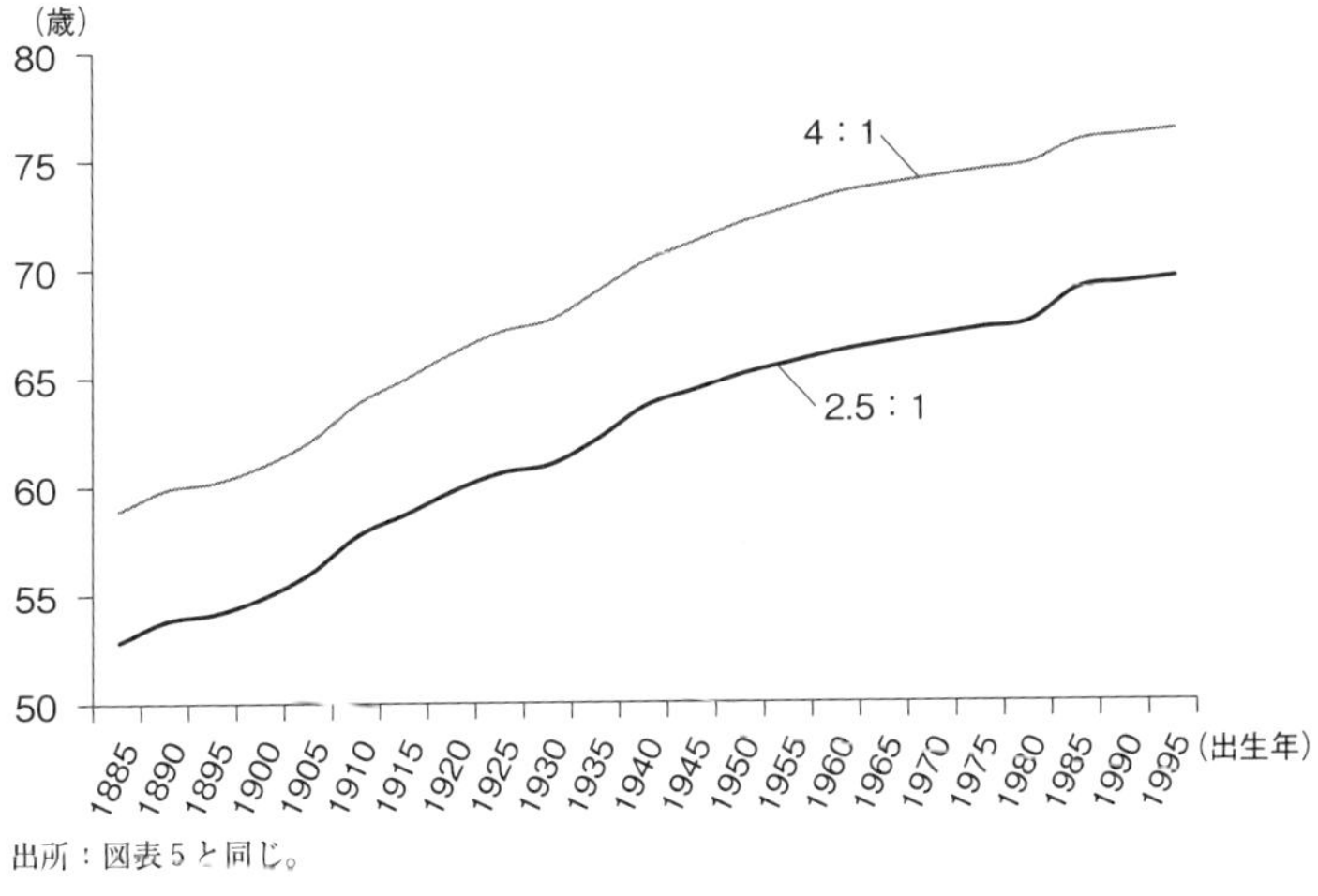

出所：図表5と同じ。

退期間比率を四対一あるいは二・五対一に固定するためには、各世代の引退年齢をどこまで引き上げればよいか「仮想引退年齢」を計算したのが図表6である。たとえば、一九九五年生まれの世代が、二〇一五年から年金を受け取る一九五〇年生まれと同じ比率の人生（二・五対一）を送るためには、七〇歳ごろまで引退年齢（「仮想引退年齢」）を引き上げる必要が出てくる。

(2) 維持される高齢者の能力

七〇歳までの就労は可能なのであろうか。人間の能力は年齢とともにどのように変化するのか、高齢になると人の能力は低下するのだろうか。最近の高齢者に関する研究では、高齢者の認知能力・知能は、それほど落ちないことが明らかになってきている。知能を流動性知能と結晶性知能と二分すると、流動性知能は、想像力や抽象的な思考能力であり、これは加齢とともに低下する傾向があるとされている。しかし後者の結晶性知能、つまり経験に基づく判断、経験知、言語、社会的な判断力は、加齢とともに低下しないことが確認されている。そして、人間は、加齢とともにこの二つの能力の組み合わせを切り替えて対応し、労働能力を維持している。最近は「知恵」の研究も進んでおり、人生のさまざまな問題に対する深い知識や判断能力、また文脈や多様な価値観を理解し、予定外の出来事に対応できる能力は加齢とともに落ちてくるわけではないとされている。

長田（二〇一五）では、日本の高齢者の就業能力がきわめて高いことが指摘されている。たとえばOECD『国際成人力調査』によると、日本の五五～六五歳の読解力、数的思考能力はOECD各国の若年層に劣らないことが指摘されている。[4]

さらに高齢者の就業能力については、長田（二〇一五）は老年学の蓄積を使って、高齢者の就業能力および職業属性から「経験がなくても働ける職業」、「経験があれば働ける職業」、「就業するには配慮が必要な職業」に分けた上で、標準的な機能、能力を有する高齢者であれば八割の職業につくことができるとしている。

高齢者をその経験が生かせる適切な労働分野に配分することで、経済に十分貢献できることがわかる。

(3) 長寿化と人生の選択肢の拡大

もちろん就労だけが現役ではない。学ぶ期間を延ばすことも選択肢になる。長寿化は人生の選択肢を広げる。六〇歳退職、七五歳寿命の時代であれば、五〇歳を過ぎてから新しいものを学ぶということは、学ぶための費用や時間という投資分を回収できないため、ためらわれる。しかし、九〇歳寿命時代に入り、健康で社会活動できる期間が長くなれば、五〇歳を過ぎてからの学習でも十分に投資分を回収できるようになる。長寿化とは単に生きる時間が長くなる、引退期間が長くなるということを意味するのではなく、学習、余暇、労働の選択肢の幅が広がることを意味する。

また高齢者の学習は趣味としての生涯教育ととらえがちであるが、その見方は早急に脱却する必要がある。すでに文部科学省（二〇一二）では、高齢者の生涯学習に積極的な意義を確認している。まず学ぶこと自体が、社会との交流や知的好奇心を高め健康寿命を高める効果がある。それ以上に高齢者の学習は、三つの点で重要になる。

図表7　年齢別の金融知識の自己評価と金融リテラシー

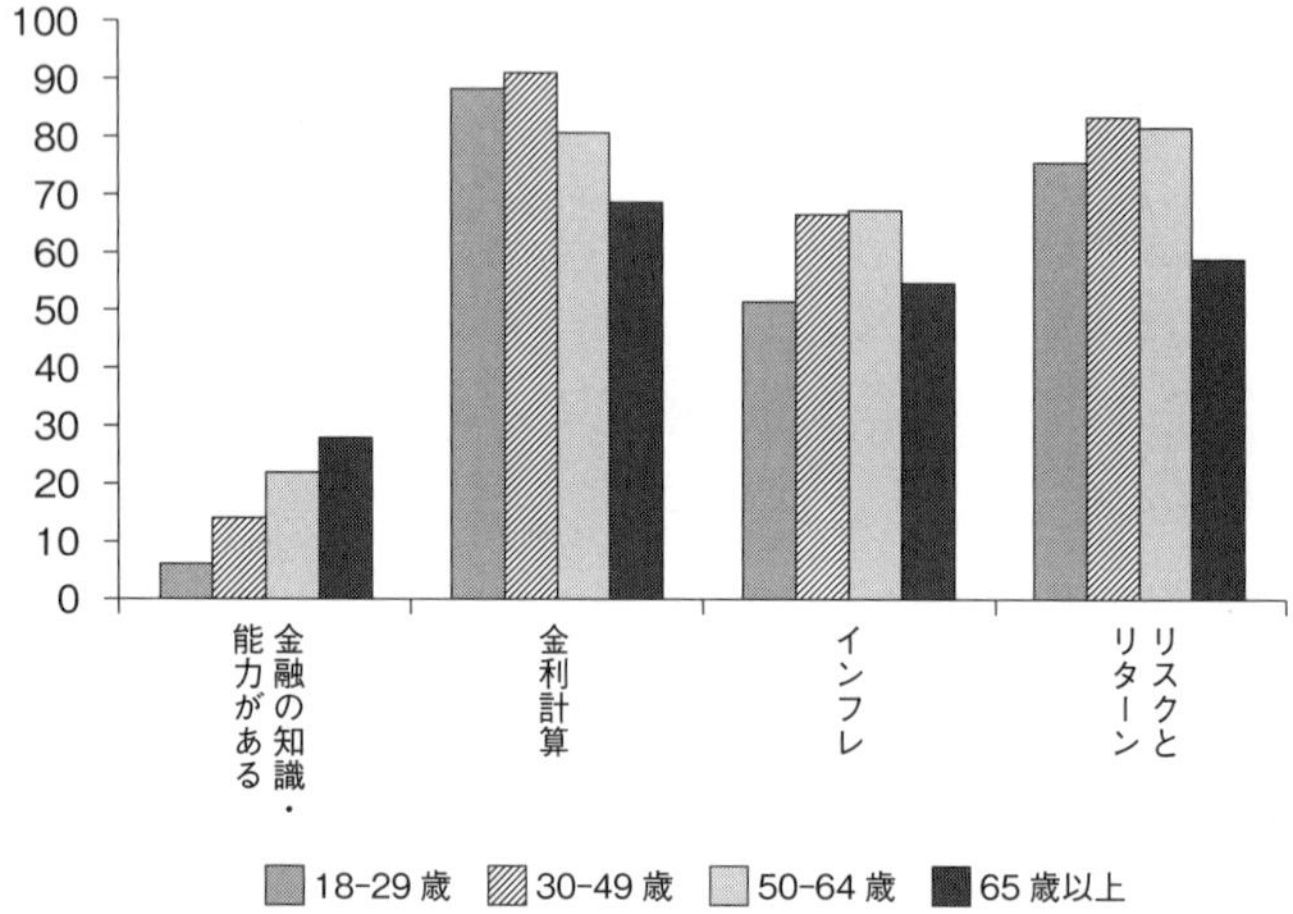

出所：日本銀行金融広報委員会「金融力調査 2012」より作成。

①人口が多くなる高齢者に、最新の情報や知識をつけることにより、社会に積極的な影響を与えることができる。

②高齢者も急激に変化する技術への理解・対応が重要である。人数が多くなる高齢者が技術変化に無関心であったり、対応できなければ、新技術の普及に時間がかかることになる。

③高齢者の日々の生活水準の向上のためにも、健康、医療・介護、財産管理に関する知識は重要である。高齢者は全個人金融資産の七割近くを保有しているものの、高齢者の金融資産に関する知識は、かなり劣っていることも確認されている。

図表7は年齢別に左より、自身の金融知識の自己評価（「金融の知識・能力」）と客観的な金融リテラシー（金利計算、インフレ、リスクとリターンの関係）を比較したものである。高齢者は自分自

図表8　回答者の年齢と高齢者の定義年齢（日本）

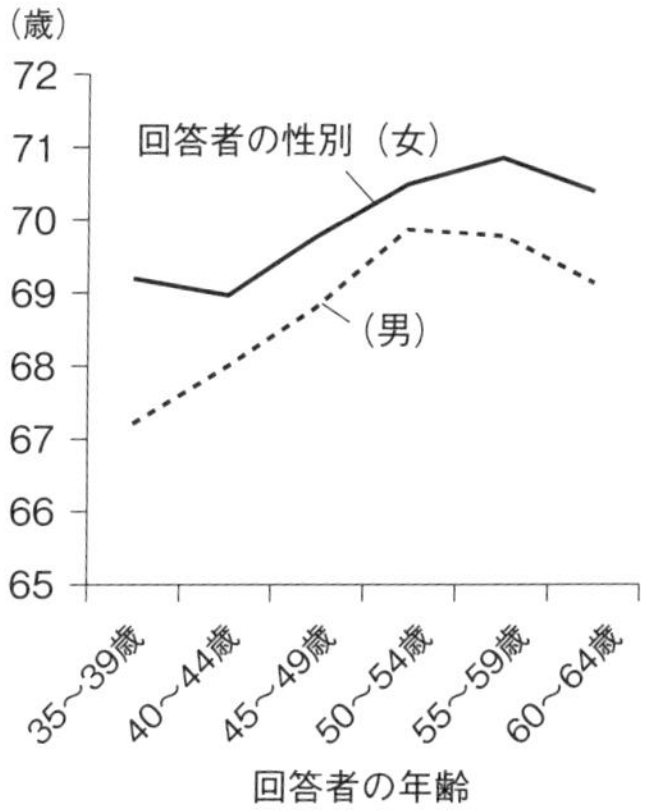

出所：内閣府「平成25年度高齢期に向けた「備え」に関する意識調査結果」より作成。

図表9　回答者の年齢と高齢者の定義年齢（アメリカ）

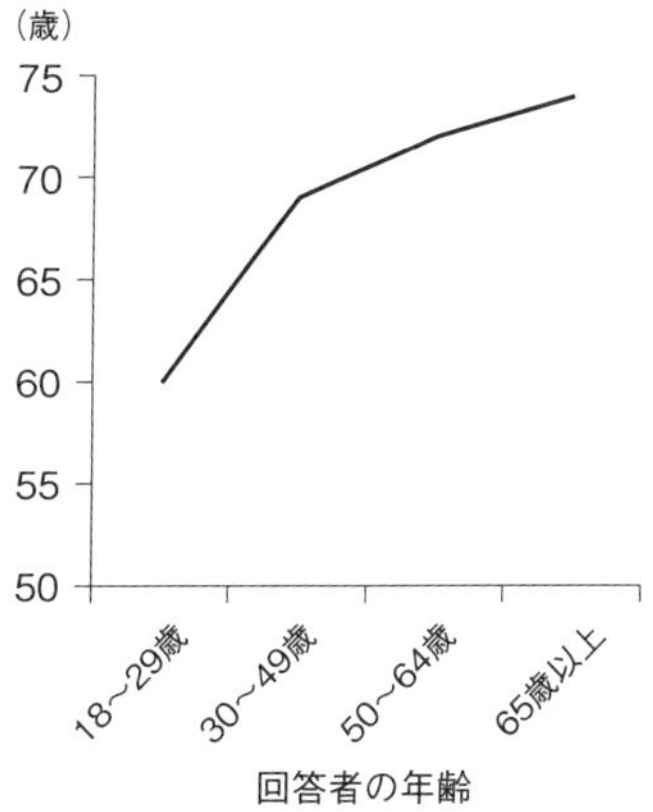

出所：Pew Research Center の 2009 年の調査より作成。

身の金融に関する知識について自信を持っているものの、実際の客観的な金融リテラシーはかなり低いことを示している[5]。

この点から、知識社会と高齢化社会にふさわしい大学の役割を模索する必要があるが、すでにアメリカの大学では高齢者向けへの対応が進んでいる[6]。

(4)　何歳からが高齢者か

ところで、一般国民は何歳からを高齢者と見なすであろうか。内閣府が行った世論調査の「何歳から高齢者と考えるか」(以下、高齢者の定義年齢)という質問に対する回答の平均値は七〇歳である。すでに日本社会では、六五歳からが高齢者ではなく七〇歳からを高齢者と考えている。

そこで二〇〜六九歳を支え手(分母)とし、七〇歳以上を分子として老齢扶養率を再計算すると、図表3の「日本70歳以上」が示すように改善することになる。

また興味深いことに、図表8に見るように回答者の年齢が上がるにつれて、高齢者の定義年齢が上昇する傾向になる。これはアメリカでも同じ傾向が見られる（図表9）。

しかし、日本では高齢者になると高齢者の定義年齢は上がらなくなり、頭打ちになる。他方、アメリカの回答者の年齢とともに高齢者の定義年齢が上昇し続けている。この違いは何によるものか不明であるが、年金制度や退職制度などの影響かもしれない。アメリカには年齢差別禁止法があり、年齢で区分する制度の影響は相対的に小さいからかもしれない。日本における高齢者に対する評価は、年金制度や定年制度といった「人為的仕組み」により、若い世代からは「エイジズム」、他方で高齢者からは「引退・年金生活への既得権」となり、高齢者への評価をゆがめている可能性がある。

おわりに——長寿社会における社会経済の仕組み

本章では長寿化が社会と個人に与える影響を見てきた。長寿化に対応し、健康寿命、労働寿命を延ばす必要がある。労働寿命は、狭義の賃労働だけではなく、多様な社会的参加もあり、学習、ボランティア、地域活動参加などもある。さらに労働寿命の伸長が健康寿命の伸長につながる可能性もある。年齢で人間を区分、管理するというのは、二〇世紀の福祉国家と工業社会における一時的な仕組みであり、人類の歴史の中では例外的な時期である。二一世紀の知識社会の中で、人を暦年の年齢で区別して管理する社会の仕組みの意義は失われつつある。長寿社会では、人々が生涯にわたって使える時間はどんどん増えて、人生の中での時間配分はより多様化している。そのためにはまず六五歳で引退しなければならないという思い込みと社会の先入観、雇用慣行を改め、少なくとも七〇歳ぐらいまでは十分に働く能力はあるということを評価し、高齢者の可能性を生かせるような社会の仕組みをつくらなければならない。

注

(1) いずれも国立社会保障・人口問題研究所「将来日本の人口推計」による。
(2) 健康状態と医療費の議論は単純ではない。医療制度によって決定される。医療費が最も高くなるのは人生の最後の一から二年である。ただしこの関係は国によって異なる)。
(3) 義務教育年数の変化、あるいは高等学校などの進学率の変化などについては、簡単な前提を置き、大まかな推計である。
(4) 国立教育政策研究所(二〇一三)参照。
(5) 図表7は「金融の知識・能力がある」と回答した者の割合と、「金利」=「一〇〇万円を預貯金口座に預け入れました。金利は年率二%だとします。またこの口座には誰もこれ以上お金を預け入れないとします。一年後、口座の残金はいくらになっていますか?」、「インフレ」=「仮に、インフレ率が三%で、普通預金口座であなたが受け取ることができる利息が一%なら、一年後にこの口座のお金を使ってどのくらいのものを購入することができると思いますか」、「リスクとリターン」=「平均以上に高いリターンのある投資は、平均以上の高いリスクがあるものだ」という設問に対して正しい回答ができた人の割合である。
(6) ハーバード大学には、退職者専門コースが設置されている。

[付記] 本章は駒村康平「長寿革命——高齢社会を乗り越えるために」『三田評論』二〇一五年七月号(No.1191)に加筆したものである。

参考文献

ソニア・アリソン（二〇一三）『寿命100歳以上の世界――20XX年、仕事・家族・社会はこう変わる』（土屋晶子訳）、阪急コミュニケーションズ。

長田久雄（二〇一五）『エイジレス就業の時代を拓く――支えられる存在から支え合う存在へ』（総合研究開発機構）。

国立教育政策研究所編（二〇一三）『成人スキルの国際比較――OECD国際成人力調査（PIAAC）報告書』明石書店。

パット・セイン編（二〇〇九）『老人の歴史』（木下康仁訳）、東洋書林。

祖父江逸郎（二〇〇九）『長寿を科学する』（岩波新書）岩波書店。

武田晴人（二〇〇八）『仕事と日本人』（ちくま新書）筑摩書房。

WHO（二〇一五）『高齢化と健康に関するワールド・レポート』（World Report on Aging and Health）

辻一郎（二〇〇四）『のばそう健康寿命』岩波書店。

リチャード・A・ポズナー（二〇一五）『加齢現象と高齢者――高齢社会をめぐる法と経済学』（國武輝久訳）、木鐸社。

文部科学省（二〇一二）「長寿社会における生涯学習の在り方について――人生100年いくつになっても学ぶ幸せ「幸齢社会」」。

第Ⅱ部　超高齢・人口減少社会に立ち向かうイノベーション

第四章　ナノバイオテクノロジーが先導するスマートライフケア社会

片　岡　一　則
（東京大学大学院工学系研究科／医学系研究科教授）

はじめに

今日は、ナノテクノロジーの医療展開ということでお話をしたいと思っています。皆さんは、昔『ミクロの決死圏』という映画があったのをご存じでしょうか。これは私が高校生ぐらいのときの映画です。どういう映画だったかというと、お医者さんとその乗り物をものすごく小さくして血管の中に送り込み、そのお医者さんが、病原のところまで行って、血管の中から病気の治療をしてしまうというSF映画です。私はこれを見てものすごく感激し、いつかこういうことができないだろうかと思っていました。

もちろん今でも、お医者さんをそんなに小さくして人間の体の中に送り込むことはできません。しかし、乗り物のほうを体の中に送り込み、治療を行うというのは、あながち不可能ではないと思います。ただ、そうは言っても、乗り物となるマシンをどのぐらいのサイズにしなければいけないかというと、血管の穴から入っていって組織を治療するわけですから、マイクロマシンではだめなのです。もっと小さくして、ウイルスサイズにしなくてはいけません。そうであるならば、ナノマシンをつくらなければいけないことになります。

一　ナノマシンとは

ナノマシンということになると、歯車を組み合わせたり、材料を削ったりしてつくるわけにいきません。全然違う方法が必要になります。そこでどうするか。皆さんは分子モーターというのを聞いたことがあると思います。我々の細胞の中では、たんぱく質が自動的に会合（自己組織化）して、モーターみたいなものができています。それと同じように、分子を自動会合させ、それでナノマシンみたいなものをつくってしまおう。これが基本的な考え方です。

図表1にあるのは、一本の高分子です。長さは一〇ナノメートル（nm）と、すごく小さいものです。現代の高分子の合成技術というのはずいぶん進んできていて、かなりいろいろな機能をつくり込むことができるようになってきています。たとえば標的を指向する機能とか、薬をくっつける機能とか、あるいは私たちの体の中のいろいろな環境変化に応答して形や構造を変化させる機能、そういった機能をつくり込むことができるようになってきているのです。

図表1　分子技術に基づく精密高分子材料設計

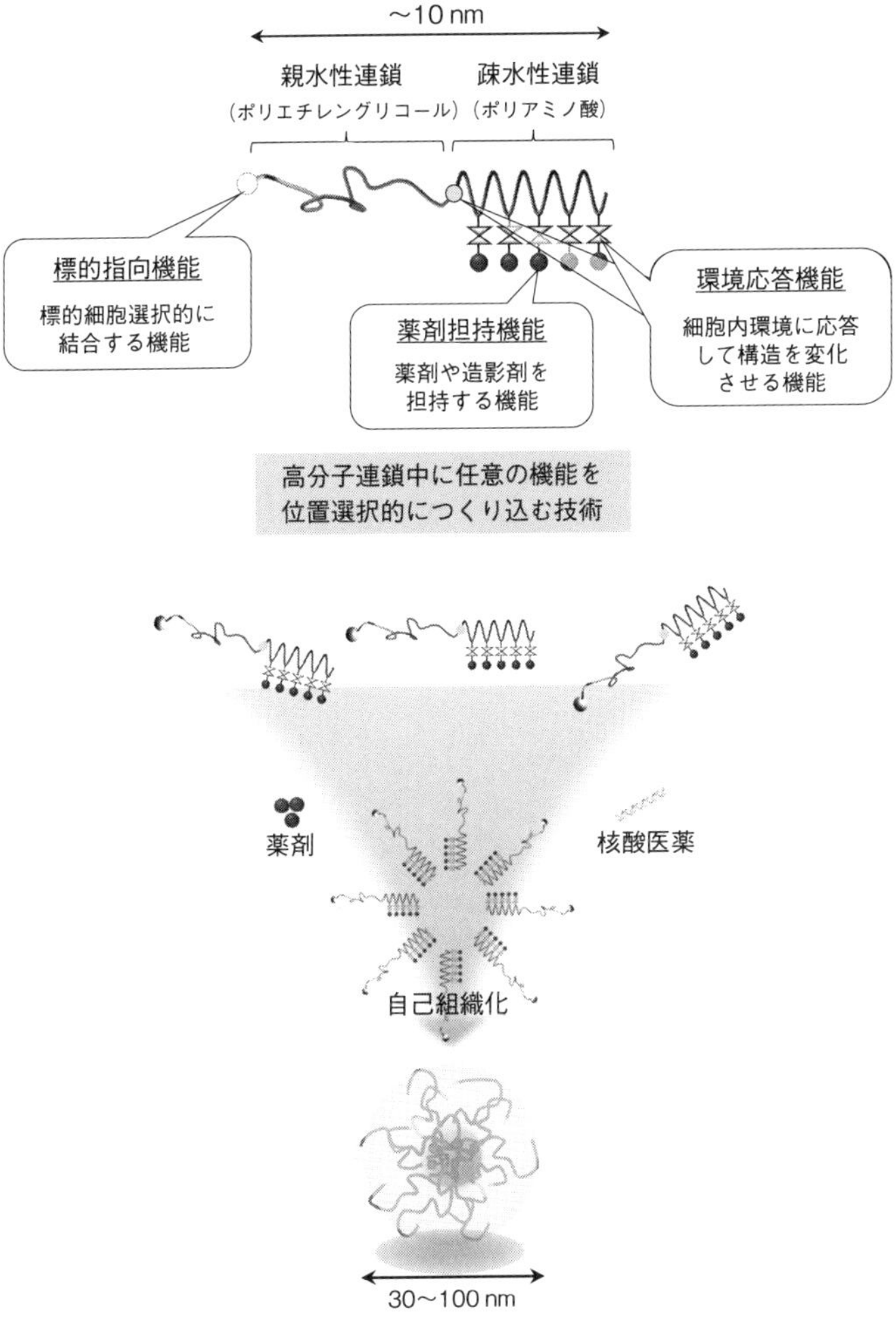

図表1にはポリエチレングリコールとポリアミノ酸があります。ポリエチレングリコールというのは親水性の代表的な高分子です。皆さんよく知っていると思いますけれども、たんぱく質はアミノ酸でできていますから、ポリアミノ酸はたんぱく質みたいな高分子が連結しているものです。この二つのブロックがつながっているので、こういうのを高分子の分野ではブロックコポリマーと呼んでいます。

これに機能をつくり込んで水の中に置くと、自動的に会合をして高分子ミセルという構造ができます。そのとき、真ん中のところに入るのは薬などです。外側は親水性の高分子で完全に覆われています。

図表2　ミセル型ナノマシンのTEM画像

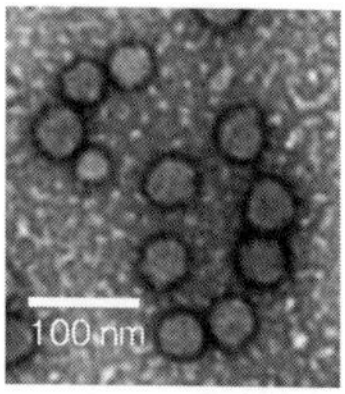

図表2にあるのが電子顕微鏡の写真です。この写真だけを見ると、形態的には肝炎のウイルスとすごく似ています。生物の分野の人にこれを見せると、「なかなかよく撮れている肝炎ウイルスの電子顕微鏡写真ですね」などと言われるのですが、これは肝炎ウイルスではなくて、高分子ミセルからできた完全な合成ナノマシンです。

二　ナノマシンによる治療

これがどのように治療につながるかというと、実はこれによって薬剤を患部に送り届けることが可能になるのです。

最近は顕微鏡の技術が進歩して、血管の中を生きた状態でそのまま見ることができます。我々の血液の中には、赤血球と白血球のほかに血小板という非常に小さな細胞があって、これが異物を認識するときに重要な役割を果たします。

その細胞の大きさはどのぐらいかというと、大体一～四マイクロメートル（μm）というサイズです。我々がつくったナノマシンは一〇〇nm、つまり〇・一μmですから、血小板よりはるかに小さいのです。ですから、本当は大きさが全然違うように見えるはずなのですが、ポリエチレングリコールで表面を覆っていないナノマシンを血液中に打ち込むと塊になってしまいます。血小板にべたべたくっついて、簡単に言うとだまのような状態になってしまうのです。そうなると、血液が肺に詰まってしまったり、あるいは脳梗塞を起こしたりと、非常に恐ろしいことが起こってしまいます。

しかし、同じものをポリエチレングリコールの殻で完全に覆ってやると、それだけで状態が変わります。だまは全く見えなくなり、血液もさらさらと流れるようになります。

このようにして、ちょうどステルス爆撃機、あるいは忍者のように、体の中をぐるぐる回ることになります。しかしそれだけでしたら、ただ回るだけでおしまいになってしまいますが、それにいろいろな機能をつくり込んで送り込むとさまざまな効果が期待できます。たとえばがん細胞の近くに行くと、それが標的細胞を検出して中に侵入し、治療を行うことができるようになるのです。

では、どんな信号を検知するのかというと、一番よく利用されるのはpH、つまり酸性度です。がんというのは正常な組織に比べてpHが低いので、そういうところに行くとナノマシンの構造が変わって薬が出ていく。あるいは外から光を当てると、その光に応答して構造が変わる。そういうことができます。あるいは、グルコースとか、ＡＴＰというのは我々のエネルギーのもとですが、これに応答して構造が変わるようにしてあげるわけです。

三　治療の対象

こういうものを使って何の治療するのかというと、やはり一番のターゲットはがんです。日本では、年間三六万人の人ががんで亡くなっています。三人に一人という、すごく大きな数です。政府もがんの死亡率を下げたいということでいろいろな方策を打っていますが、重要なことは、三六万人ですから、数十万人の人に適用できるような治療法を開発しないかぎり、がんの死亡率というのは下がらないということです。たとえば、重粒子線治療というような、大きな装置をつくるという方法があります。しかし、年間一〇〇人、二〇〇人の治療では、全く死亡率は変わりません。やはり重要なことは、いつでも、どこでも、誰でも使えるような、新しい革新的な治療法を生み出すことです。そうしないと、がんというのは、国民レベルでは、依然として怖い病気のままということになってしまいます。

もっとも、がんにもいろいろあって、たとえば胃がんの場合は、早期発見ができるようになってきました。その結果、早期であれば、五年生存率は九〇％にまで高まりました。そうなると、みんな喜ぶわけです。九〇％は助かるのだと。しかし、別の見方をすると、それでも一〇人に一人は死んでしまうのです。普通の病気で、五年後にあなたは一〇人に一人の割合で死にますと言われたら、やはりみんな「え？」と言うでしょう。だから実は、まだまだ当たり前の病気にはなっていないのです。膵臓がんとか脳腫瘍のように、ほとんど助からないがんを治すのももちろん大事ですけれども、胃がんであっても、五年生存率九〇％を九九％に上げる。それによって、みんながガんの不安から解放されることになることも大事なのです。

しかも、今、働く世代の平均年齢が上がっていますが、実はがんにかかった三人に一人が職を失ってしまっているのです。その人が経済的に困ってしまうだけではなくて、その人が働いていた職場も困ってしまうわけです。そういうのを「労働損失」と言います。計算によると、労働損失は一兆円を超えると言われています。こういう人たちのためには、ともかくも、入院なしに、普通の生活をしながら治療ができる仕組みをつくってあげる必要があります。そうならないと、やはりみんなは幸せになれません。

それでは、がんはなぜ治らないのでしょうか。もちろん治療法として手術や放射線治療などがあるのですが、これには限界があるのです。何が限界かというと、実は転移してしまうとこれらの方法が使えなくなってしまうのです。転移が見つかってしまうと手術も放射線治療もできない。重粒子線治療もできません。そこで、化学療法を行うわけですけれども、それも効かないがんがあります。たとえば、脳腫瘍や膵臓がんには、薬自体が届かないのです。したがって、転移を治療できるようにすることはすごく大事なのです。

よくアスベストで問題になる、悪性中皮腫というものがあります。なぜ皆がこれに困っているかというと、実はがん幹細胞というのが絡んでいるからです。皆さんは、ｉＰＳ細胞を知っていると思います。幹細胞というと再生医療を思い出しますが、実はがんにも幹細胞があると言われています。がん細胞の王様、あるいは悪玉がん細胞です。これががんの奥深くに潜んでいて、薬を寄せつけないのです。だから、これをやっつけないかぎりがん幹細胞が再び増殖を始め、いろいろなところに転移をしたり再発をしたりする、という問題が出てきくるのです。さらに薬が効かない耐性がんになってしまうと、もうこれは手も足も出ないことになってしまいます。

このように、現在の方法では治療が困難な難治がんを、どこまで解決できるかというのが、ナノテクノロジー医療研究のミッションです。

四　ナノマシンにできること

では、ウイルスサイズのナノマシンでどんなことができるのでしょうか。

図表3を見てください。ナノマシンによって、たとえば、微小・転移がんを標的治療することができます。「撃つ」とありますが、実験用のマウスにリンパ節転移があるとします。そのマウスに、蛍光を発するナノマシンを「撃ち」ます。そうすると、転移したところにだけ、その光るナノマシンが選択的に集まります。このようにして、イメージングでもわからないような小さな転移がんまで自動的に見つけて、これを治療してしまう。こういうことが可能になるのです。

次に、「越える」。がん細胞というのは血管の外にあります。それでももちろん薬は行くことはできます。しかし、脳腫瘍になると、それが難しくなります。脳の血管というのはすごくバリア性が高い

図表3　ナノマシンで実現できること

撃つ
微小・転移がんを標的治療
・がん細胞に到達して
　ナノマシンが光る

見る
高度な診断情報の可視化
・微小がん、がん悪性度
　検出など
・PET、MRI、蛍光などの
　機能の複合化

越える
血液ー脳腫瘍関門を突破
・投与から5時間後、ナノマシンは
　腫瘍内へ漏出。腫瘍が縮小

応える
外部エネルギー照射への応答
・ナノマシンの全身投与
・光・超音波などの照射
　による活性化

からです。当たり前ですね。脳の中に変なものが入ると困るので、そうなっています。ところが、脳が腫瘍になってしまうと、このバリアによって薬が行かなくなってしまうのです。だから、それを何とか越えて行かせる工夫が必要です。ナノマシンならそれができるということです。

それから、「見る」。これは高度な診断情報を可視化しようということです。たとえば、なるべく早く見つける。そのときに、小さながんまで検出するということだけでなく、悪性度、つまり、そのがんの中で本当に悪いところはどこなのかを見分けられるようにすることです。では、どうやって見分けるのかというと、実は悪性度の高いところは増殖が早いので、酸性になっています。そうだとすると、pHが下がったところで初めて信号を発するような仕組みをナノマシンの中に入れてやれば、それをＭＲＩで検知することが可能になるわけです。

最後に、「応える」ということです。ケミカルサージェリーと言っていますが、普通の手術は外からメスで切っていくわけですが、そうではなくて、ナノマシンの中に光や超音波を当てると活性化するような薬を入れておいて、それを患部に集め、それに光や超音波を照射します。そうすると、患部でだけこの薬が活性化して、具体的に言うと活性酸素というものが出てきます。それでがん細胞を殺してしまうのです。それができると、手術で切ったりしませんから、日帰りで治療することも可能になります。

五　難治がんの治療

現在の方法では治療が難しい難治がんには、どのようなものがあるのでしょうか。まずは先ほどお話をした転移がんがあります。それから、薬剤の到達効率が低いがん。そして、薬が効かなくなった耐性がん。それに、がんの幹細胞。この四つが挙げられます。がんというと普通、胃がんとか肺がん、あるいは膵臓がんというように、臓器によって区別しますが、治療の難しさという切り口で区別すると、このように分類できます。この四つのうちどれか一つでもあると、そのがんは、治療がものすごく難しくなります。

(1)　薬剤耐性がん

今挙げた四つのうち、まず薬剤耐性がんを取り上げたいと思います。最初に、ナノマシンが血管などをぐるぐる回りながら、どのようにがんに行きつくのだろうか、ということから説明をします。

第一に、がんの中の血管というのは、正常な血管と違って血管壁の穴が大きいのです。だから、ナノマシンでも入っていけるのです。他方、正常な血管には穴がないので入れません。これによって行き先が決まることになります。

第二に、ナノマシンががん細胞に入るときには、膜に包まれて入っていきます。この膜で囲われた小胞体をエンドソームといいますが、ナノマシンはちょうど「トロイの木馬」のような役割を演じるのです。目的地は核ですから、膜につつまれたナノマシンは核に近づいていきます。そして、核に近づくにつれて、小胞体つまりエンドソームの中のpHが下がっていきます。pHが下がっていくと、薬が放出されて核に集まっていきます。こういう仕組みになっているのです。

今の話を図表4で説明しましょう。抗がん剤が兵隊だとすると、耐性がんには、塀を乗り越えて入ってくる兵隊を解毒たんぱくでやっつけてしまう性質があります。しかし、トロイの木馬に薬を乗せて入れると、小胞に包まれているので薬剤耐性を克服できるのです。

うまくできていますね。でもこれは本当なのでしょうか。やはり本当だということを証明しないとサイエンスにはなりません。単なるお話になってしまいます。

そこでどうするかというと、先ほどのブロックコポリマーのうち、親水性のほうの先端に緑の蛍光

図表４　ナノスケールのトロイの木馬（高分子ミセル）による薬剤耐性の克服

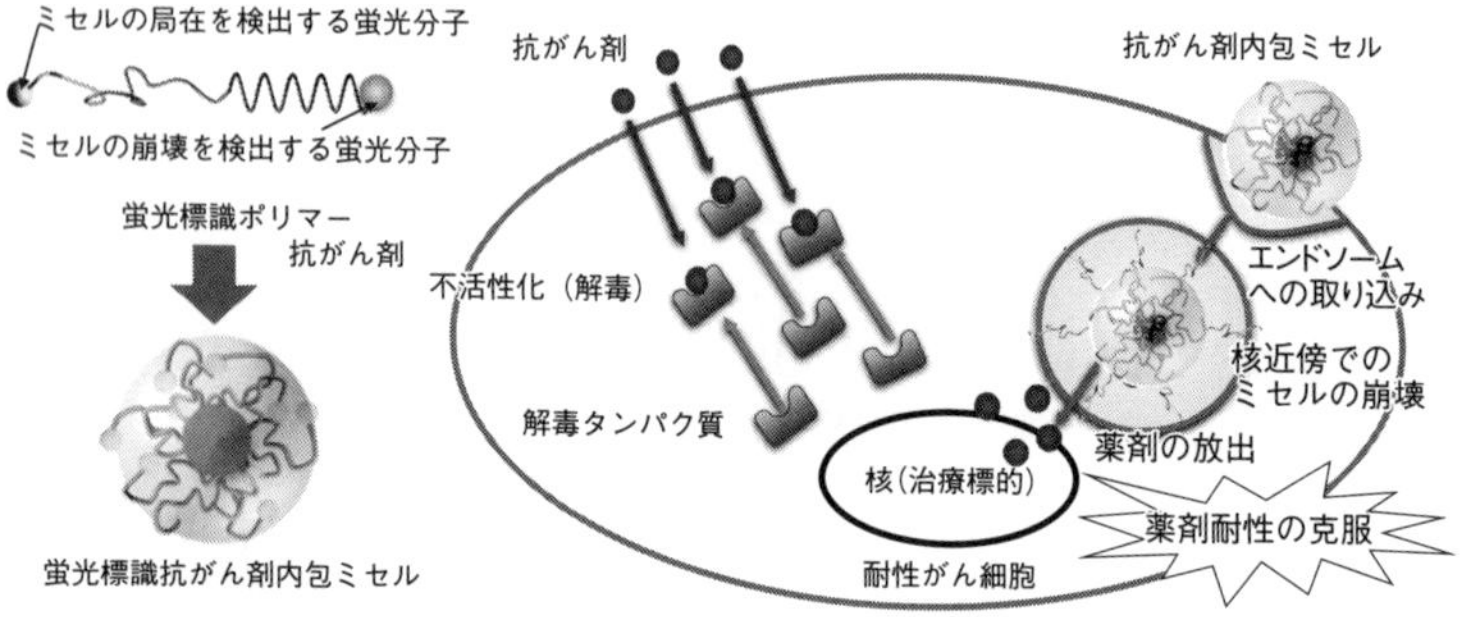

分子をつけ、反対側には赤い蛍光分子をつけ、自己組織化でミセルをつくらせます。ミセルになると、赤いほうはコアの中に全部包み込まれてしまうので、蛍光が出ません。だから、この状態では緑色に見えます。しかし、薬を出し始めると、赤い蛍光が出るようになります。そのため、薬が出始めると、両方の色が混じって、黄色かオレンジ色の蛍光が出ることになるはずです。

実際、培養しているがん細胞で実験すると、この現象が確認できます。しかし、これだけだと、これはシャーレの中だけの話ではないか、本当に生きたがんの中でこういうことが起きるのか、という疑問が湧いてきます。

そこで、高速走査型共焦点顕微鏡という特殊な顕微鏡を開発しました。走査型というのは、テレビのブラウン管であれば電子線が走査するところを、電子線の代わりにレーザーの光をスキャンするもので、ある面だけをきれいに見せることができる顕微鏡です。ただし、普通の共焦点顕微鏡は、スキャンスピードが遅いので、動かないものに対してはいいのですけれども、動物の体内のように動いている場合は画像がぶれてしまいます。そこで、高速でスキャンする顕微鏡というものを開発したのです。これを使う

図表5　膵臓がんの標的治療に向けたミセル型ナノマシンのサイズ最適化

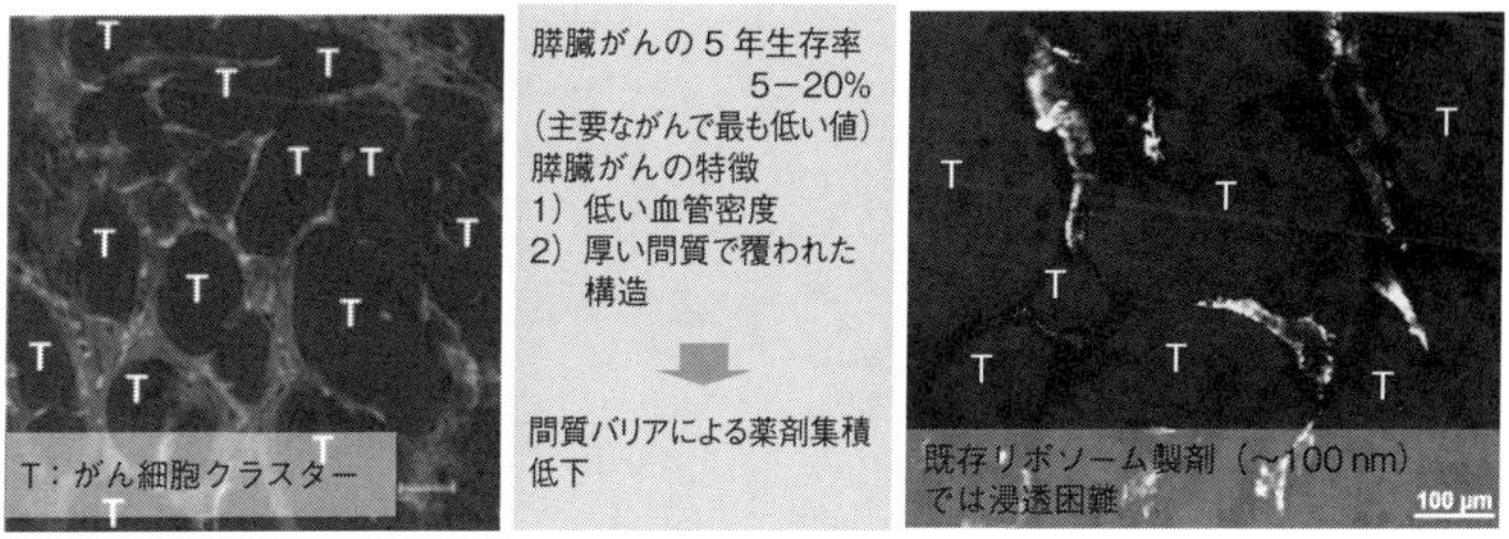

ミセル型ナノマシンのサイズ制御に基づくヒト膵がんへの効果的薬物送達

出所：H. Cabral, K. Kataoka et al., *Nature Nanotech*. 6: 815–823 (2011).

と、マウスの体内にあるがん細胞をそのまま見ることができます。そして、実際これを使って、ナノマシンががんの中の一個一個の細胞に「トロイの木馬」のように薬を送り届け、その中で壊れて薬を出していくのを映像でとらえることに成功しました。世界で初めてのことです。これによって、耐性がんに対してミセルが効くことが確認されたのです。

(2)　薬剤の到達効率が低いがん

ここで大事なことは、がんの毛細血管にどんどん集まるだけでなく、がん細胞の中にまできちんと薬を届けることがわかったことです。そうであれば、なかなか薬が届かないようながんにも効くのではないか。そこで今度は、膵臓がんで試してみました。

膵臓がんというのは、アップルコンピューターの創始者であるスティーブ・ジョブズもこれで亡くなりましたが、五年生存率が非常に低いがんです。その理由の一つは、血管の密度が非常に低いということにあります。がんの組織というのはすごく不均一です。図表5は病理像ですけれども、Tと書いている濃

図表６　皮下移植膵臓がんに対する治療効果

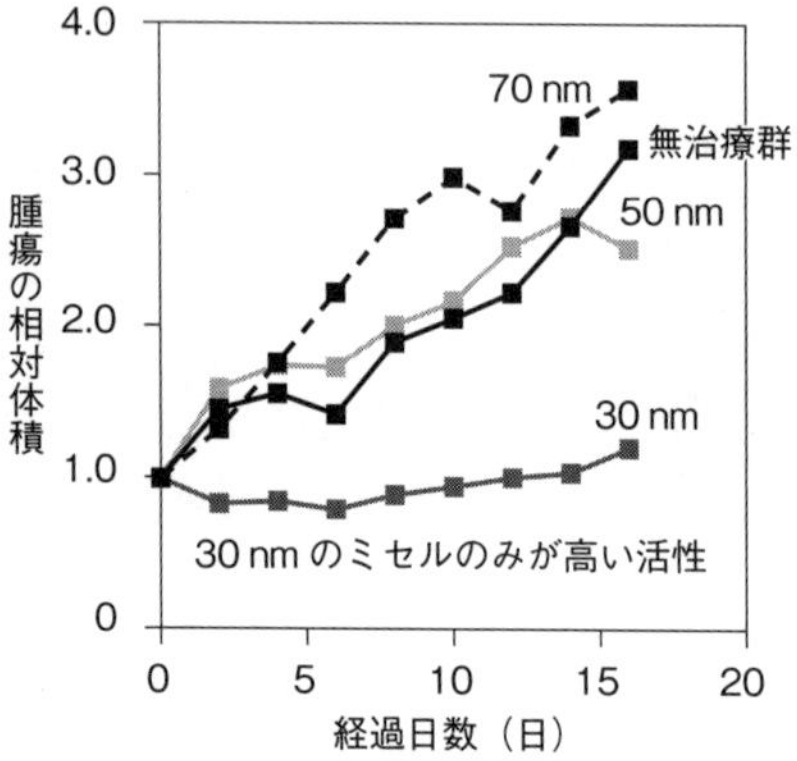

い部分ががん細胞のクラスター、つまり塊です。その間のところは間質といって繊維質です。その間を血管が通っています。つまり、血管は間質の中にしかないのです。だから、血管から薬が出ていっても、厚い繊維層でできた間質の中を通っていかないとがんまでは到達できないのです。これが難しい。

図表5の右側にあるのはリポソームと言い、現在ドラッグデリバリーによく使われているものですが、みんな血管のそばで留まってしまっています。間質からさらに奥まで行くことができていません。それは、そのサイズが一〇〇nmもあるからです。それに対して、自己組織化でつくるミセルのサイズは、もっと精密にコントロールすることができます。そこで、さらにサイズを小さくしていくことにしました。

すると、おもしろいことがわかったのです。三〇nmの大きさのミセルを緑の蛍光色素で標識し、七〇nmのミセルは赤で標識しました。これを両方混ぜて血管に打つと、血管の中では赤と緑が混じっていますから黄色に見えます。ところが、がんの中では緑色なのです。つまり、三〇nmのミセルだけがどんどん膵臓がんの中に入っていくことがわかったのです。では、赤はどこにいるのかというと、赤は血管の周りにとどまっていました。リポソームと同じです。このことから、サイズのコントロールというのがものすごく重要だということがわかりました。

この治療はどのぐらい効くのでしょうか。図表6は、実際に膵臓がんの増殖をどのぐらい抑えられるかを見た結果です。これによると、三〇nmにすると膵臓がんの増殖を抑えられることがわかります。では、それによってどのぐらい生存率が上がるのでしょうか。それを調べるために、膵臓がんを自然に発症するマウスを使って実験しました。実は普通のがんの研究では、人のがんをマウスの皮下に移植して見るのですが、これには批判が多くあります。たとえば、実際のがんは移植でできるわけではなく、自然にできます。そうすると組織の構築も違っているはずです。また、通常はヌードマウスといって免疫不全マウスを使いますが、我々には免疫があります。だから、本当にそんな実験でいいのかという批判はすごく強いのです。

そこで、最近ではどうするかというと、自然発症マウスといって、生まれて必ず膵臓がんになるマウスを使います。どうしてそのようなことができるのか。それは遺伝子改変です。これでできたマウスをトランスジェニックマウスと言いますが、要するに、遺伝子の中に発がん遺伝子が最初から組み込まれているのです。ですから、生まれて何カ月か経つと必ず膵臓がんを発症します。こういうかわいそうなマウスなのですが、仮にこれを治療できれば、人間のがんも自然発症ですから、かなり信憑性が高いということになるわけです。

図表7はその結果です。七〇日目まで見ていますが、マウスの寿命をヒトに換算すると、ほぼ一〇

図表7　白金抗がん剤ミセルによる自然発生膵がんモデルの治療

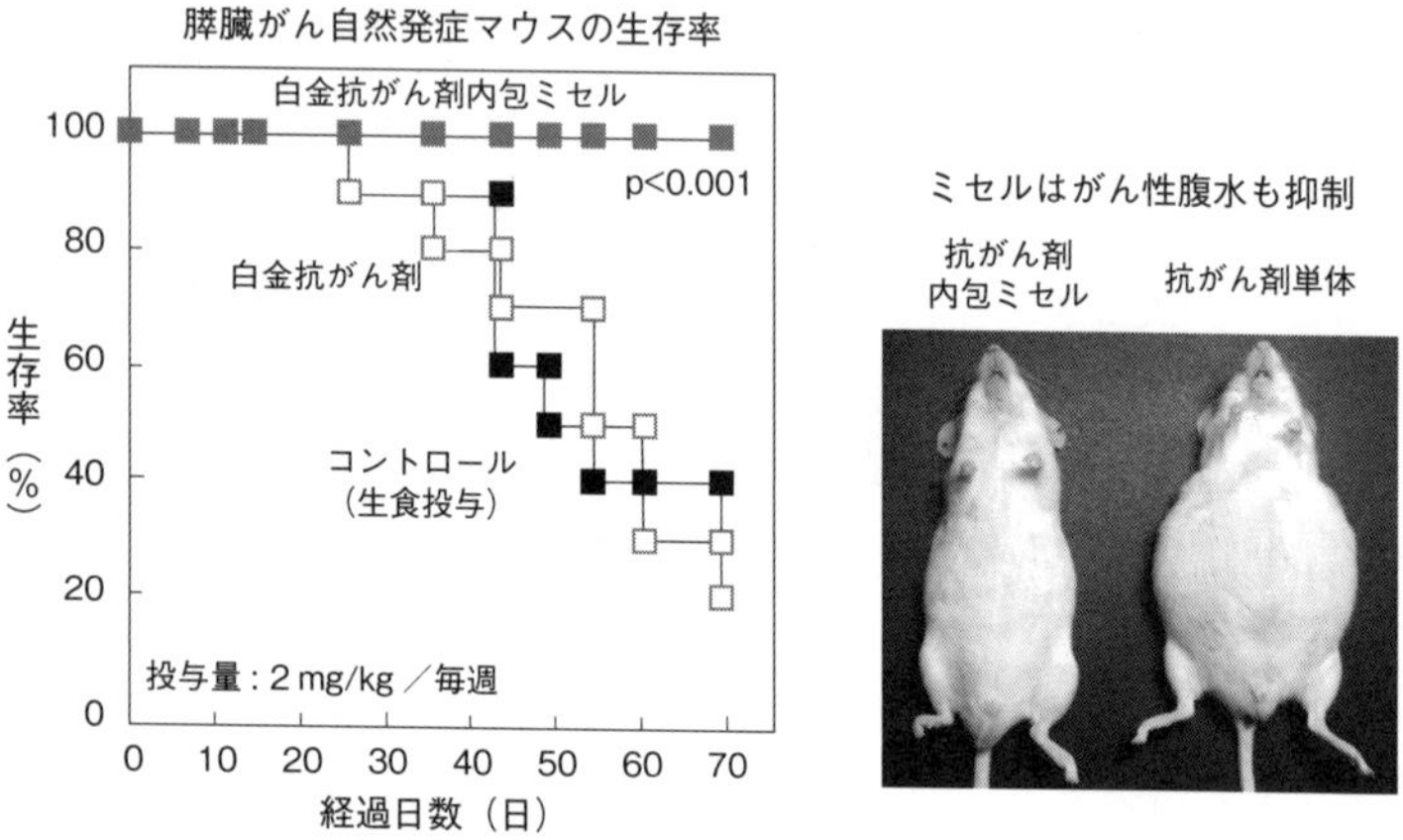

出所：H. Cabral et al., Proc. *Nat'l. Acad. Sci.*, USA, 110 (28) 11397–11402 (2013).

年間に相当します。この期間中は一〇〇%生きていますから、治癒したと言っても構わないと思います。つまり、ミセルを使うと治癒できるのです。それに、自然発症の膵臓がんは、必ず腹膜に転移を起こして、おなかが膨れてしまいます。腹水が出てしまうのです。ところが、ミセルで治療すると、そういうことは全く起こりません。

さらに、皆さんは、がんのマーカーというのを人間ドックに行くと見ると思います。マーカーが上がるとたいへんなわけですが、そうしたマーカーのうちの一つであるCA19-9というマーカーの値を調べると、普通の白金の抗がん剤だとこの値は下がらないのですが、ミセルで治療をすると完全に下がります。こういう点から見ても、確かにこれは効いているということがわかりました。

実は、この動物実験の結果を示したミセル型ナノマシンは、もう人に使われています。膵臓がんの患者さんを対象としたミセルの治験が行われているのです。そこでは、今までの標準治療だと余命三カ月の方が、一年以上生存するという結果が出ており、今、最終段階の第Ⅲ相試験まで進んでいます。

(3) 転移がん

次は転移がんについて見てみましょう。転移がんがなぜ怖いかというと、先ほどお話ししたように、外科手術や放射線治療というのが使えないからです。そうすると化学療法に頼ることになるのですが、転移の場合の一番の問題であるリンパ節転移の場合、患部に薬剤を送達する技術はいまだ確立されていません。そうしたことから、残念ながら現状において、転移が見つかってしまった場合の生存率は二割以下です。

しかし最近、ミセルを使うと、転移がんにも選択的に薬を送れることがわかってきました。どうやってこれを調べるかというと、メラノーマ（悪性黒色腫）を使います。メラノーマを動物の手のひらに移植すると、脇の下のリンパ節に転移を起こします。そこで、ここにどのぐらいミセルが集まるかを見ると、通常の抗がん剤に比べてミセル化するとはるかに高い割合で集まることがわかりました。また、正常なリンパ節に行ってしまったら困るのですが、そういうことも起こりません。つまり、ミセルによって、転移したリンパ節に選択的に薬を送り届けることができるということがわかったのです。

治療効果を調べるためには、特殊ながんを使います。「光るがん」です。光るがんとはどのようながんかというと、蛍の酵素であるルシフェラーゼをつくるように遺伝子改変をしたがん細胞です。がんができると、そのがん細胞は蛍のたんぱく質をどんどんつくるので、ルシフェリンというものを打ち込むと、蛍のように光るわけです。それを特殊なイメージングで見ることによって、転移が起きているか、あるいは転移が大きくなっているか、といったことがわかるわけです。

実際にリンパ節を取り出してみると、メラノーマですからがんが黒く見えます。抗がん剤単体の場合、転移したリンパ節は依然として大きく、しかも黒くなっていますが、ミセルで治療した場合には、正常のリンパ節と色も大きさもほとんど変わらないことがわかります。

六　低い副作用

ところで、こういう治療の中で一般的に問題になるのは副作用です。シスプラチンという抗がん剤の場合、一番問題になるのは腎臓に対する毒性ですが、実は耳に対する毒性もあります。耳が聞こえなくなってしまいますが、いったん聞こえなくなるともう元には戻らないのです。これは深刻な副作用です。実際にモルモットにシスプラチンを投与すると、図表8に示されているように、音が聞こえなくなってしまいます。大きな音を立ててもモルモットは反応しません。それに対して、ミセルを投与したモルモットは、ちゃんと耳が聞こえるので、音に反応します。

このように、ミセルによる治療は、効果があるだけではなく、副作用も少ないことがわかりました。そこで、このシステムは、すでに臨床試験として実際の患者さんに使っていただいています。そこでどのような効果が生まれているのかということについて、国立がん研究センターが中心になって調べ

図表8　シスプラチン内包ミセル vs シスプラチンの内耳毒性比較

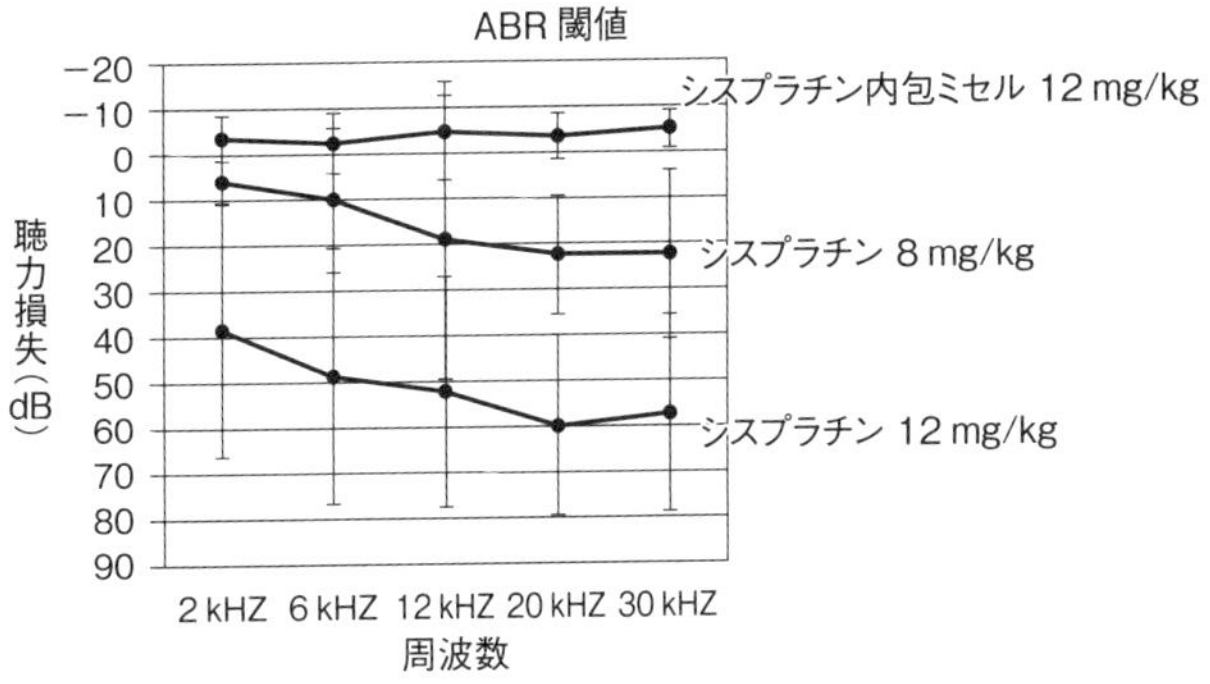

出所：M. Baba, et al., *J. Contrl.* Rel. 157, 112 (2012)

ています。ここでは三つの代表的な抗がん剤を取り上げて、その効果を見てみます。

一つ目のパクリタキセルは、乳がんや膵がんなど多種のがんに応用されているものですが、神経毒性とアレルギーが問題になっています。

二つ目のシスプラチンは、肺がん、胃がんのキードラッグですが、吐き気のほか、ものすごい腎毒性や耳が聞こえなくなる毒性もあります。特に腎毒性は、命にかかわってしまうものです。ですから、患者さんがこの治療を受けるときには、全員が入院を余儀なくされ、かつ、一日三リットルという非常に大量の水を強制的にとらされます。非常に大きな苦痛を伴う抗がん剤です。

三つ目のエピルビシンは、乳がんやリンパ腫、胃がんに応用されていますが、長く使うと心臓毒性が出てきます。

こうした抗がん剤も、ミセルに包むことによって、抗腫瘍効果が今までお話したように上がるだけでなく、副作用を抑制できるようになります。動物実験で調べてみると、たとえばパクリタキセルの有する神経毒性は、ミセルだと正常範囲に留まっています。またシスプラチンの腎毒性はクレアチニンという代謝産物を見ているとわかりますが、ミセルの場合には正常と変わりません。そして、エピルビシンの心毒性についても、ミセルなら正常とそれほど変わらないということがわかります。ミセルは、このように毒性をかなり軽減できるのです。

このような結果は、臨床試験でも確認されています。たとえばパクリタキセルであれば、神経毒性が軽減され、かつアレルギーがないので、抗アレルギー剤の投与は要らなくなりました。またシスプラチンの場合、腎毒性がなくなったので、水分負荷、いわゆるハイドレーションがほとんど不要になり、入院せずに、働きながら治療を受けることが可能になりました。エピルビシンも、心機能の低減がありませんので、長く使えることになりました。

七　医療費抑制とオートクチュール医療

こうしたことはとても重要です。今、医療費が問題になっていますが、医療費には、薬の費用も副作用の対策費も入院の費用も含まれます。したがって、それらを全体として下げる必要があります。ある程度正当な薬価でないと誰も開発する人はいなくなりますが、新しいシステムを導入することで、入院費が要らなくなりますし、副作用の薬を飲まなくてもよくなります。その分、費用がかからなくなるわけです。それによってトータルコストを抑えることも可能になってくるのです。

これは、イメージとしてはエコカーと同じだと思っています。エコカーというのは少し高価です。

しかし、なぜみんなが買うかというと、それは燃費効率がいいからです。結局、トータルとしてのコストを考えたときには、むしろそのほうが得なことに加え、さらに重要なことは、性能的にも向上しているということです。

医療費を抑制するという話になると、安っぽい医療が行われるのではないかと思われがちですが、むしろ新しいテクノロジーを導入することによって、医療費という有限な資源をちゃんと意識して、効果を高めつつ、全体のコストを上げないという仕組みをつくることがものすごく大事だと思います。そして、それが実は、ナノテクノロジーという最先端の技術を医療に展開していく際の、一番大きなモチベーションになるのではないかと思います。

「ブティック医療」という言葉をご存じでしょうか。ブティックというのは、デザイナーのところにわざわざ行って、自分のためだけに洋服をつくってもらうというものです。それを医療にも導入したのがブティック医療です。個人個人のために完全に調整された医療がブティック医療です。これは当然とても高いものになります。

それに対して、ピエール・カルダンやイブ・サン＝ローランがなぜ偉大かというと、彼らはオートクチュールという概念をつくったからです。従来だったら、パリのブティックの店に行かなくては手に入らないようなすぐれたデザイン、すぐれた素材からなる洋服を、ある程度量産化して、いつでも、どこでも、誰でも買えるようにしたのがオートクチュールです。スーパーマーケットなどの特売で売られている洋服に比べれば高いものになりますが、そこにはない価値があるのです。

みんながブティック医療をやったらどうなるかというと、破産します。そこで、ナノテクノロジーを入れることによって、ブティック医療をオートクチュール医療化していくことが我々の使命だと思っています。

再生医療もすぐれた医療ですが、これはまだ完全なブティック医療です。今のままの形で国民全部がその恩恵にあずかれるかというと、それは全く不可能なのです。たとえば今、加齢黄斑変性のｉＰＳの治療に一人当たり諸経費まで含めると二億円かかっています。一〇分の一になっても二〇〇〇万円、一〇〇分の一でも二〇〇万円です。少なくても一〇〇〇分の一ぐらいにしないといけないわけで、それには今のようなブティック医療をオートクチュール医療に替えるようなイノベーションが必要だと考えています。

八　ナノマシンの開発戦略

次に、我々が開発しているミセル型ナノマシンの開発状況についてお話をしたいと思います。図表9を見てください。

薬に詳しい方はよく知っていると思いますが、薬が世の中に出るには、まず前臨床といって、動物実験を行います。ここで安全性などを検討した上で、ファースト・イン・ヒューマンといって、人にその薬を投与することによってその安全性を確かめます。これを臨床第Ⅰ相といい、大体二〇人ぐらいの患者さんで行います。これは大きな決断を要するところです。

第Ⅰ相で安全性が確認されると、今度は第Ⅱ相に移ります。これは大体五〇～六〇人規模の患者さ

図表9　高分子ミセル型ナノマシンの臨床治験への移行と加速

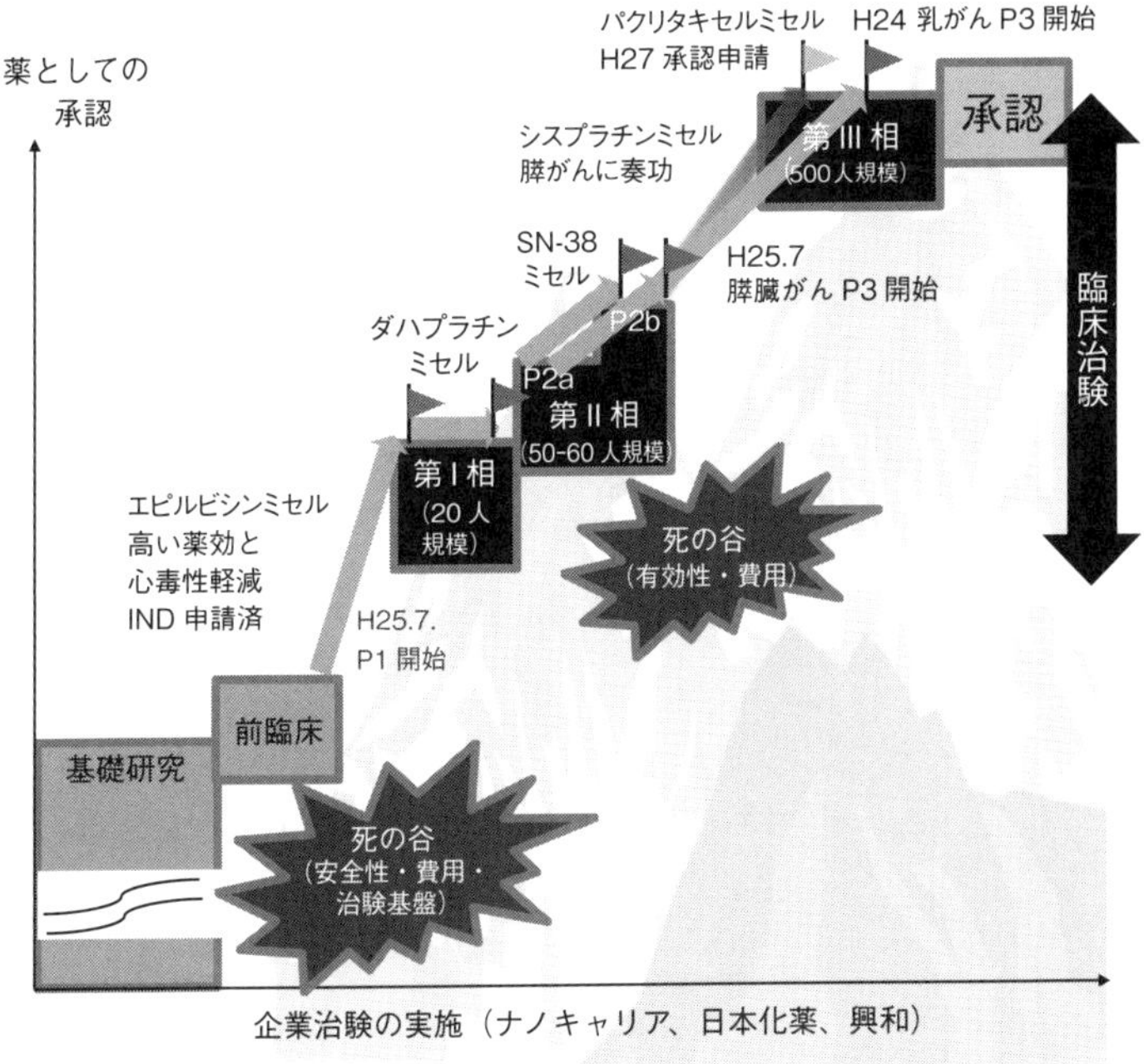

んを対象に、実際に効果があるかどうかを確認します。

その上で、いよいよ最終段階の第Ⅲ相です。これは五〇〇人規模の治験で、アンメットメディカルニーズといって、いまだ全く治療法がない場合にはコントロールがないわけですが、たとえば抗がん剤に関して言うと、多くの場合、標準治療になっている薬がありますから、その薬と勝負しなければなりません。これに勝って初めて承認ということになります。

この第Ⅲ相にはものすごく費用がかかります。どのくらいかかるかというと、だいたい五〇億円から一〇〇億円かかります。企業にとっては非常に大きな決断です。他方、第Ⅲ

相に行った薬の大体半分は承認になっていますから、この段階で確率二分の一ということにもなります。この確率を高いと見るか低いと見るかということですが、結構高い確率だと言えます。新しいものが薬になる確率は一万分の一程度ですから、それに比べると非常に高いのです。しかし、他方において、五〇億円が無駄になるケースもあるわけですから、そこは難しい決断です。

今、エピルビシンのミセルが高い薬効と心毒性の軽減が確認されていて、二〇一四年から日本で臨床第Ⅰ相が開始されました。それから、ダハプラチンのミセルは現在、アメリカで第Ⅰ相試験の後半が行われています。SN-38というのは、塩酸イリノテカンという薬で、大腸がんを対象にしていますが、そのミセルも、アメリカで臨床第Ⅱ相の後半に進んでいます。シスプラチンのミセルは、膵臓がんを対象にしたもので、第Ⅱ相で非常に効くということがわかりましたので、二〇一四年一月から第Ⅲ相が日本を除くアジアで始まり、最近、日本でも開始されることが決まりました。最後にパクリタキセルのミセルは、二〇一二年に再発乳がんに関して臨床第Ⅲ相が日本で開始されていて、今、その最終段階に入っています。早ければ二〇一六年には承認申請ということになりますが、そうなると初のナノマシン薬が世に出ていくことになります。

九　今後の研究課題

もちろんこれで研究が終わるわけではありません。たとえば脳腫瘍の場合は、まだ研究する余地がたくさんあります。先ほどお話したように、多くのがんの血管には壁に大きなすき間ができますので、ここからミセルは侵入することができます。ところが脳腫瘍の場合、脳の血管というのはもともとバリア性がすごく高いので、物が入りません。これを血液－脳腫瘍関門と言いますが、これが厄介な問題なのです。

それに対してどういう解決策があるのか。このあたりは専門的になるのですが、言ってみれば、ミセルの表面に、バーコードをつけることが考えられます。それはリガンドといって、ある特殊な分子です。実は、脳の血管にだけそのバーコードと結合する分子が細胞表面に出ているのです。それを見つけて結合するのです。このようにして、脳腫瘍の部分の血管にだけ、ミセルを集めることが考えられます。

しかし、集まることができても、中に入らなければ意味がありません。そこで、本当に入っていくのかを先ほどの生体内観察用の顕微鏡で見てみました。分子バーコードをつけたミセルは赤、ついていないのは緑の色をつけました。両方混ぜると黄色ですから、血管の中は黄色になります。しかし、脳腫瘍の中は黒いままです。ところが五時間後に見てみると、明らかに脳腫瘍の中は赤くなっています。ということは、赤いミセルだけが腫瘍の中に入ることができたということになります。バーコードをつけたミセルは、血管に結合するだけではなく、さらにこのバリアを突破して脳の中まで入ることができたのです。

何でこんなことができるのかというと、これは専門用語になってしまいますが、能動輸送が行われたからです。内皮細胞の表面に出ている分子に分子バーコードが結合すると、細胞に「お客が来たよ」と知らせるわけです。そうすると、細胞のほうは「そうか」といって、電動ドアのスイッチが押

図表10　シスプラチン内包ミセル vs シスプラチンの内耳毒性比較

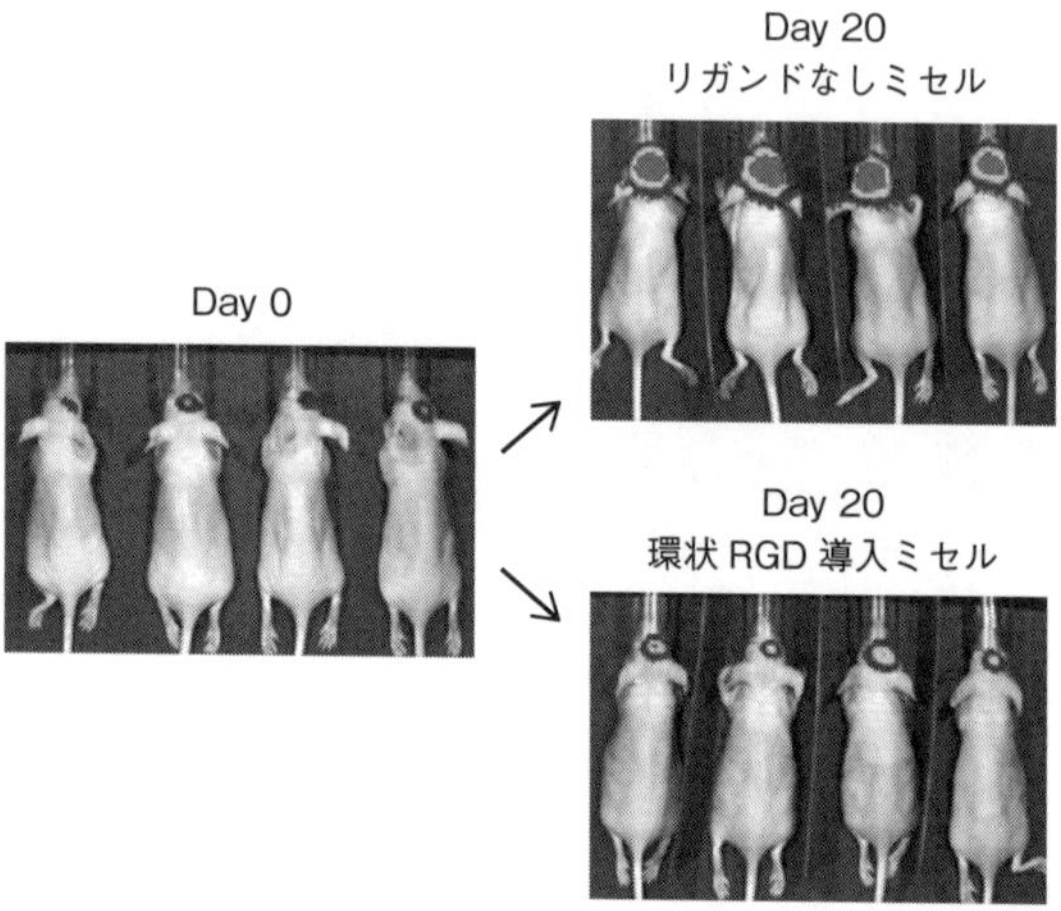

出所：Y. Miura, et al., *ACS Nano*, 7(10) 8583–8592 (2013).

されたかのように、くっついたものを積極的に取り込みます。自分でエネルギーを使って物を輸送するので、こういうのを能動輸送と言いますが、こういう能動輸送で薬をどんどん腫瘍の中に運んでしまうのです。

図表10は、マウスの頭の中に実際に脳腫瘍をつくって調べた結果です。がんの大きさを見ると、リガンドのないミセルや通常の抗がん剤では全く増殖はストップできませんでした。けれども、環状RGDというのが分子バーコードですが、これをつけたら、がんの増殖をストップできたのです。

一〇　研究開発の戦略

研究開発の戦略としては、ホップ、ステップ、ジャンプが重要だと思います。

今までナノマシンに搭載されてきている薬は、シスプラチンにしてもエピルビシンにしても、全部、既存薬といって、すでに世の中で抗がん剤として使われている薬です。何でそうなっているかというと、実は新しい薬を新しいナノマシンに入れて承認を取りに行っても、承認が取れないからです。二つの新しいものを同時に持っているので、承認を取るのがたいへん難しいのです。

そこで最初はホップとして、すでに薬として使われているものをナノマシンに搭載して、薬物のポテンシャルを最大限に引き出し、まずはこのミセルの早期承認を実現することが重要です。これを現在行っています。

その次にステップです。いったんナノマシンが承認されれば、これはいわば薬を載せる「トラック」なので、今度はこのトラックにいろいろなものが載せられます。「ピカ新」と言っていますが、全く新しい薬を世の中に広めることが可能になります。しかし、それだけではなく、たとえば開発が途中で中断されてしまったような薬も載せられます。実は、臨床第Ⅲ相まで行って断念されてしまった薬はたくさんあるのです。製薬会社からしてみると、開発費用が全部無駄になってしまったものです。

この問題は、実は皆さんにも影響しています。なぜかというと、開発費用は当然製薬会社の経費ですから、現在売られている薬の価格に全部含まれています。薬が高くなる原因の一つです。しかし、もし途中まで開発をしてお金をつぎ込みながら、結果的にはどぶに捨てられてしまった薬を有効に使うことができれば、企業にとっては投資が回収できることになるし、使うほうも適正な価格で新しい薬が手に入る可能性が出てくるわけです。

最後のジャンプは、遺伝子治療です。遺伝子を入れる治療だけではなくて、遺伝子を制御する薬、そういうものも安全かつ効率的にナノマシン化できれば、がんに限らず、いろいろな難治疾患の抜本的な治療が可能になってくると考えられます。

一一　抗体医療の課題

次に、抗体医療を例にお話ししたいと思います。

今、抗体医薬というのがすごく注目されています。しかし、抗体医薬というのは万能の薬ではありません。値段が高いし、効果が限定的だし、結構副作用もあります。アステラスが、アムジェンと共同で開発していた抗体医薬の治験を全面的にストップするというニュースが出ていましたが、これも毒性が理由です。

抗体というのはものすごく特異性が高いのです。だから難しいのです。これは動物試験ではわかりません。動物試験をやる場合、使うのは人に対する抗体なので、仮にその抗体が人の何か関係ないところに結合する機能があっても、動物の同じところには結合しないので、わからないのです。だから、初めて人に使うと、予期せぬ副作用が出てくるという問題に直面することになるのです。

抗がん剤の世界市場規模を見てみましょう。日米欧の抗がん剤市場規模が、二〇一一年度で約四兆四〇〇〇億円という大きな数字になっています。その抗がん剤のトップブランドは五四四五億円というすごい数字となっています。また、医薬品の売上ランキングのうち、そのトップ三は抗体医薬なのです。これだけを見ると、抗体医薬はすごいと思うのではないでしょうか。

しかし、これは売上の数字です。薬を使っている患者さんの数でランキングすると、抗体医薬ははるかに下位です。なぜでしょうか。それは値段が高いからです。普通の薬が一錠三〇〇円程度であるのに対して、抗がん剤は一回に一〇〇万円程度です。そういう値段ですから、治療を受けて、本当にベネフィットを受けている患者さんの数は、圧倒的に少ないのです。これは、社会的に考えなくてはいけない問題です。もっと効率よく抗体医薬を普及させることを考えることが必要です。

そういう点で言うと、特許がすでに切れたり、これから切れようとしたりしている抗体医薬に関しては、安く供給してもらうという点ではいいことです。バイオシミラーと言いますが、そういう抗体医薬が出てきています。もっとも、そうは言っても、値段が一〇〇分の一とか一〇〇〇分の一の値段になるわけではありません。

他方、企業的センスで言うと、特許が切れるということは製薬企業にとって大きな問題です。これで「はい、おしまい」というわけにはいきません。売上が五〇〇〇億円規模ある薬の特許が切れると、各社が参入してきて、ビジネスとして成り立たなくなってしまうからです。

それに対する対応策として、今、抗体-薬剤コンジュゲート、ADCというものが脚光を浴び、しきりに開発されています。これは抗体に薬を結合することによって、抗体の付加価値を高めるものです。また、治療効果を高めることによって、もっと少ない量で済むということも可能になります。

抗体に薬を結合することを最初に考えついたのは、二〇世紀の初めに活躍したポール・エーリッヒという、ノーベル医学賞を取ったすぐれた医学者です。彼が「魔法の弾丸」という概念を提唱していま す。彼はいろいろな種類の魔法の弾丸を考えているのですが、そのうちの最後に提唱したのが、抗体に薬を結合するという魔法の弾丸です。それから一〇〇年たって、ようやく世の中にこういうものが出てきました。

ただし、問題は、薬を結合するといっても、たかだか三つとか四つしか結合できないことです。そうすると、これは一撃必殺みたいな薬でしか使えない。言い換えると、ものすごく毒性が強い薬しか使えませんから、実際にやってみると著しい毒性が出たりして、なかなかうまくいかない可能性が高いのです。

それに対して、ナノマシンでこれをミセル化することには大きな利点があります。先ほど、抗体当たり三、四個しか結合できないと言いましたが、ミセルに抗体をつけると、一気に何百もの分子を送ることができるのです。さらに抗体のほうも、がんセンターが開発した組織因子というタンパク質に対する抗体を使うと、多くのがんに適用できます。

今までの抗体医薬というのは、乳がんなら乳がんの中の、さらにあるタイプにしか結合しない分子を標的にして抗体をつくっていましたから、それこそブティック医療みたいな感じで、どこでも使えるわけではありませんでした。しかし、組織因子は、ほとんどのがんに出ています。ですから、これがうまくいくと、一つの抗体でいろいろな種類のがんを治療することができることになるのです。

そうなると、費用対効果の面でかなりすぐれた効果が期待できるばかりでなく、それをミセルに使うことによって、より効率のいい治療が期待できることになります。実際、膵臓がんは非常に治りにくいがんですが、抗体を表面に結合すると、既存のナノマシンで治療した場合に比べて、さらによくなるということがわかりました。将来的には、抗体を結合することによって、よりすぐれたナノマシン治療が期待できるようになります。

一二　トータルサービスとしてのナノマシン

冒頭にお話した『ミクロの決死圏』のような考え方は、よくドラッグデリバリーシステムであると言われてきました。しかし、私たちはドラッグデリバリーシステムという言葉を使わないようにしています。

なぜかと言うと、デリバリーというとピザの宅配みたいに、玄関まで行ってピザを渡して帰るというイメージになります。しかし、このシステムの大事なところは、デリバリーするのは当たり前ですが、その後、その場の雰囲気を読み取って薬を出すのです。言ってみれば、食材を届けるだけでなく、その家の台所に行って、そこの家の人たちに今日は何が食べたいかを聞いて、その食べたいものを料理し、最後に皿洗いまでして帰る、というところまでやらないといけないのです。つまり、センシング、プロセシング、オペレーションというものが全部一体化したシステムなのです。それらを含めてあえてナノマシン、あるいはナノデバイスと呼んでいます。

この前、このお話をある運送会社の社長にしたら、たいへん喜ばれました。「我が社も実は同じだ。宅配便というのは、品物を届けて判子をもらって帰るだけだと思っている人がいるけれども、我々はトータルサービス業を目指している」とのことでした。そういう意味では、ナノマシンも、体の中のトータルサービス業であるということになります。

図表11　体内情報を「知らせる」スマートナノマシン：究極の先制医療

また、「はやぶさ」は皆さんも知っている小惑星探査機ですが、これのすごいところは、行くだけではなくて、ちゃんとサンプリングして帰ってくるところです。今までの我々がつくってきたナノマシンは、残念ながら行きっ放しで、そこで自爆して、壊れて治療する。しかし、将来的には、「はやぶさ」のように体内を自律循環して、疾患部位まで行き、情報を採取し、その情報を体内の埋め込み診断チップで検出して外部に発信する、というところまでできるといいなと思っています。今、これが目標の一つになっています。

そう思っていたら、しばらく前の新聞に、Googleがこれに非常に近いコンセプトで研究をやるというのが出ていてびっくりしました。Googleの場合も、ナノ粒子を体に入れて、それがぐるぐる体の中を回って、それが発する信号を体外でキャッチするというシステムをつくるという話でした。我々がまさに考えているようなことと合致する方向性ではないかと思います。

一三　スマートヘルスケアへの進化

以上の話を自動車にたとえると、図表12のようになります。

自動車というのはまず「走る」ところからスタートしていますが、最近は走るだけではなくて、いろいろなところに行きたいというニーズに対応して、多目的走行車の開発で「越える」ことをしています。さらにレーダー信号の検知によってブレーキをコントロールして、「操る」ということもやる。最後に、自動運転で「自律する」ことになる。このような進化を遂げようとしています。

これと同じように、ナノマシンも、今は「走る」の段階ですが、次は「越える」を目指しています。すでにお話したように、脳腫瘍の中に血管を越えて入っていくことができるようになってきました。その場合にはもちろん、分子バーコードを使いますが、これができるといよいよ「越える」段階となります。

それから、「操る」。きょうは時間がなくてお話しませんでしたけれども、実は光や超音波で活性化することができてきていますから、「操る」こともできるようになります。

そして最後の「自律」は、体内を自律循環しながら二四時間治療診断を行う、「体内病院」ということになります。

そういうことができるようになると、図表13に示すように、難病の治癒率も上がっていきます。さ

図表12 「体内病院」を実現するナノマシンの進化

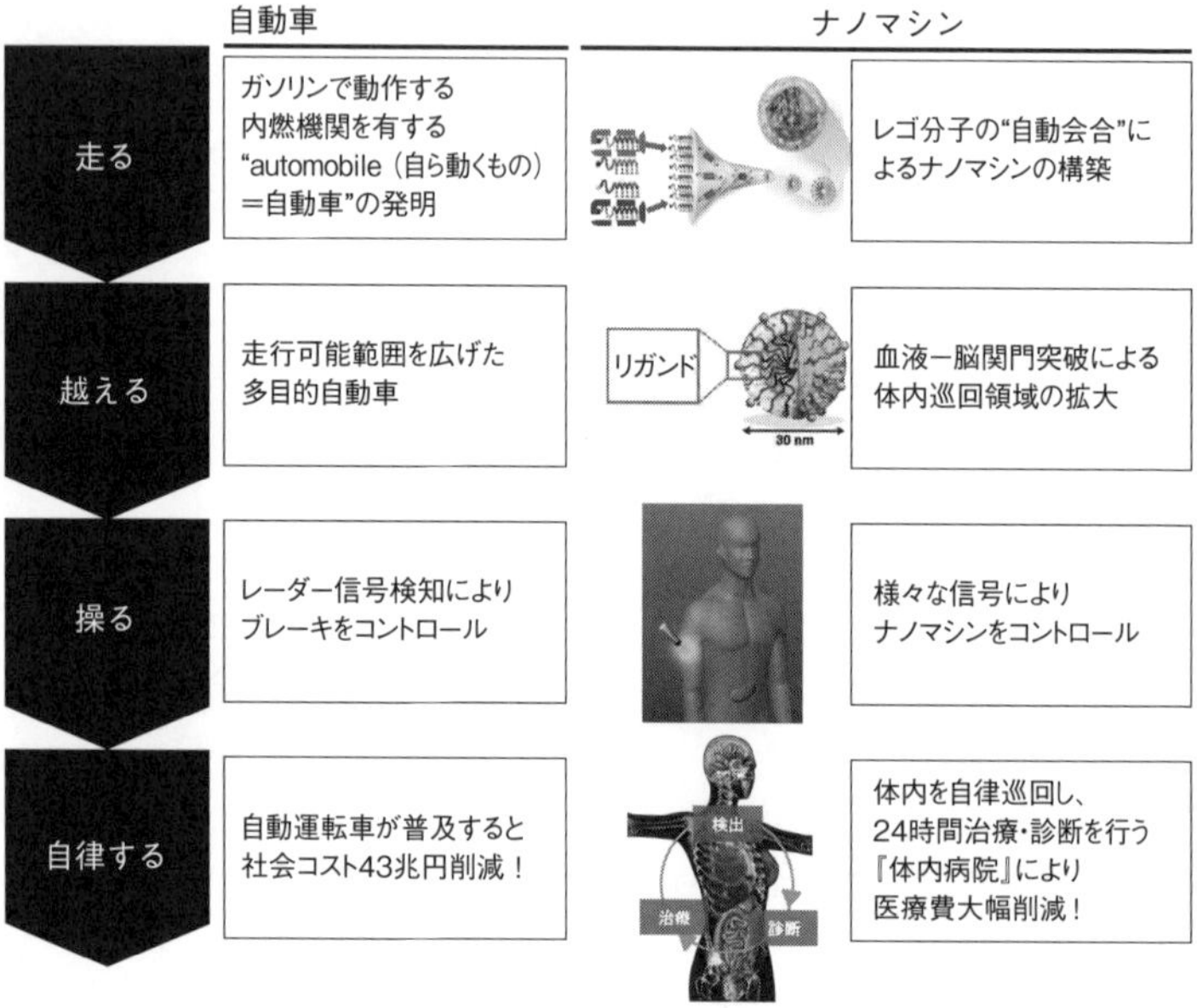

	自動車	ナノマシン	
走る	ガソリンで動作する内燃機関を有する"automobile（自ら動くもの）＝自動車"の発明		レゴ分子の"自動会合"によるナノマシンの構築
越える	走行可能範囲を広げた多目的自動車	リガンド	血液ー脳関門突破による体内巡回領域の拡大
操る	レーダー信号検知によりブレーキをコントロール		様々な信号によりナノマシンをコントロール
自律する	自動運転車が普及すると社会コスト43兆円削減！		体内を自律巡回し、24時間治療・診断を行う『体内病院』により医療費大幅削減！

らに、治療負荷も軽減します。これによって、治療を社会生活と両立をさせることが可能になります。それから、創薬プロセスを革新する。薬をまずつくって、あとはどうするかと考えるのではなくて、ナノマシンと一体開発をする。そして、医療費の抑制もする。つまり質の低い安い医療をやるのではなくて、医療の質を高めながら、医療費を無駄に増やさないようにすることが重要なのではないかと思っています。

こうした問題は、実は日本だけの問題ではありません。今から一〇年後を考えてみると、中国をはじめとする新興国が、みんな同じ問題に直面することになるわけです。それを見据えて今からこういう研究開発をしておけば、一〇年後において日本は、その問題についてはアジアをリードするような位置を保てるのではないかと思っ

図表13　スマートナノマシンが社会に与えるインパクト

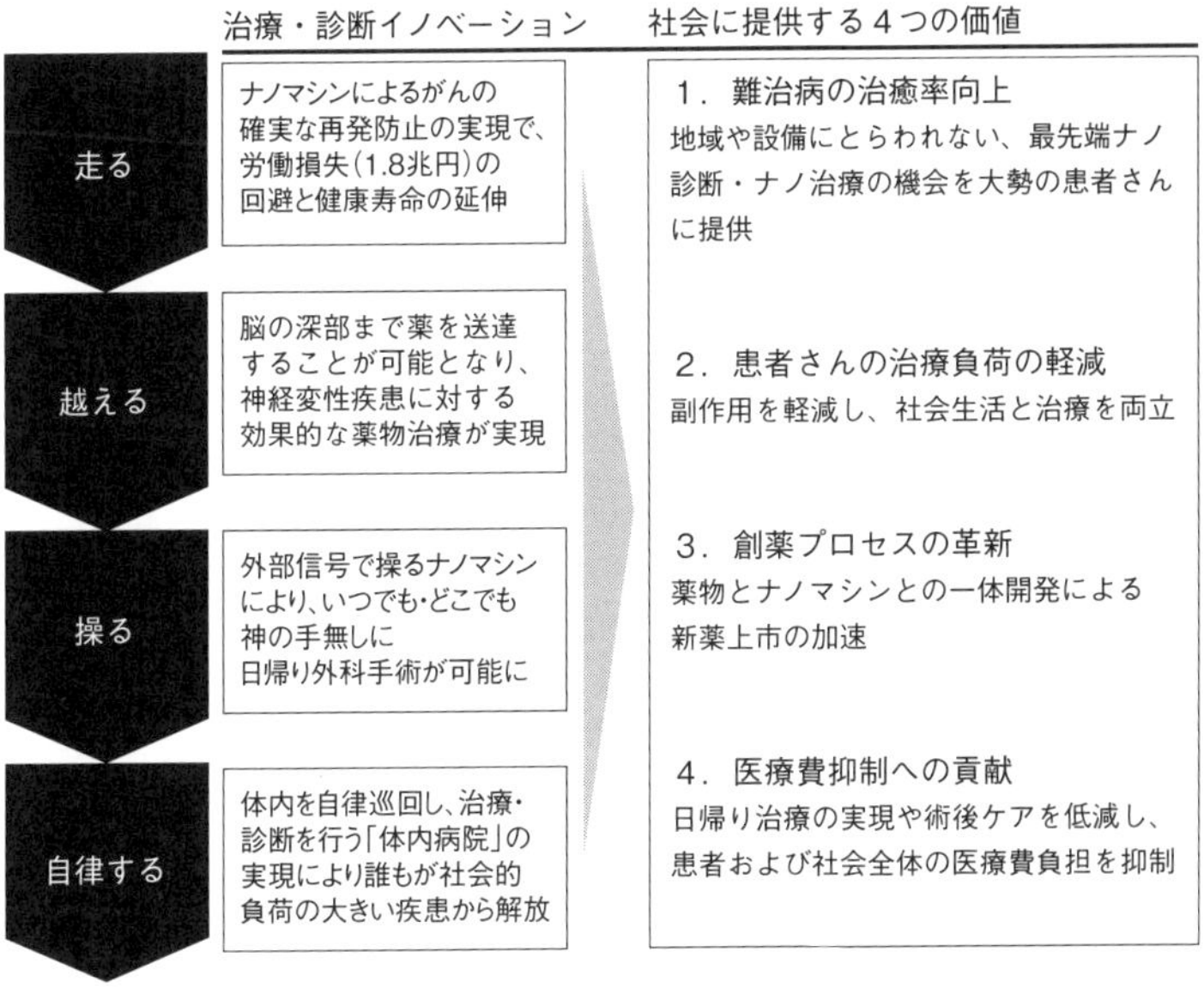

治療・診断イノベーション

走る	ナノマシンによるがんの確実な再発防止の実現で、労働損失（1.8兆円）の回避と健康寿命の延伸
越える	脳の深部まで薬を送達することが可能となり、神経変性疾患に対する効果的な薬物治療が実現
操る	外部信号で操るナノマシンにより、いつでも・どこでも神の手無しに日帰り外科手術が可能に
自律する	体内を自律巡回し、治療・診断を行う「体内病院」の実現により誰もが社会的負荷の大きい疾患から解放

社会に提供する4つの価値

1. 難治病の治癒率向上

地域や設備にとらわれない、最先端ナノ診断・ナノ治療の機会を大勢の患者さんに提供

2. 患者さんの治療負荷の軽減

副作用を軽減し、社会生活と治療を両立

3. 創薬プロセスの革新

薬物とナノマシンとの一体開発による新薬上市の加速

4. 医療費抑制への貢献

日帰り治療の実現や術後ケアを低減し、患者および社会全体の医療費負担を抑制

ています。

よく最先端研究というと、誰よりも早く、誰よりも強くという感じになりますが、私たちの研究は、もちろんそれも重要なのですが、それだけではないと思っています。図表14にあるように、品質は高く、でも対象は汎用的で、燃費がよく、アクセスも汎用的というのが、医療の最先端研究に求められる重要なファクターではないかと思うのです。これらがないと、医療というもの自体が立ちゆかなくなるように思います。

そうなると、究極は「体内病院」ということです。人類が発明した一番古い医療機器は松葉づえです。今から三〇〇〇年前に世に出てきました。いまだに使っているという恐ろしい話なのですが、でも、ひょっとしたらサイバーダインが、

図表 14　ナノ医療技術はスマートヘルスケアの実現に貢献する

	ナノテク・材料によるスマートヘルスケア
品質	高い ・医・工・薬の融合研究を中心とした最先端科学技術の成果 ・高い臨床効果や副作用の低減、QOL向上等に貢献
対象	汎用的 ・プラットフォーム技術であり、医薬、診断・治療機器、材料など幅広い領域に応用可 ・その結果、適用可能な患者数は膨大
燃費（コスト）	良い ・工学的な研究開発によることから、研究開発の不確実性が低い ・副作用の低減や入院期間の短縮などにより、医療財政の効率化に貢献
アクセス	汎用的 ・いつでも、どこでも、誰でも使えるような優れたアクセスに特徴

エコカー的：「高品質だが庶民的でエコ」

大量生産・大規模輸出　→　産業的波及効果　大

ついに三〇〇〇年のくびきを打ち破るかもしれません。あのような外骨格型のアシスト装置ができると、松葉づえは要らなくなるかもしれません。あれはすごいなと私は思っています。

その後、二〇世紀の前半に体外型の人工臓器ができ、後半には体内型の人工臓器ができ、さらに二一世紀にカプセル内視鏡ができました。このままいくと、冒頭に述べたような『ミクロの決死圏』が、単なるSFではなくて、ウイルスサイズのスマートナノマシンが体内の微小環境を自律巡回して治療診断するという世界として現実化するのではないかと思っています。

おわりに

実はこれに近いことを一九世紀に予言した人がいます。フローレンス・ナイチンゲールです。ナイチンゲールは、一八六〇年出版の『看護覚え書き』に、「あらゆる看護の究極の目的は患者をそれぞれ自分の家で見ることです。私は病院や救貧院の診療所などはすべて廃止されることを期待しています。でも西暦二〇〇〇年のことを話してもどうしようもありません」と言っています。この考え方は結構正しいのではないかと思っています。病院に行かなくてはならないというのは、やはり不幸なことです。病院が体の中にあれば、ごく普通に暮らせるわけです。

「病院」という日本語はあまりよい言葉ではありません。いわば、病の巣窟みたいな感じです。しかし、英語ではhospitalといいます。hospitalという言葉は、hospitalityやhostessなどと語源は同じで、もともと中世の修道院で旅人を泊める場所の意味のhospiceです。手厚くもてなすからhospitalityで、そこでもてなす人がhost、hostessで、その場所がhospiceだったわけです。だから、実はhospitalというのは病気になった人だけが対象ではなくて、病気になる前の人、疲れた人、健康に不安のある人、そういう人をケアする場所なのです。我々が言っている体内病院というのも、そういう意味で、日本語の病院を体に持ち込むという意味ではなくて、むしろそういう本来のhospitalのような機能を、病院に行かずして、体の中に持たせるということが一つの目標なのです。

第五章　海洋資源開発と波力発電の現状と課題

大橋弘隆
（三井造船株式会社海洋事業推進部アドバイザー）
前村敏彦
（三井造船株式会社技術開発本部再生可能エネルギープロジェクトグループ長）

はじめに

本章では、はじめに海洋資源開発という面で日本がどういう位置にあるのか、そしてその中で、三井造船という会社がどのようなことをやろうとしているのかについてご説明したのち、波力発電の現状と課題について、お話したいと思います。

一　海洋資源開発事業の現状と課題

(1)　世界の海洋事業と当社の注力領域

まず、海洋資源開発をその一部に含む、海洋事業全体について概観しておきたいと思います。一言で海洋事業と言っても、その領域は広範囲にわたります。図表1にあるように、海運、海底資源、海洋エネルギー、安全、水産、観光といったカテゴリーに分けられます。その中で、三井造船は、タンカーやLNG船のような商船、官庁に納める護衛艦や巡視船などの艦艇、さらに洋上生産設備の掘削リグといったものを手掛けてきました。

海洋事業の中で、特に石油・ガスを中核とする海洋資源に関わる領域は、実は非常に簡単な経済原理で支配されています。図表2の一番上に書かれている折れ線は、石油の一バレル当たり単価です。一九六〇年代はまだ七ドルとか八ドルというようなレベルでしたが、二〇〇〇年代に入ってくると、一〇〇ドルを超えるところまで上昇することになったわけです。そのように石油の価格が上がってくると、多少高くても、海底を掘って石油を取り出すことが採算に合うようになってくるのです。

第一次オイルショックや第二次オイルショックの時にも石油価格は上がり、海洋開発ブームが起きました。その時期には当社も、石油掘削用のリグや、海洋開発関係の船舶、フローティングタイプの構造物といったものを多く建造しました。ところがその後、石油価格が下落し、海洋開発ブームは一

図表1　海洋事業の領域

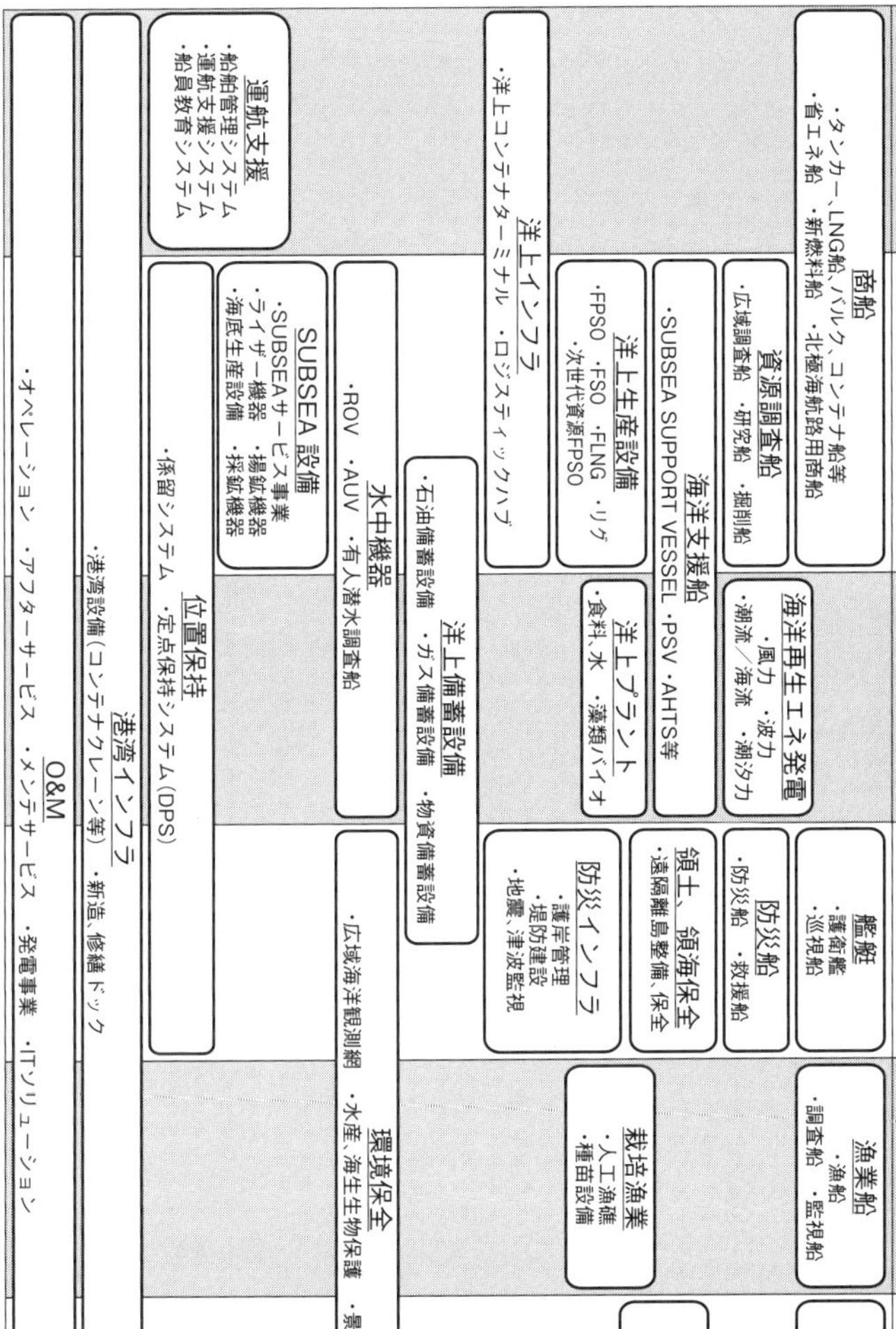
海運
海底資源
海洋エネルギー
安全
水産
観光
商船
・タンカー、LNG船、バルク、コンテナ船等
・省エネ船　・新燃料船　・北極海航路用商船
資源調査船
・広域調査船　・研究船　・掘削船
海洋再生エネ発電
・風力　・波力
・潮流／海流　・潮汐力
艦艇
・護衛艦
・巡視船
防災船
・防災船　・救援船
漁業船
・漁船
・調査船　・監視船
客船
・高速船　・遊覧船
・水中観光船
海洋支援船
・SUBSEA SUPPORT VESSEL ・PSV ・AHTS等
領土、領海保全
・遠隔離島整備、保全
レジャー
・マリンレジャー
・人工島
洋上生産設備
・FPSO　・FSO　・FLNG　・リグ
・次世代資源FPSO
洋上プラント
・食料、水　・藻類バイオ
防災インフラ
・護岸管理
・堤防建設
・地震、津波監視
栽培漁業
・人工漁礁
・種苗設備
洋上インフラ
・洋上コンテナターミナル　・ロジスティックハブ
洋上備蓄設備
・石油備蓄設備　・ガス備蓄設備　・物資備蓄設備
水中機器
・ROV　・AUV　・有人潜水調査船
環境保全
・広域海洋観測網　・水産、海生生物保護　・景観、水質保全
運航支援
・船舶管理システム
・運航支援システム
・船員教育システム
SUBSEA設備
・SUBSEAサービス事業
・ライザー機器　・揚鉱機器
・海底生産設備　・採鉱機器
位置保持
・係留システム　・定点保持システム(DPS)
港湾インフラ
・港湾設備(コンテナクレーン等)　・新造、修繕ドック
O&M
・オペレーション　・アフターサービス　・メンテサービス　・発電事業　・ITソリューション

図表２　海洋事業環境認識／過去の推移

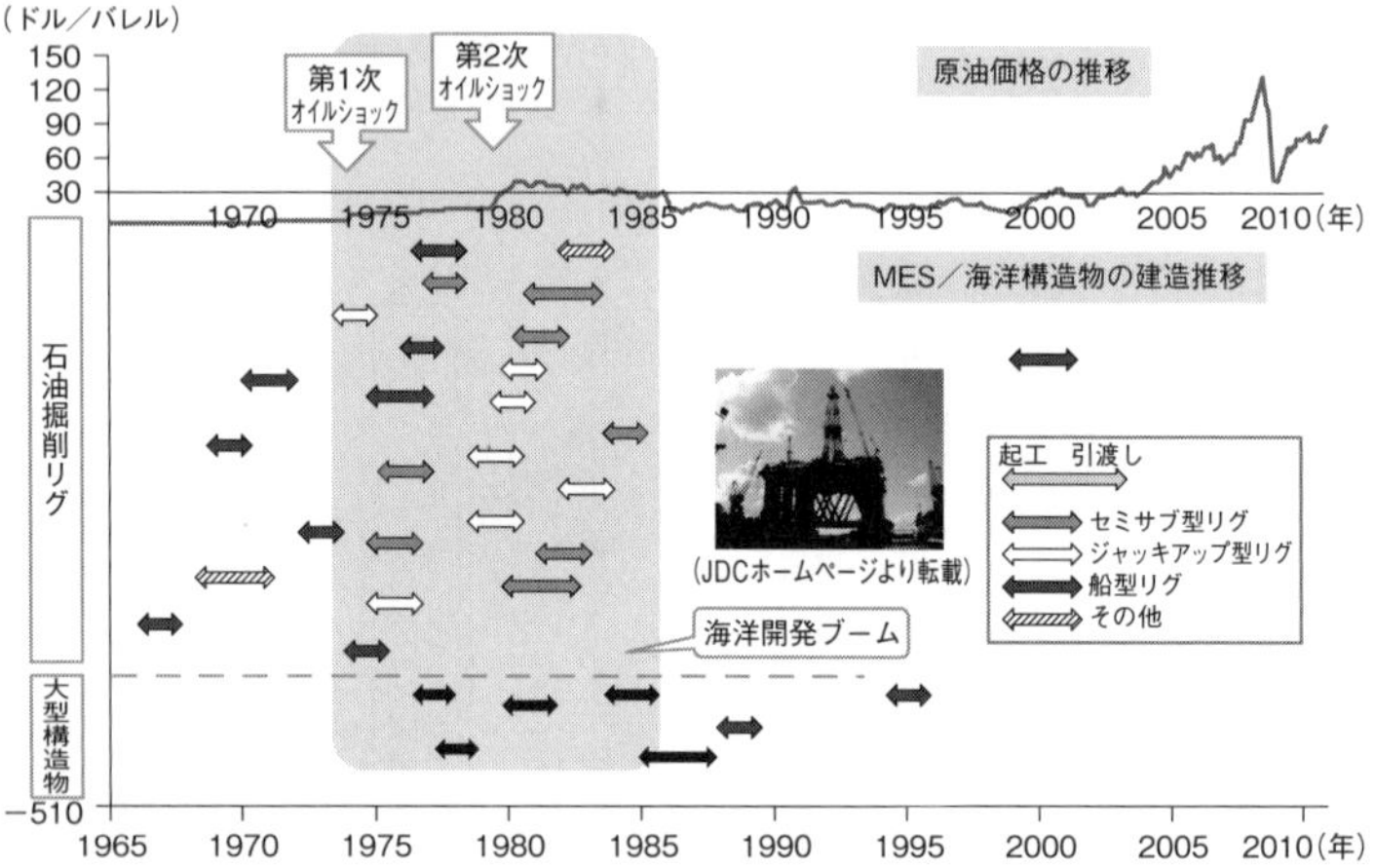

挙に下火になってしまったのです。

二〇〇〇年代に入って、再び石油価格が上がってきたので、第二次海洋開発ブームが始まっています。

一次エネルギーの需要というのは、二〇一一年から二〇三五年にかけて、三〇%強増加していくものと考えられています。その中で、石油・ガス・石炭といった化石燃料の割合は、七〇%ぐらいで変わらず、今後何十年にもわたって、主たるエネルギーであり続けるということです。そうなると、海洋資源開発はさらに拡大し、後ほど説明をするメタンハイドレート（ＭＨ：Methane Hydrate）やレアアースなど、海の底に眠っている資源の開発も増大していくのではないかと思っています。

海洋資源開発関係の設備・機器としては、図表３のようなものが挙げられます。石油洋上生産・貯蔵・積出し設備（ＦＰＳＯ：Floating Production, Storage and Off-loading）というのは、海底下から上がってきた原油を処理・貯蔵したり、積み出したりする設備で、船タイ

図表3　海洋事業関連設備・機器／当社のシーズ

■「SUBSEA」とは海底石油・ガス開発において海面下に設置される機器の総称。海底生産機器（SPS）と移送設備（URF）から構成される
■海底油田・ガス田の生産は、「FPSO」＋「SUBSEA」が基本形

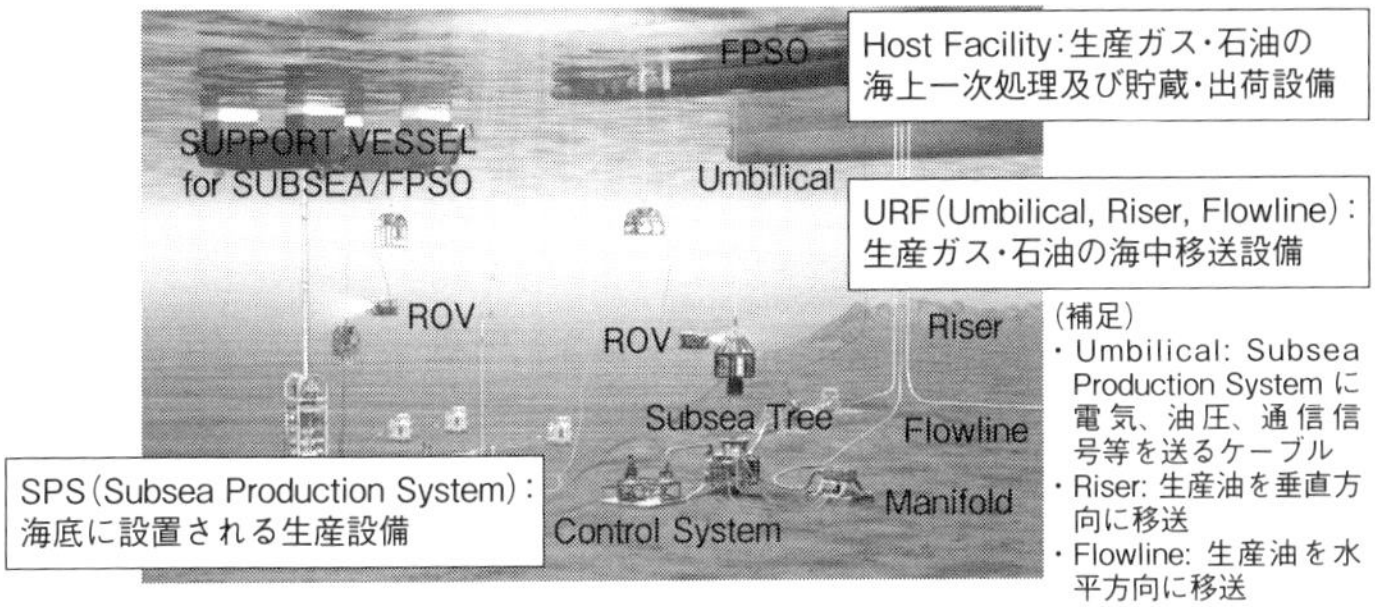

（補足）
・Umbilical: Subsea Production System に電気、油圧、通信信号等を送るケーブル
・Riser: 生産油を垂直方向に移送
・Flowline: 生産油を水平方向に移送

プのものが多く海上に設置されます。また、大水深化が進んでくると、海底に置く機器類もどんどん増え、ポンプやバルブなどが海底に置かれるようになります。そのため、それらを設置、メンテナンスするための海中機器（ROV：Remotely Operated Vehicle）も多く使用されるようになります。それらをひっくるめてSUBSEAと呼んでいます。

三井造船は、この中でFPSO、作業支援船、ROVなどを製造しており、石油・ガスを海洋で生産する際に使用される関連設備・機器をかなり手がけてきていると言えます。

(2)　海底資源開発

①石油・ガス資源開発

石油・ガス資源開発は、どんどん海に広がっています。また、海の中では、ますます大水深に進む方向にあります。

図表4にあるように、二〇二〇年ぐらいを考えると、海から生産される石油・ガスは、全体の約三分の一にまで拡大しそうです。

図表4　海洋からの石油・ガス生産量（推移と見通し）

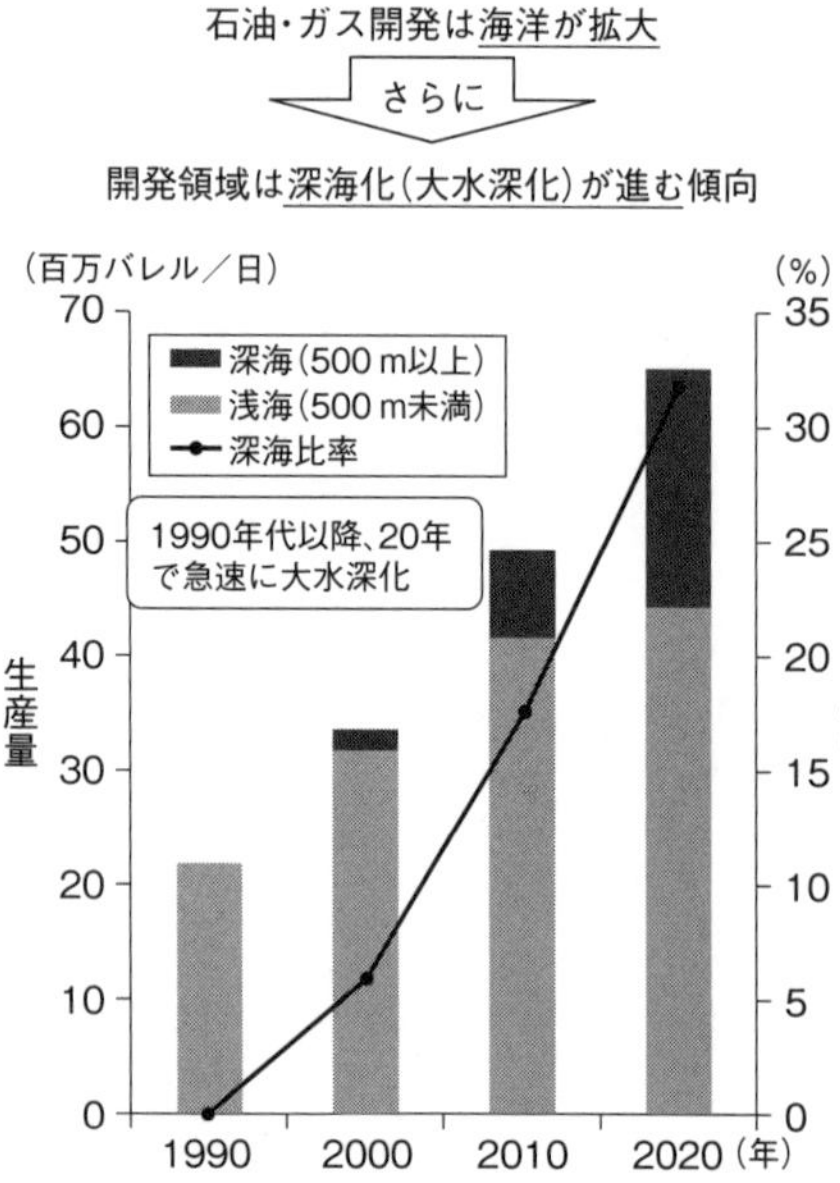

大水深の油田・ガス田開発は、すでに相当進んでいます。メキシコ湾、ブラジル、西アフリカはすでに開発が行われており、オーストラリア北西沖、東南アジア、北極海、地中海などが次に開発されると言われています。さらにその先、インド西海岸やアフリカ南部などが開発の候補に挙がっています。この中では、特にブラジルが活況を呈していますが、各種の問題が指摘されており、今後状況を注視しなければならないと思います。

すでにご説明した通り、今後は、ＳＵＢＳＥＡと呼ばれる海面下に設置される機器類がどんどん増えていくものと予想されます。そのＳＵＢＳＥＡに関連した事業は、大きく三つのカテゴリーに分類することができます。エンジニアリング、マニュファクチャラー、サービスコント

図表5　SUBSEA業界構造

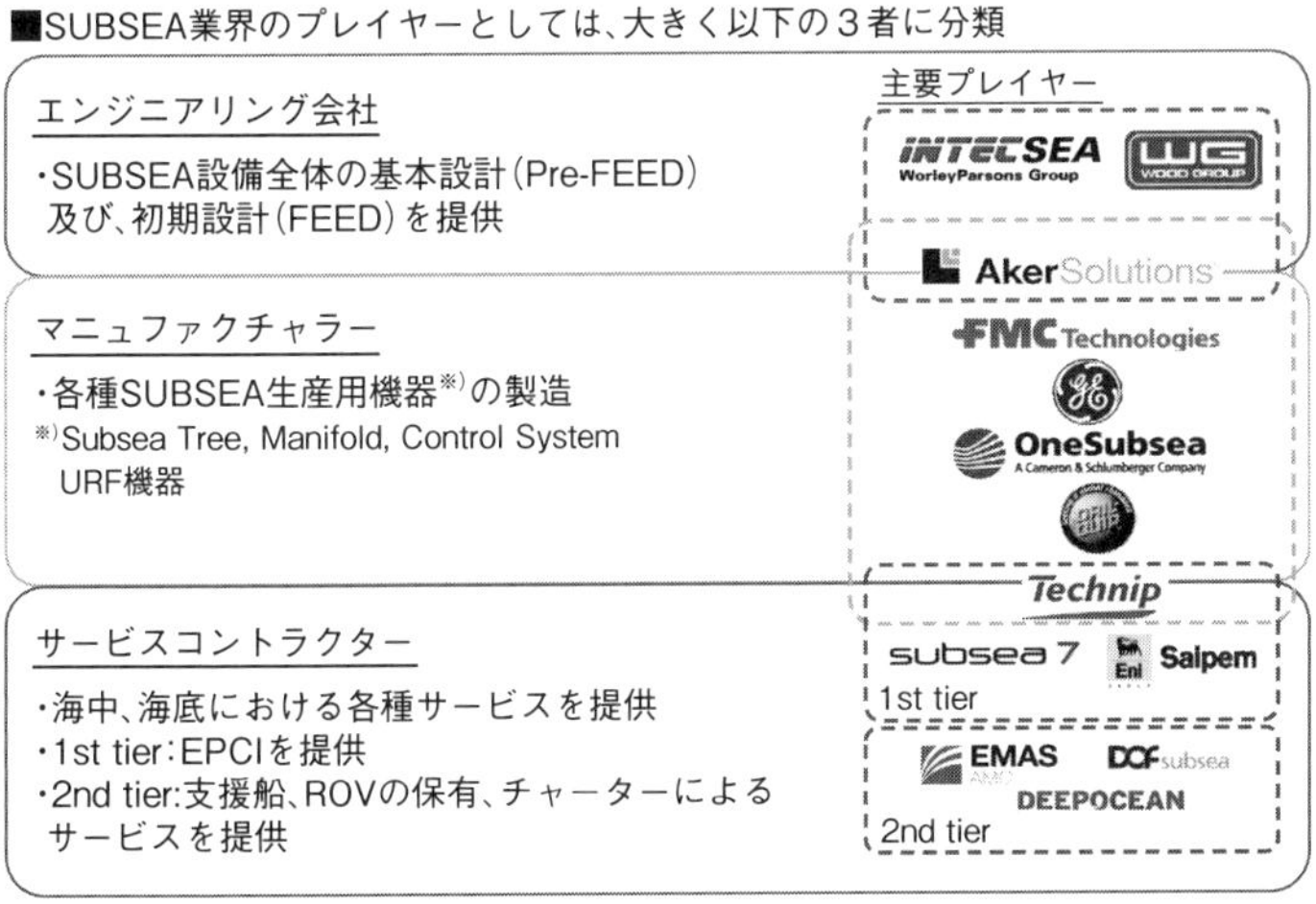

ラクターの三つです。その三つがどのように石油・ガスの生産に結びついているかを図表5は示しています。

皆さんはシェルやエクソンモービル、スタットオイルといった企業をご存じだと思いますが、こうした油田を持っているところが、まずそれを掘るための機器類の設計などをエンジニアリング会社に依頼します。そうすると、彼らが設計をして、必要とされる機器類を発注し、我々のようなメーカーがそれを生産し、納めるという構造になっています。さらにその機器類を据えつけたり、メンテナンスしたりするのがサービスコントラクターです。

多分一番儲かるのはこのエンジニアリング会社の人たちで、一番儲からないのがマニュファクチャラーではないでしょうか。当社はマニュファクチャラーの一員ですから、このままではあまり儲かるビジネスモデルではありません。したがって、今は、できるだけ上流に行きたいと考えていますが、残念ながら自力では難しいので、海外の人たちと手を組んでやっていこうというのが現状です。

②次世代海底資源開発

次に、次世代の海底資源開発についてお話しましょう。

図表6には排他的経済水域が示されていますが、そこには、皆さんご存じのように、MHや、熱水鉱床、コバルトリッチクラスト、レアアース、マンガン団塊などが眠っています。

海底には回収可能な資源がどれぐらいあるかというと、三〇〇兆円以上あるとのことです。

安倍晋三首相も、日本を資源大国に転換するのだと述べており、その要《かなめ》が海洋資源開発であると位置づけています。すでに二〇〇七年には海洋基本法を成立させ、それを具体化した海洋基本計画が二〇〇八年に制定されています。計画は五年ごとに見直すことになっており、最近では二〇一三年に見直されています。

その海洋基本計画では、MHについては、「平成三〇年代後半に商業化のためのプロジェクト開始を目指す」とされています。その先には、熱水鉱床、コバルトリッチクラスト、レアアースなどが続くことになっており、まずはMHを重点的に進めるというのが今の日本の政策となっています。

ただし、その開発は非常にハードルが高く、順調に進むかどうかは、やっている私自身も確信を持っているわけではありません。しかし、少なくともMHを商業化させるまで持っていくというのが今の大きな目標です。

次世代資源開発システムの機器構成としては、石油・ガス開発と基本的に同じようなものになるの

図表６　排他的経済水域の海底資源の分布図

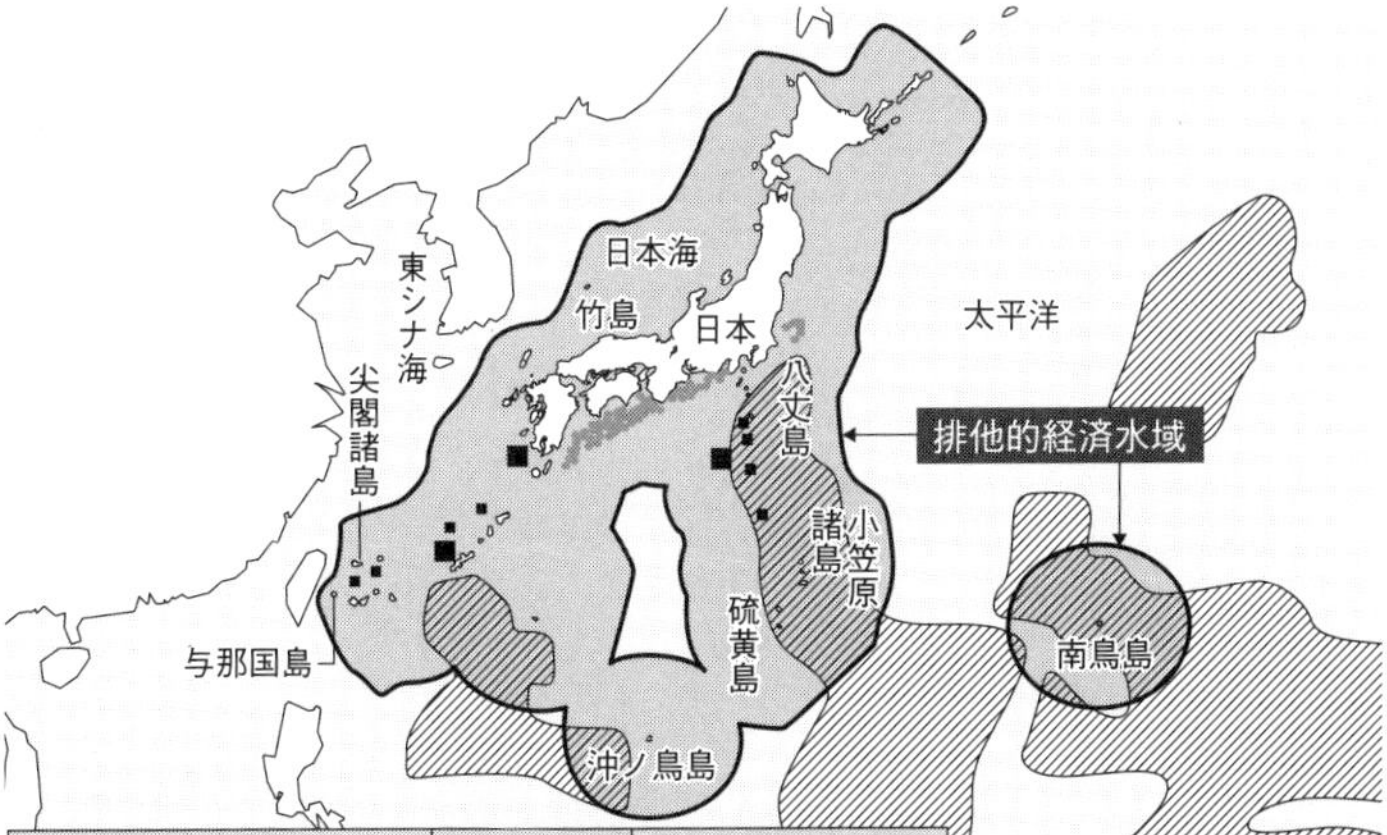

資源の名称	回収可能量	地金・エネルギー価値
■ 熱水鉱床	4.5億トン	80兆円以上
▨ コバルトリッチクラスト	11億トン	100兆円以上
● メタンハイドレート	4.1兆立方メートル	120兆円以上

出所：2008年12月まとめのJAPIC資料から作成。

ではないかと思われます。石油・ガスの場合には穴を掘り、出てきたものを上に持ち上げるわけですが、次世代資源の場合には、海底または海底付近に賦存していますので、それをまず集めてから上に持ち上げるというのが基本になります。また、石油・ガスの場合には自噴能力が期待できますが、次世代の資源の場合には、強制的に吸い上げる必要があります。この揚収システムというのが実用化の鍵を握っていて、いくつかのアイディアが提示されていますが、具体的なシステムをこれからつくり上げていくことになります。

ＭＨについて、もう少し詳しく説明しておきましょう。ＭＨというのはメタンの外側を水分子が囲っているような構造をしています。ですから、一見氷の塊のようなものです。その中にメタンが入っていて、平衡状態から圧力を少し低くしたり温度を高くしたりすると、それが溶けて、メタンが外に出てくるようになります。火をつけると、まるで氷が燃えているように見えます。

ＭＨの賦存状況には砂層型と表層型の二つのタイプがあり、それが図表7に示されています。砂層型については、二〇一三年の三月に名古屋沖で減圧法による生産試験が行われ、連続生産はできなかったもののガスの揚収には成功しました。この地域では、海底下一〇〇〜四〇〇メートルぐらいのところにＭＨが砂層に混在する形で存在しています。それに対して、日本海側では、ガスが下から上がってきて、海底近くまできたところで、ハイドレートになるための圧力と温度の条件が整うため、海底近くに塊の状態で存在しているのです。この詳細な賦存状況調査が、二〇一三〜二〇一五年度にかけて行われているところです。

こうした中で、表層型ＭＨの揚収方法は、賦存状況が明確に把握されていないこともあり、まだ確立されていません。図表8にあるように、水中重機のようなもので掘削して、それを吸い上げて、海上の船で回収する方式が提案されていますが、まだ誰もやったことがありません。実際にこれが使えるシステムなのか、他のシステムを構築すべきなのかは、今後検証していくことになります。

(3)　海洋再生可能エネルギー開発

ここからは、海洋の再生可能エネルギーの開発について説明したいと思います。

三・一一以降、日本のＣＯ２削減の話は吹き飛んでしまっていますが、世界的にはＣＯ２を削減する方向で動いています。それを実現するためには、再生可能エネルギーを進めるか、省エネルギー化

図表7　日本近海のMHの状況（2つのタイプ）

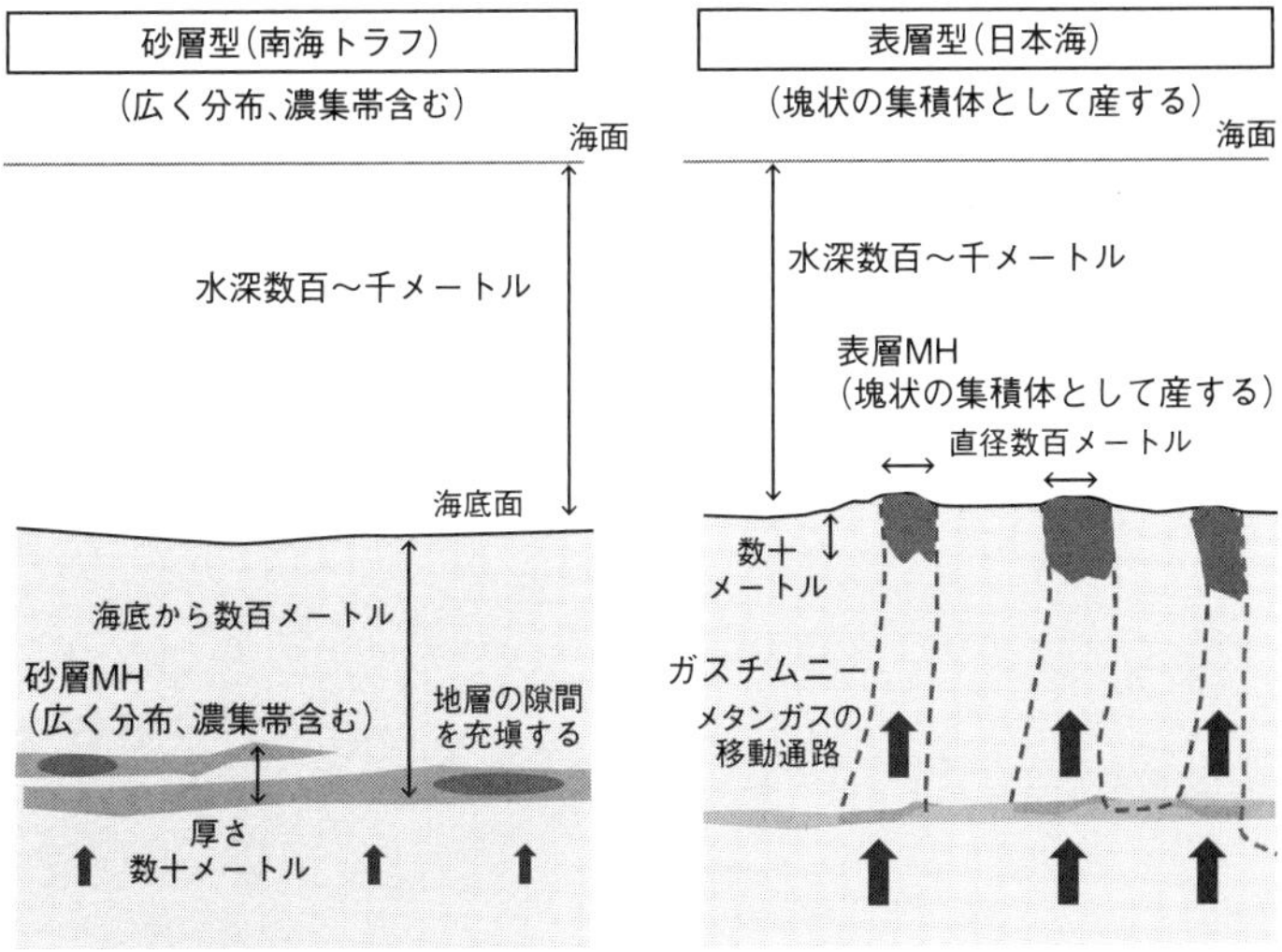

出所：明治大学ホームページより作成。

図表8　表層型MHの探査、採掘、揚収、運搬（概念図）

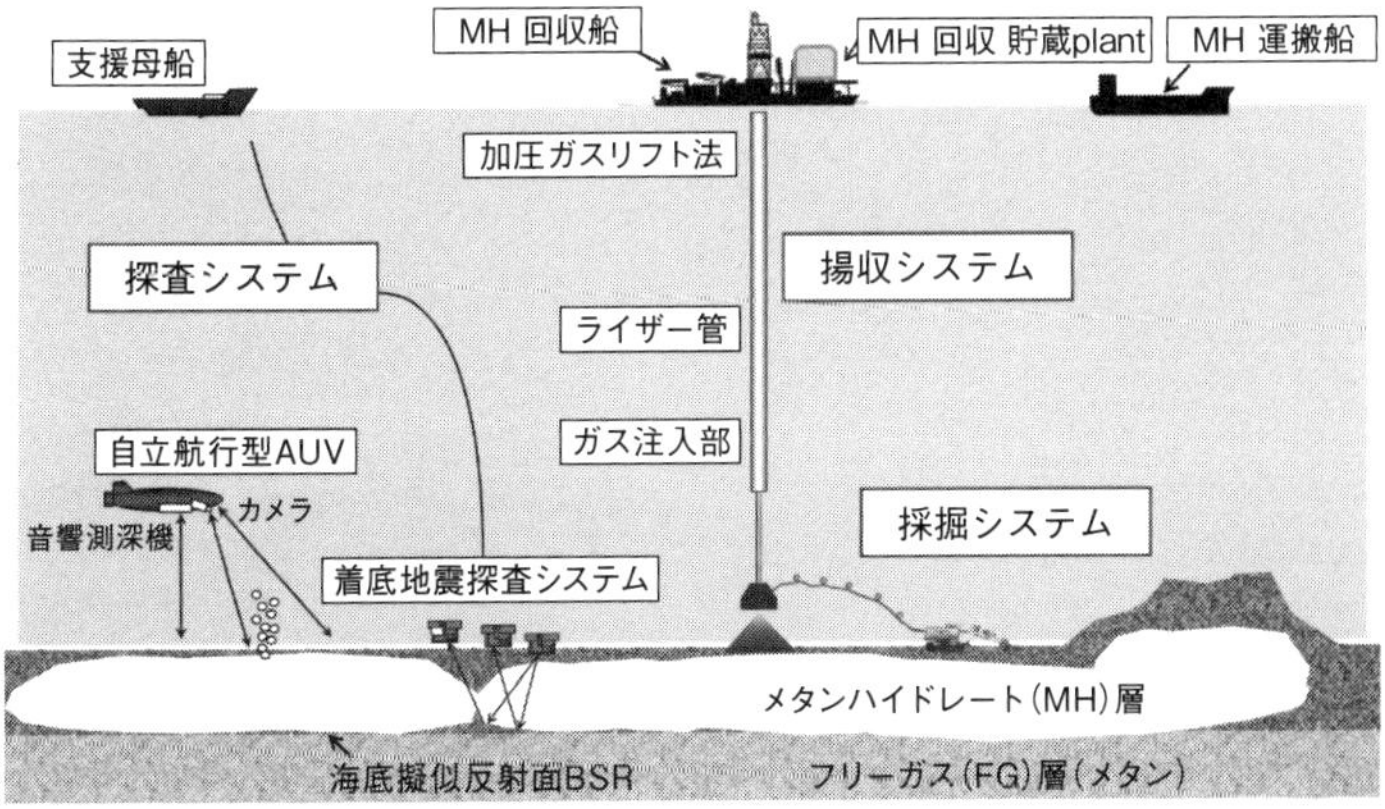

を進めるか、それともバイオ燃料のような代替燃料を使うのか、この三つのメニューの中から選択をするというのが基本的な方向になっています。その再生可能エネルギーの中で、当社は、特に風力と波力の発電を進めているところです。

風力発電としては、陸上を皮切りに、洋上の着床式、さらに洋上の浮体式と順次普及していくものと思われます。

着床式の場合は、パイルを打って、その上に風車用のタワーを建てることになりますが、浮体式の場合は、何らかの形で浮体を海底につないで、その上に風車をつけることになります。洋上ですと、陸上に比べてはるかに風況が安定しているので、エネルギーをとるという意味では非常に恵まれています。着床式はもうすでに商業化されていますが、浮体式では、コスト的に成り立つシステムがあり得るのか、今世界中で研究開発が行われているところです。

日本では、経済産業省が浮体式の洋上風力の実証試験を福島県沖で進めており、現在二メガワット（MW）の風車でその発電状況を確認しているところですが、今後、五MWと七MWの二基が横に並ぶ予定です。

波力発電については、次節で説明するので省略しますが、我々のイメージとしては、防波堤に波力発電装置をつけたり、風力発電と波力発電を併設したりして、あらゆる自然エネルギーを利用していくことになると思います。非常に密度の薄いエネルギーですので、多くのエネルギー源を利用したハイブリッドシステムを組み上げる必要があると考えています。

(4)　今後の展開

今後の目指すべき方向性ですが、当社としては、単独の機器をつくるのではなくて、ある機能を持ったシステムをパッケージとして提供できるような会社になりたいと思っています。我々自身はものづくりの会社ですので、いいものを安く提供したいというのが基本にありますが、メンテナンスサービスも含めた高付加価値化を推し進めることが重要であると思います。

また、次世代の海底資源開発では、当面は国のプロジェクトの下で基本的なシステムを構築します。一〇年後ぐらいをめどに、商業化の足がかりとなるＭＨパイロットプロジェクトに参画していきたいと思いますが、それをさらに次世代の海底資源開発に結びつけていきたいと考えています。

二　波力発電の現状と課題

(1)　波力発電への取り組み

ここからは、波力発電に絞って説明していきたいと思います。

波力発電を始める前は、ＰＣＢ（ポリ塩化ビフェニル）を処理する廃棄物処理設備の建設に携わっていました。この仕事を通じて環境との調和、特に再生可能エネルギーの有効利用を強く考えるようになりました。当時所属した事業開発本部は、他事業部が手掛けていない新規事業を担当する部署で、したがって再生可能エネルギーの中でも波力発電、太陽熱発電、集光型太陽光発電というあまり手がつけられていないものを選びました。

海洋エネルギーには、海流、潮流、波力、海洋温度差が含まれます。この四つのエネルギーの量や分布状態等を調査し、波力が最も陸地近くに最も豊富に存在するエネルギーであると判断しました。

実は、我が国には、波力発電に取り組んできた長い歴史があります。一九四〇年代ごろの「益田式ブイ」に始まって、七八年の「海明」、八三年の「三瀬」、八四年の「海陽」、八七年の「波力発電ケーソン」、九八年の「マイティーホエール」と続きました。ここまでは日本も順調に世界のトップを走っていました。ところが、ここで日本の開発は終わることになります。制御装置等がコンパクトになり本体に組み込みやすくなったことが理由だと考えていますが、この後は、欧米での開発がさかんになっていきます。二〇〇〇年の「アイレー島」(イギリス)、二〇〇五年の「PowerBuoy」(アメリカ)、二〇〇七年の「Pelamis」(イギリス)、二〇〇八年の「SeaGen」(アイルランド)、二〇〇九年の「SeaDragon」(イギリス)というように、どんどん新しい装置が開発されてきました。

(2) PowerBuoy

波力発電には、いろいろなタイプがあります。その中でも沖合浮体式については、船をつくっている当社に親和性が高いということで着目し、PowerBuoyとPelamisの二機種について調査しました。その結果、PowerBuoyが日本の海の特徴に適していて、我が社の技術を加えれば実用化できる可能性があると判断し、PowerBuoyを採用しました。

図表9　PowerBuoy

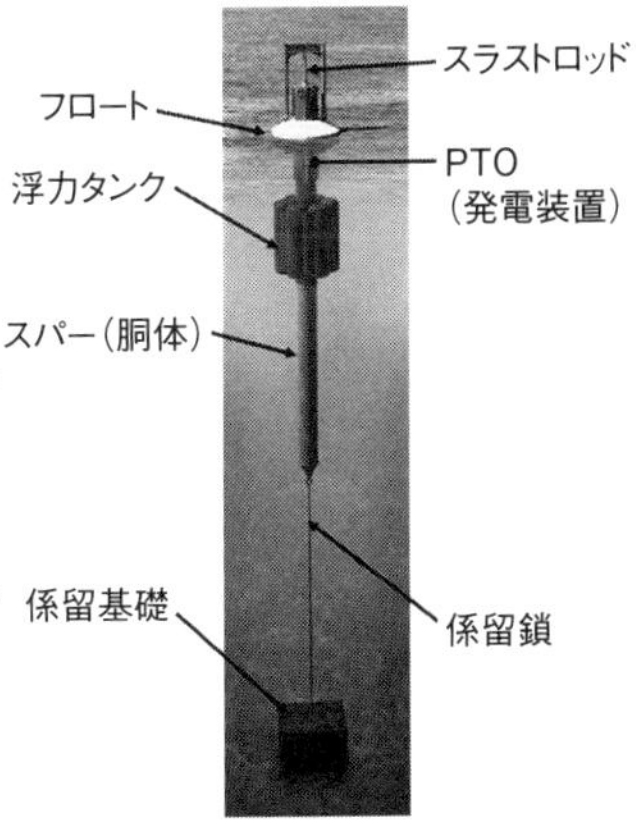

図表10　スパーの内部

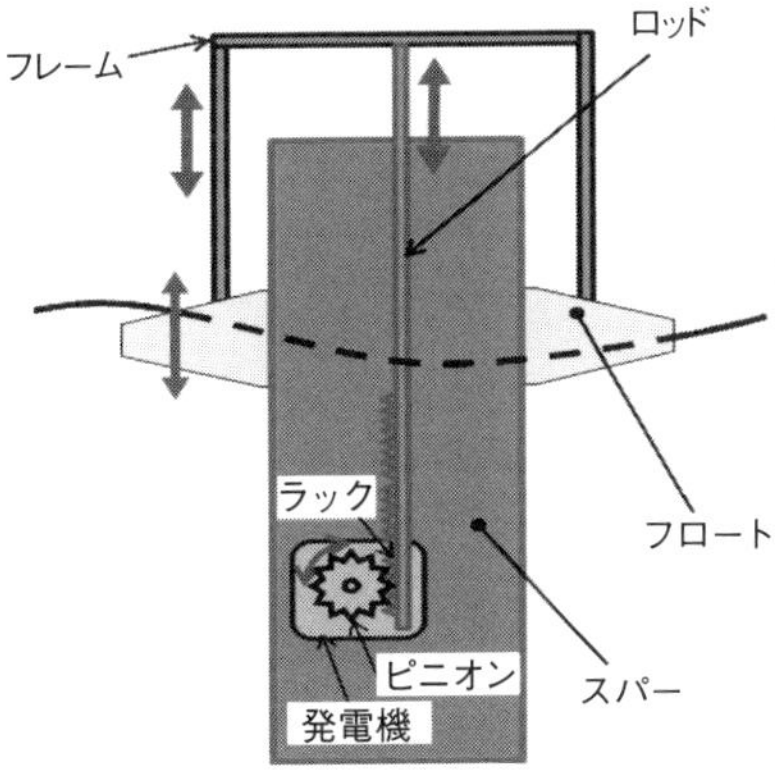

PowerBuoyについて簡単に説明します。PowerBuoyは図表9のような構成になっています。装置は海底に着床していません。海底にある係留基礎にチェーンで引っ張られる形で海中に浮いています。チェーンの先には、スパーと呼ばれる円柱の胴体があり、スパーを浮かせてチェーンを引っ張るための浮力タンクが取りつけられています。その上にあるのがフロートで、波のエネルギーを吸収するために上下動します。上下動は、スラストロッドで、スパー内の発電装置ＰＴＯ（Power Take Off）に伝えられて発電を行います。

スパーの内部を少し詳しく見ると、図表10のようになっています。フロートが波とともに上下すると、その上下運動がフレーム、ロッドを通じて、内部に伝わります。内部には、ラック&ピニオンという歯車を回す機構があります。これによって上下運動が回転運動に変換され、発電機が回され、発電するという仕組みです。発電された電気は、海底ケーブルで陸地に伝送されます。

(3) 開発プロジェクトの立ち上げ

何をやるかは決まりました。次は、どうやってヒト・カネ・モノを集めるかです。そのために、二〇〇八年に、PowerBuoyを開発している米国のOPT（Ocean Power Technologies）社と基本合意書（MOU：Memorandum Of Understanding）を締結し、協力して日本型波力発電装置を開発することを確認しました。

二〇〇九年に、東京都が呼びかけ人となって波力発電検討会を立ち上げました。東京大学、海洋研究開発機構（JAMSTEC：Japan Agency for Marine-Earth Science and Technology）、全国漁業協同組合連合会（全漁連）等に入ってもらって一年間検討し、波力発電導入促進に関する提言を発表しました。

これを受けて、二〇一〇年に環境省のプロジェクトができました。東大、海洋産業研究会（RIOE：Research Institute for Ocean Economics）、当社が参加して研究し、その結果が評価されて、二〇一一年に新エネルギー・産業技術総合開発機構（NEDO：New Energy and Industrial Technology Development Organization）の事業が立ち上がりました。二〇一七年度までの事業で、東大、五洋建設と当社が開発を進めています。

NEDO事業に採択された当時の目論見について説明します。

顧客は電力会社、国、地方自治体、デベロッパー等です。当社の担当は、波力発電装置の製造・販売・据えつけ・保守です。

図表11　海外の波況と市場

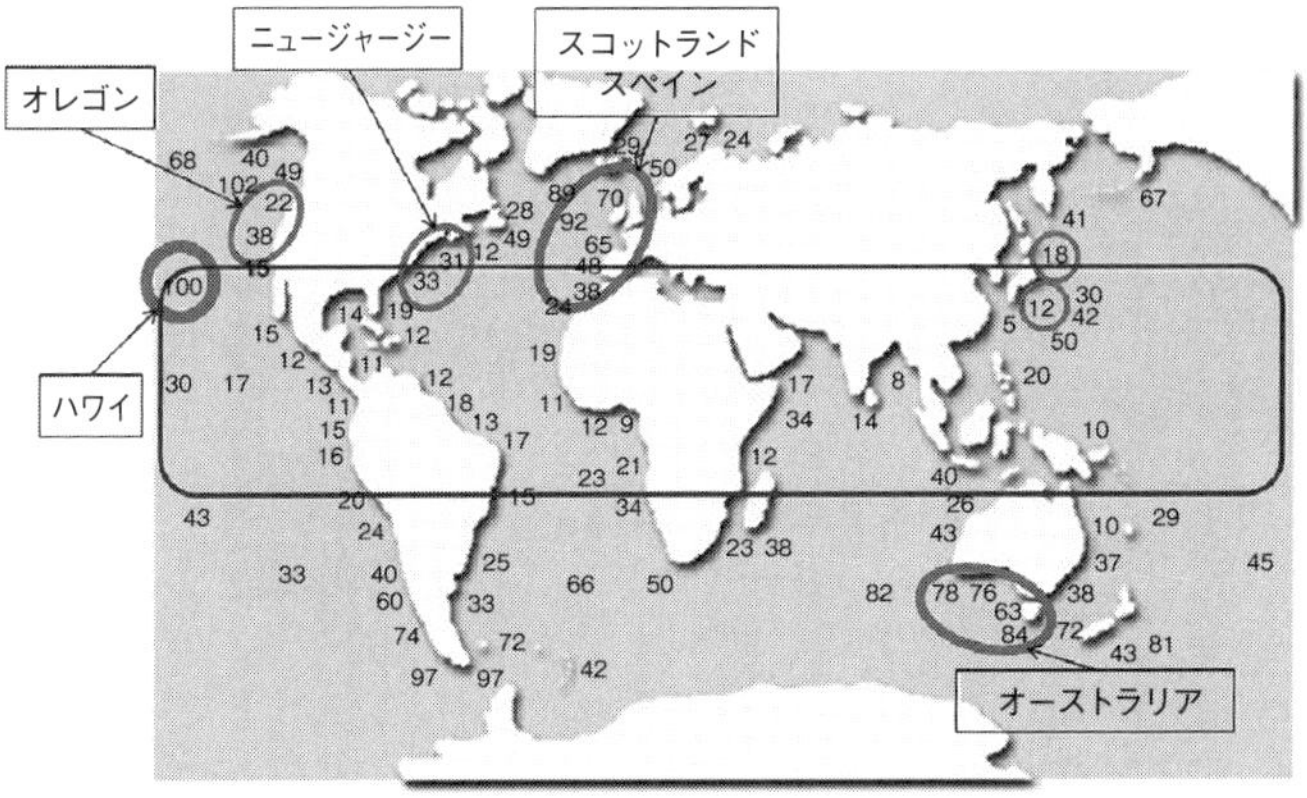

出所：Pelamis Wave Power Ltd ホームページ

事業化のシナリオとしては、まずは実証試験を成功させ、次に離島向け発電に参入するというものです。離島というのは発電コストが非常に高く、四〇円／キロワット・時（kWh）ぐらいの発電コストがかかっています。事業環境は、東日本大震災があったので、再生可能エネルギーの利用が強く推し進められる環境にありました。

事業規模を考えるに当たって、波力発電の適地として、北海道の襟裳岬沖、三陸沖、房総沖、伊豆七島、沖縄といったところが挙げられます。そこにどれぐらいのエネルギー賦存量があるかを試算してみますと、当時は二ギガワット（GW）ぐらいはあるだろうという結果になりました。世界を見ると、図表11のように、ヨーロッパでは、七〇キロワット・メートル（kW／m）という非常に大きい波エネルギーが存在しています。日本の波エネルギーはわずか一二～一八kW／mですが、この開発が成功すれば、同等の波エネルギーである大きな枠で囲んだ範囲が市場になり得ると考えています。

なお、実は日本の波エネルギーは、見ようによっては

図表12　モデルの変遷

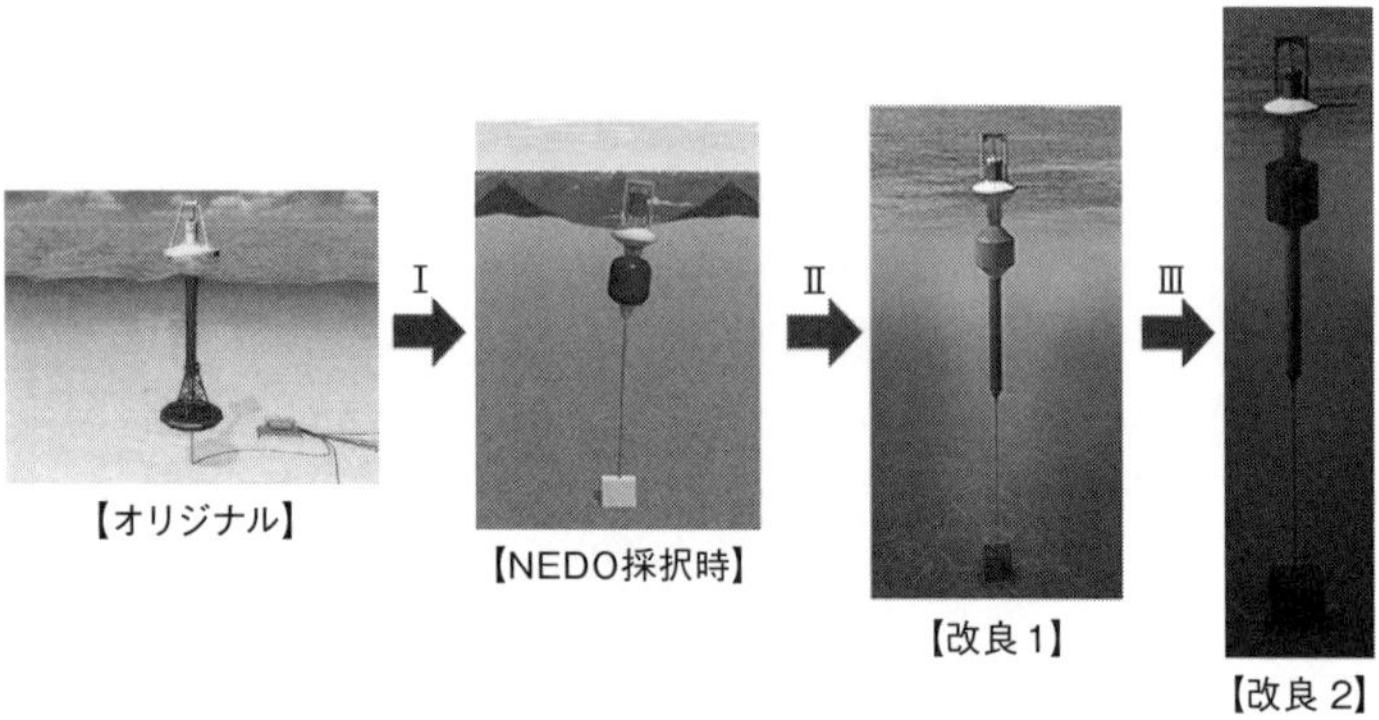

【オリジナル】の出所：Ocean Power Technologies Inc. のホームページ。

決して小さい数値ではありません。太陽光発電の場合だと、一平方メートル当たりでは、多くても一kWです。風力だと、もっと小さい値です。

(4)　開発のハードル

①モデルの変遷

それでは、NEDO事業の下で、当社がクリアしてきたハードルを、モデルの変遷をたどることで説明します。図表12を見てください。

ハードルⅠ（オリジナル→NEDO採択時）は、OPT社が開発したオリジナルモデルを、日本型にする開発です。日本の海に合わせるためには、まず発電効率を向上させなければなりません。なぜなら、先ほど申しましたように、波エネルギーが小さいからです。この解決のために、同調制御という発電効率を高くする技術を採用しました。後ほど詳しく説明します。また、漁業と共存できなければなりません。このためには、海面占有面積を小さくする必要があります。OPT社の係留方式だと、直径二〇〇メートルか

図表13 同調制御時のフロートの動き

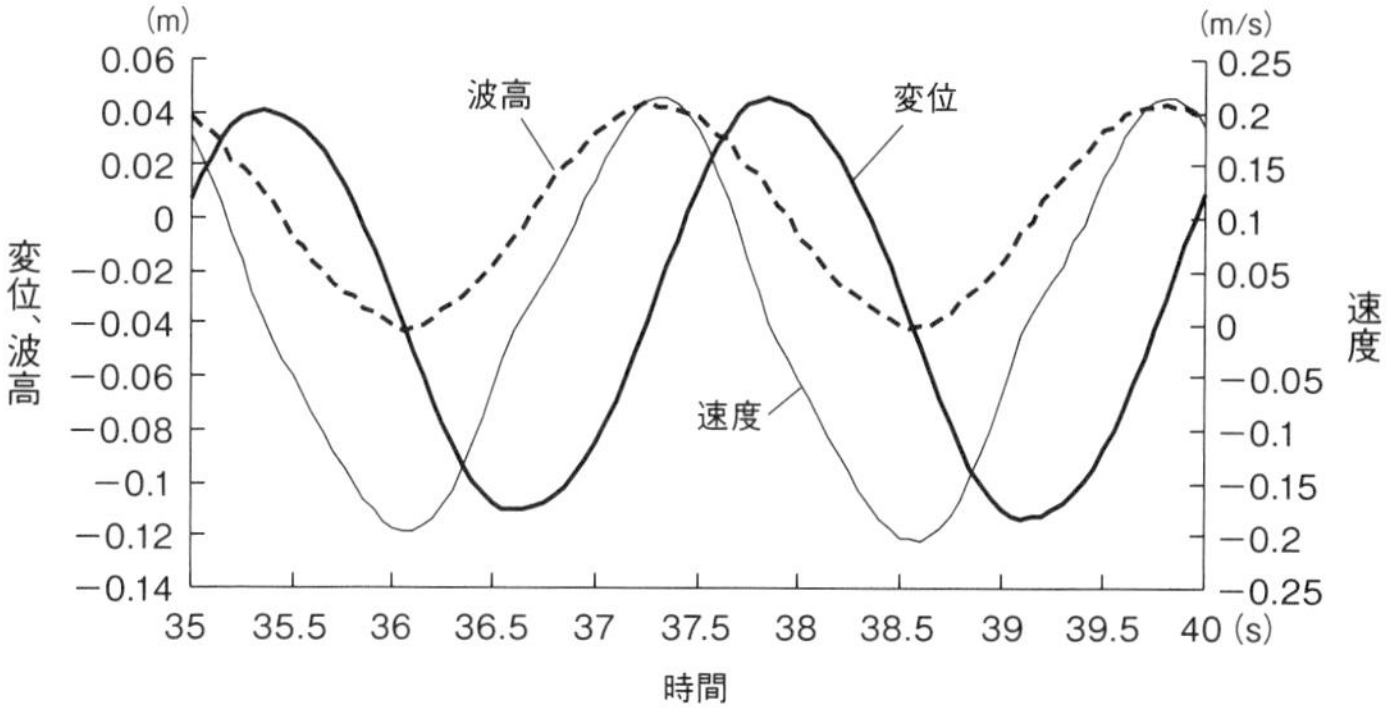

ら三〇〇メートルの海面を占有します。これを小さくするために、鉛直方向に引っ張る緊張係留式プラットフォーム(TLP：Tension Leg Platform)を採用しました。

ハードルⅡ(NEDO採択時→改良1)は、荒天時対策です。日本には非常に大きな台風が来ます。たとえば五〇年に一回発生する高波だと、波高は二二メートルに達します。七階建てのビルと同じぐらいの高さです。これに耐えなければなりません。そこで、姿勢を安定させる工夫と、係留する力を削減する工夫をしました。

現在はハードルⅢ(改良1→改良2)のステージにあり、据えつけを容易にする開発と保守をしやすくする開発を進めています。

②同調制御

先ほど発電効率を上げるために同調制御を採用したと言いました。そこで、この同調制御について説明します。当社は、水槽で波をつくる技術、あるいはその波を消す技術を持っています。それは日本で一番の技術だと自負しておりますが、その消波技術を利用したのが、この同調制御です。波を効率的に消すということは、波エネルギーを効率的に吸収することに繋がります。

図表13を見てください。同調制御を行った場合のフロートの変位が太い実線です。これに対して、実際の波の波高は点線です。実際の波が一番低いところに来ても、フロートはまだ下がり続けています。ちょうど位相が九〇度ずれたところで一番低くなっています。この間は電気を消費して、フロートを押し込んでいます。

次に、波がどんどん上がっていくと、少し遅れてフロートが上がっていきます。しかも、押し込んでいましたから、非常に強い浮力を持って上がってきます。上昇は、波がピークを迎えた後も、さらに続き、しばらくして遅れてピークを迎えます。一言で言うと、同調制御は、フロートの動きを、波の動きから位相で九〇度ずらす制御です。

また、たとえて言うならば、同調制御は、ブランコを大きく振らせる方法のようなものです。ブランコを大きく振らすには、一番上がったところで少しだけ力を加えます。これとほぼ同じことを行っています。

この技術を利用すると、発電効率が高くなることを、当社の昭島研究所の水槽を使った実験でも確かめました。何も制御していない状態だと、波とともにフロートが上下しているだけです。これでは少ししかエネルギーがとれません。フロートが大きく速く上下するほど、発電量を大きくできます。同調制御を行うと、フロートは非常に大きく速く上下しました。そして水槽試験により、この状態を確認しました。

また、フロートは固有周期を持っています。その固有周期と同じ周期の波が来れば、フロートは自ずと大きく動きますが、固有周期と異なる波だと大きな動きにはなりません。しかし、同調制御を行うと、固有周期とは異なる周期の波に対しても、同じような発電効率を示すことがわかりました。実際の装置に近い形状の模型で実験した結果では、同調制御を使うと一般的に行われている抵抗制御の約二倍の四〇％前後の発電効率を得られることがわかりました。

(5)　政策の展開と今後の課題

以上が技術開発の経過と、技術開発の中身です。最後に、政策の展開と今後の課題についてお話をしたいと思います。

①国の取り組み

まず、国の取り組みについて、ご紹介します。

二〇一二年六月に離島振興法が改正され、離島への優遇措置が決定しました。また、同年七月に再生可能エネルギー固定価格買取制度がスタートしました。

二〇一二年八月に環境省から、二〇三〇年には海洋エネルギーを一五〇〇万ｋＷ導入するという計画が発表されました。二〇一三年三月に海洋再生可能エネルギー実証フィールドが公募され、七県一一海域の応募がありました。

二〇一三年四月には海洋基本計画が改訂され、洋上風力発電に続く海洋再生可能エネルギーとして、波力等の海洋エネルギーが位置づけられました。また、二〇一四年三月には着床式洋上風力発電が固定価格買取制度の対象になり、買取価格が三六円／kWhに決まりました。

二〇一四年七月に四県六海域が、海洋再生可能エネルギー実証フィールドに選定されました。同年一〇月からは、国交省が波力発電の安全ガイドラインの策定作業を開始しました。

以上について、いくつか補足します。

まず海洋基本計画の改訂ですが、主な改正点は次の通りです。

第一に、重点的に推進すべき取り組みの中に、「海洋産業の振興と創出のため、海洋再生可能エネルギーの利用促進を図る」と記載されたことです。

第二に、海洋再生エネルギーの利用促進として、「波力等の海洋エネルギー」の項目が新たに追加されたことです。

第三に、海洋再生可能エネルギー普及のための基盤・環境整備として、「海洋再生可能エネルギーの買取価格は、実用化の見通しが立ち、費用の検証が可能になった段階で、検討・決定する」とうたわれたことです。

また国交省は、二〇一五年度中に波力発電の安全ガイドラインを策定します。私も造船工業会代表として、この委員会に参加しています。

海洋再生可能エネルギー実証フィールドとは、実証試験機を持ち込んで実験する場所のことです。欧米には、イギリスのヨーロッパ海洋エネルギーセンター（EMEC：European Marine Energy Centre）をはじめとして、多数の実証フィールドがありますが、日本も遅ればせながら、開発を加速するための実証フィールドの整備に着手することになりました。新潟、佐賀、長崎、沖縄の四県六海域が選定されています。

②地方自治体の取り組み

自治体もさまざまな取り組みをしています。

岩手県が釜石を適地として実証フィールドに応募しています。千葉県は、洋上風力発電や波力発電の導入に向けた可能性調査を行っています。静岡県も、御前崎港等で洋上風力発電や波力発電等を計画しています。愛知県・三重県には、関心を持っている自治体が多くあります。

沖縄県は、再生可能エネルギーの導入に非常に積極的な県で、波力発電を積極的に導入した場合として、二〇三〇年に一七・三万kWを導入する計画を持っています。東京都の神津島は、東京都離島振興計画に基づいて、NEDOの実証実験に協力していただいています。

③海外の取り組み

海外には、実証試験場が数多くあります。図表14にその詳細を示しています。今、これに追いつけ追い越せと、我が国も実証実験場の整備を進めているところです。

ヨーロッパは、非常に高い導入目標を持っています。たとえば、イギリスは、二〇二〇年までに一・三GWの導入を計画しています。日本の計画が二〇二〇年までに五一MWであることに比べると、いかに積極的であるかがわかるかと思います。

図表14　欧州のテストサイト

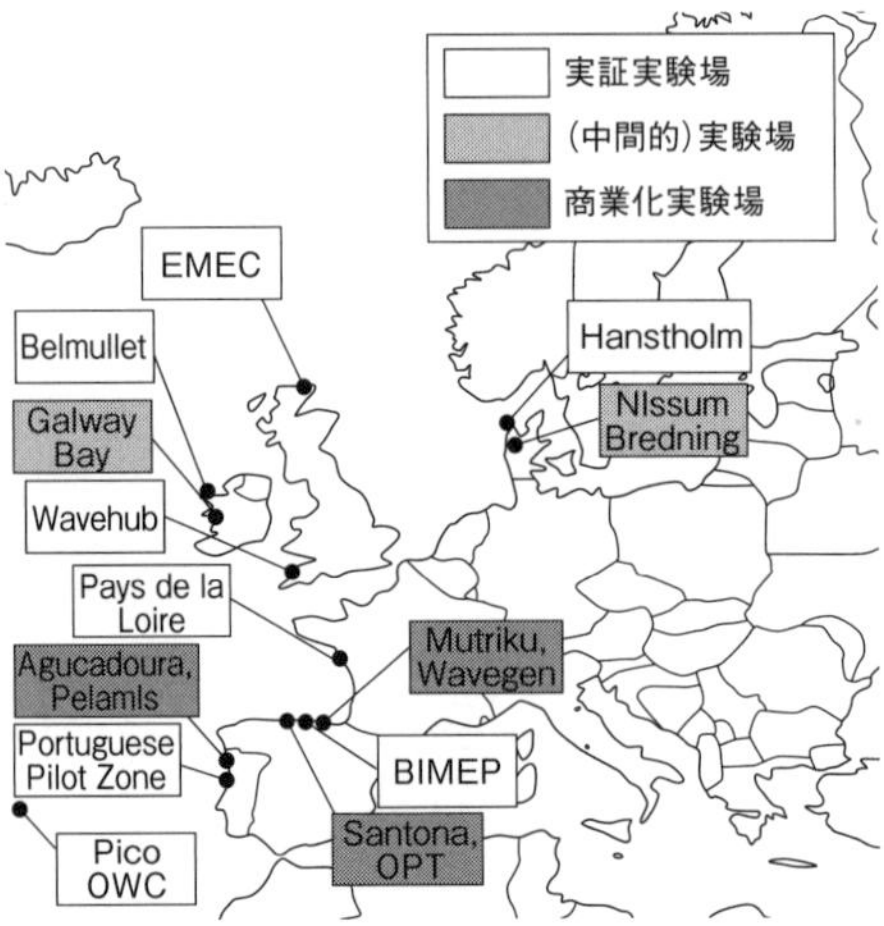

出所：Kim Nielsen, Ramboll & Teresa Pontes, Generic and Site related Wave Energy Data, Report 02-1.1 OES-IA Annex II Task 1.1, LNEG, pp.20-21, March 2010.

④我が国の課題

そこで、最後に我が国の課題についてお話したいと思います。課題は大きく三つあると考えています。

第一に、発電単価を下げることです。まずは、発電単価四〇円／ｋＷｈを達成しなければなりません。これについては、今、鋭意努力して開発しているところです。ただ、海底ケーブルの敷設コストの引き下げは、我々の力ではどうしようもないところがあります。日本国内には競合企業が少ないため、敷設費用が海外の倍はすると言われています。このコストをいかに下げるかが大きなテーマです。

第二に、発電事業者の参加を促すことです。資金を持っている事業者の方々がこの波力発電事業に関心を持ち、出資してもらえるような実績と環境をつくらなければなりません。このためには、まずは神津島での実証実験を成功させることを考えています。

第三に、事業海域の確保です。これが一番大きな課題です。日本の海は非常に多面的に使われています。海岸では貝や海藻をとり、沖合ではメバルなどの小さい魚をとります。さらに沖へ行くとタイやマグロなどの中型、大型の魚をとります。ヨーロッパの場合だと、タラやニシンなど、限られた種類の魚しかとりません。日本の場合は漁業者との協調が重要です。漁業者を保護するための漁業権といかに折り合いをつけていくかです。漁礁効果をアピールしたり、漁協に波力発電事業に出資していただくとか、特区の設定を認めていただくことなどが考えられます。

第六章　準天頂衛星システムの現状と今後の課題

村井善幸
（日本電気株式会社
準天頂衛星利用推進室長）

はじめに

私は大学院の修士課程修了後すぐに日本電気株式会社（ＮＥＣ）に入社しました。ＮＥＣの本社は慶應義塾大学三田キャンパスのすぐ近くにあります。今でこそ見る影もありませんが、一時期、理工系の学生の就職先ランキングでナンバーワンでした。それがちょうど一九八二年、八三年です。八四年の順位は少し落ちましたが、それでも三位でした。

今でも思い出すのですが、私は、東京に本社があり、かつ今日お話をする宇宙分野の事業をやっている会社だということでＮＥＣを選びました。会社を選ぶときには会社の状況がどうだとか、人気がどうだとかは全然考えなかったのですが、試験当日の新聞に、「今年の理工系学生人気ランキング一位はＮＥＣ」と出たのです。試験が終わって大学に帰ったら担当の教授に「村井君、次を考えよう」と言われ、私も絶対にだめだなと思っていたのですが、会社から「いいよ」と言ってもらい、入社することになりました。

入社後しばらくは、府中にある誘導光電事業部という部門で、主に防衛関連の仕事をしていました。防衛関連と言っても、ＮＥＣが直接武器をつくっているわけではありません。無人機やミサイルといった、飛翔体と呼ばれている無人で空を飛ぶ機器の制御装置の設計をやっておりました。

二〇年以上にわたってそういう仕事に従事していたのですが、二〇〇七年に、そろそろ技術職ではなくて新しい事業を興すことを考える企画役をやれということになり、事業戦略室というところに移りました。当社全体の防衛事業や宇宙事業の事業戦略、あるいは事業企画のとりまとめを行うところです。

事業戦略を考える中で、本章でご説明する準天頂衛星が日本にとって重要な事業であり、当社としてもやっていかなければいけないと考えるに至り、それに対する戦略を立てました。そうしたところ、「それだったら準天頂衛星はお前が担当しろ」ということになり、今に至っているわけです。

本章の内容ですが、まず、なぜ当社で準天頂衛星に取り組んでいるのかというお話をした後、準天頂衛星についてまだ知らない方が多いと思いますので、その原理について説明をさせていただきます。それを受けて、準天頂衛星を利用したサービスとしてどんなものがあるのかについてお話をし、最後は、中長期的な展望や課題について、技術的なものと制度的なものに分けてお話をしたいと思います。

一　NECの宇宙事業

最初に、なぜ当社で準天頂衛星システムに取り組むようになったのかということについてご説明をします。一言で言うと、もともとNECという会社が宇宙事業をやっていたからということになります。

(1)　NECの宇宙事業

当社の宇宙事業の特色は、何でもやっているということです。図表1はその概要を示していますが、宇宙と言うと一番有名なのは宇宙ステーションではないでしょうか。皆さんは若田光一宇宙飛行士をご存じだと思いますが、当社は、その宇宙ステーションにもかかわっています。それから、人工衛星も手掛けています。この中では「はやぶさ」が有名でしょう。

これ以外にも、人工衛星に搭載する各種機器の事業にも取り組んでいます。たとえば、人工衛星を制御する地上のシステムですとか、人工衛星を打ち上げるロケットの制御機器などです。このように、当社はなんでもやっています。八方美人で、全部をやっているというのが、ある意味で当社の宇宙事業の特色になっています。残念なのは、何でも屋になってしまったために、あまり儲かる仕事がない点です。しかし他方で、何でもやっているがゆえに、技術力は非常に高いものを持っていると思っています。

図表１　NECの宇宙事業

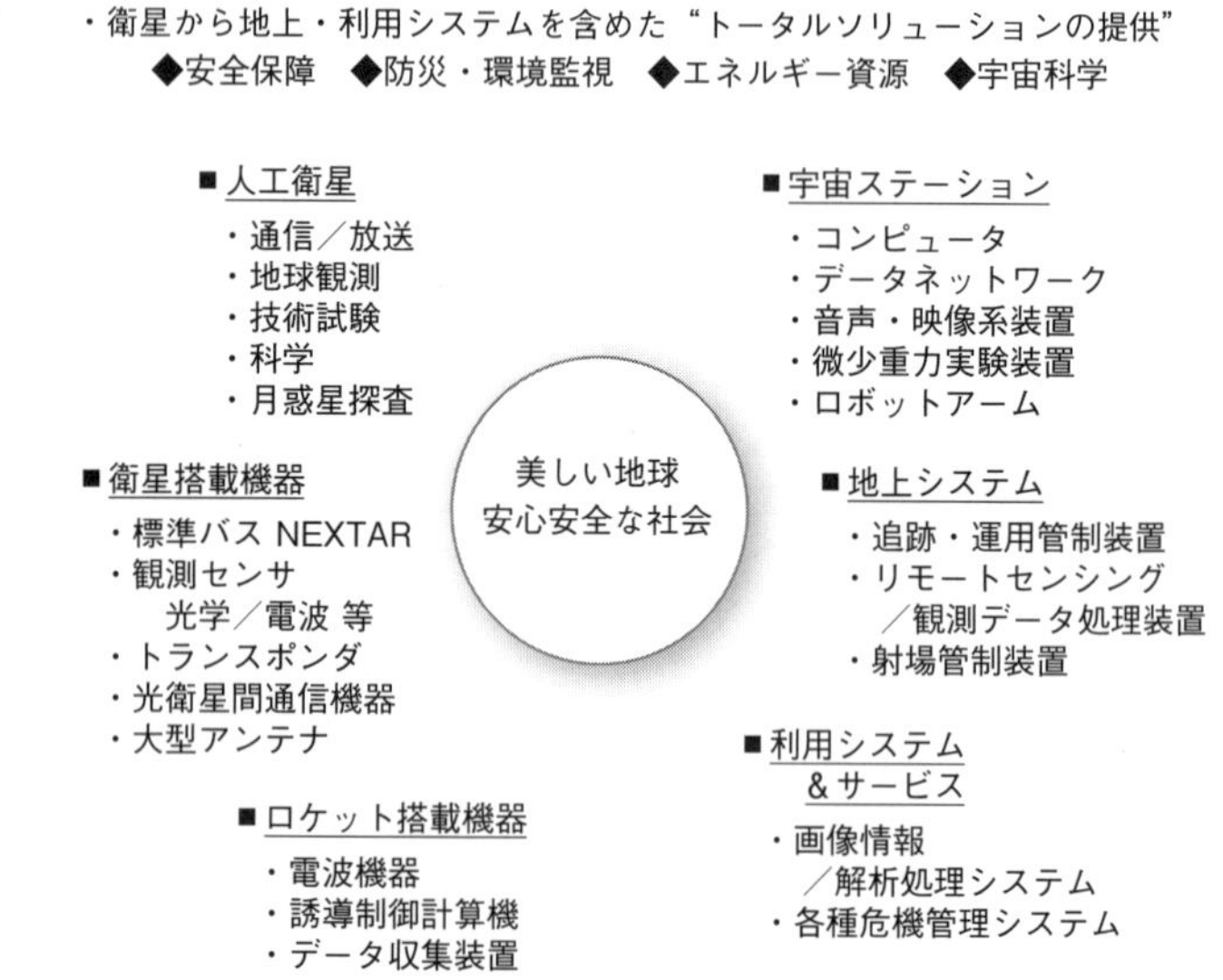

「はやぶさ」について、少し補足をしましょう。何年か前には映画にもなっていますので、ご覧になった方も多いかと思います。「はやぶさ」がこれほどまでに有名になったのにはいろいろな要因があると思いますが、技術的には何よりも、「はやぶさ」が惑星でサンプルを拾ってきて、「帰ってくる」という点が大きいと思います。最近ヨーロッパの衛星で、惑星に行って着陸したというので有名になった衛星があります。それと「はやぶさ」とは何が違うかというと、やはり地球に「帰ってくる」ところです。

「はやぶさ2」も、ついこの間（二〇一四年一二月五日）に打ち上げられました。初代「はやぶさ」と同じように、ＪＵ３という小惑星に行って、そこの石を拾い、二〇二〇年に帰ってくる予定です。二〇二〇年に帰ってきたときに、もしまた映画ができたら、ぜひ見ていただきたいと思います。

（2）日本の宇宙開発利用状況

日本全体としても、図表２にあるように、いろいろなことに取り組んでいます。アメリカやヨーロッパに負けず劣らずロケットの開発もやっています。また、いろいろな人工衛星のほか、有人宇宙システムの仕事もやっています。「きぼう」が国際宇宙ステーション（ＩＳＳ：International Space Station）のプロジェクトに参画していることはご存じの通りです。日本は技術力において、非常に高いものを持っています。

地球観測の分野では温室効果ガスを計測する衛星、通信の分野では超高速インターネット通信の中継機器となる衛星、さらには、各種技術試験のための衛星、光通信の実験用衛星なども手掛けています。科学技術衛星については「はやぶさ」が一番有名で、その一端を紹介しました。そして準天頂衛星ですが、これについては後で詳しくご紹介します。いずれにしても、日本は万遍なく、いろいろな衛星を、その高い技術力を使って開発しています。

ただ、衛星を商業的な観点から見ると、世界的にはアメリカとヨーロッパが圧倒的に強い状況にあります。強いという意味は、ビジネスとして見たときにという意味です。日本の衛星は売れていないのです。

飛行機を製造しているボーイングという会社の名前を聞いたことがあると思いますが、このボーイング社は、衛星も製造している非常に大きな会社です。ロッキードという会社も聞いたことがあるか

図表２　日本の宇宙開発利用状況

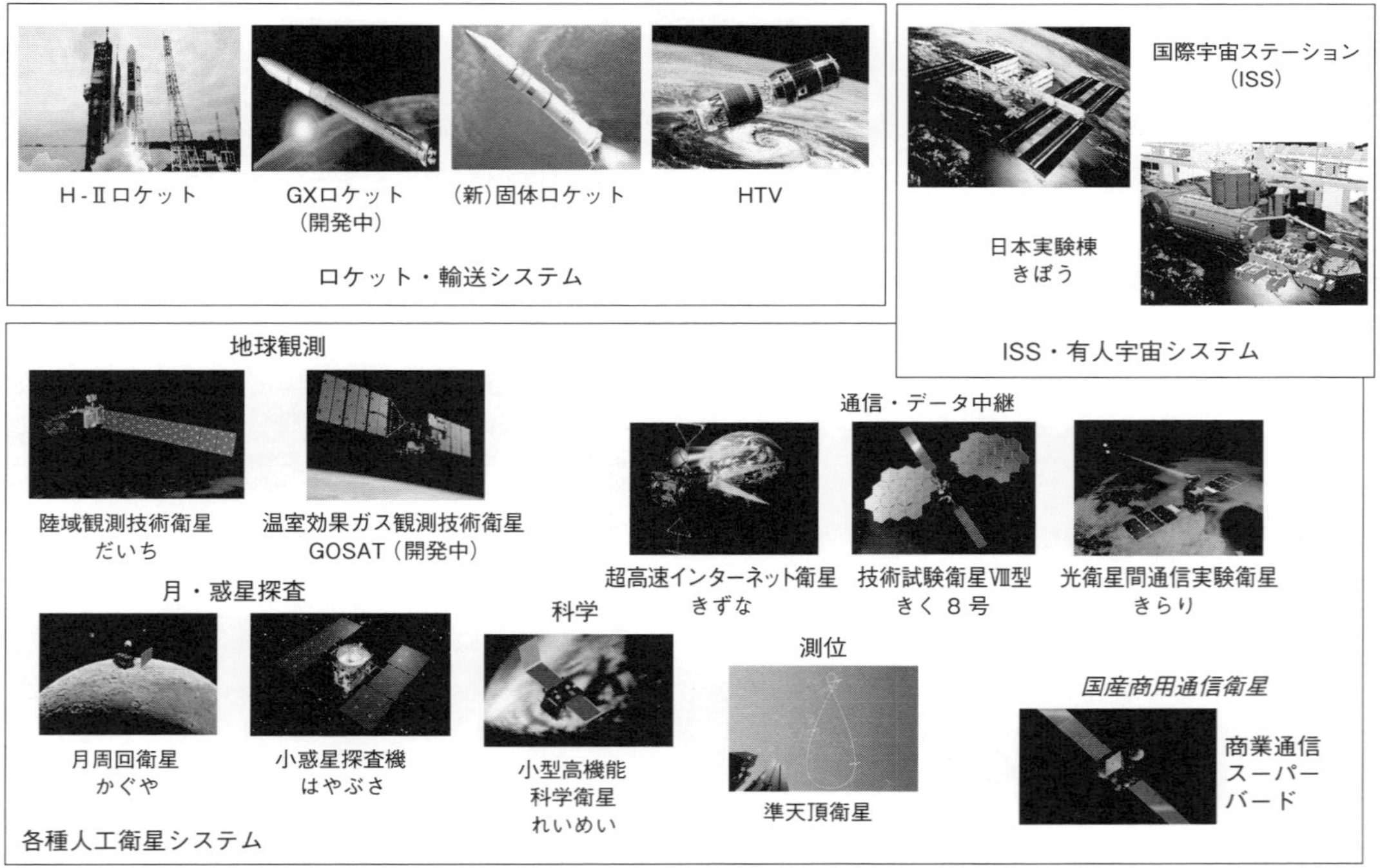
H-Ⅱロケット
GXロケット
（開発中）
（新）固体ロケット
HTV
ロケット・輸送システム
国際宇宙ステーション
（ISS）
日本実験棟
きぼう
ISS・有人宇宙システム
地球観測
陸域観測技術衛星
だいち
温室効果ガス観測技術衛星
GOSAT（開発中）
通信・データ中継
超高速インターネット衛星
きずな
技術試験衛星Ⅷ型
きく８号
光衛星間通信実験衛星
きらり
月・惑星探査
月周回衛星
かぐや
小惑星探査機
はやぶさ
科学
小型高機能
科学衛星
れいめい
測位
準天頂衛星
国産商用通信衛星
商業通信
スーパー
バード
各種人工衛星システム

もしれません。ロッキード社は、世界で一番衛星をつくっている会社です。そういった会社と比べると、当社の衛星は全然売れていません。

売れない理由はいろいろありますが、一つは貿易摩擦の影響があると思います。一九八〇年代を中心に日米貿易摩擦というのがありました。そのころ、日本のものはどんどんアメリカで売れるのだけれども、逆にアメリカのものは日本で売れないということで、クレームがついたのです。そのとき、人工衛星が話題に上り、日本で使う衛星については、必ずオープンビッド、つまり自由な競争をさせるという協定が日米両政府間で合意されました。自由な競争ですから一見公平な協定のように見えるのですが、当時、我々のような日本で衛星をつくっている企業と、先ほど挙げたようなアメリカの企業とでは、すでに競争力に雲泥の差があったのです。その結果、日本はビジネスではずっと勝てないでいます。むしろ、その差がどんどん開いているような感じさえしています。それを何とか縮めようとしているというのが、今日の状況です。

ただし、日米協定の特例として、日本の安全保障にかかわるものや科学技術研究に関するものについては、日本政府が日本企業にやらせてもよいということになっていました。その特例でやってきたのが、今紹介したような衛星なのです。現在日本で衛星の製造を行っている企業は、NECと三菱電機があります。商用の国産衛星としては、唯一、通信業者にも売れた三菱電機のSuperbirdというのがありますが、それを除くと、世界的には海外の会社が圧倒的に強い状況にあります。

(3) 日本の宇宙事業

我が国における宇宙産業の市場規模は、全体で八兆円ぐらいと言われています。しかしその中で、これまで紹介してきたような人工衛星やロケットなどの「宇宙機器産業」の市場規模は、三〇〇〇億円ぐらいしかありません。それ以外は何かというと、「ユーザー産業群」や「宇宙関連民生機器産業」などです。特に、「宇宙関連民生機器産業」の中には、カーナビ（カーナビゲーションシステム）やテレビも含まれています。テレビがなぜ入っているかというと、その中にBSやCSのチューナーが当たり前のように入っていて、衛星放送が映るからです。つまり、衛星が関係している放送が映る機器が入っているので、宇宙関連民生機器という位置づけになっているというわけです。

それでは、宇宙機器産業の三〇〇〇億円をさらに伸ばすためにどうしたらいいのか。これが宇宙産業としては、非常に大きな課題になっています。ある人は「ユーザー産業群」のところを大きくすれば、自然と宇宙機器産業も広がってくるとおっしゃいます。しかし、そんなことをしても大きくならないという方もいらっしゃいます。我が国には宇宙基本法という法律があり、それに基づいて宇宙基本計画が策定されていますが、現在この計画をもとにして、日本の宇宙産業の競争力を上げようとする活動が、産官学すべての分野で取り組まれています。

図表３　衛星測位の原理

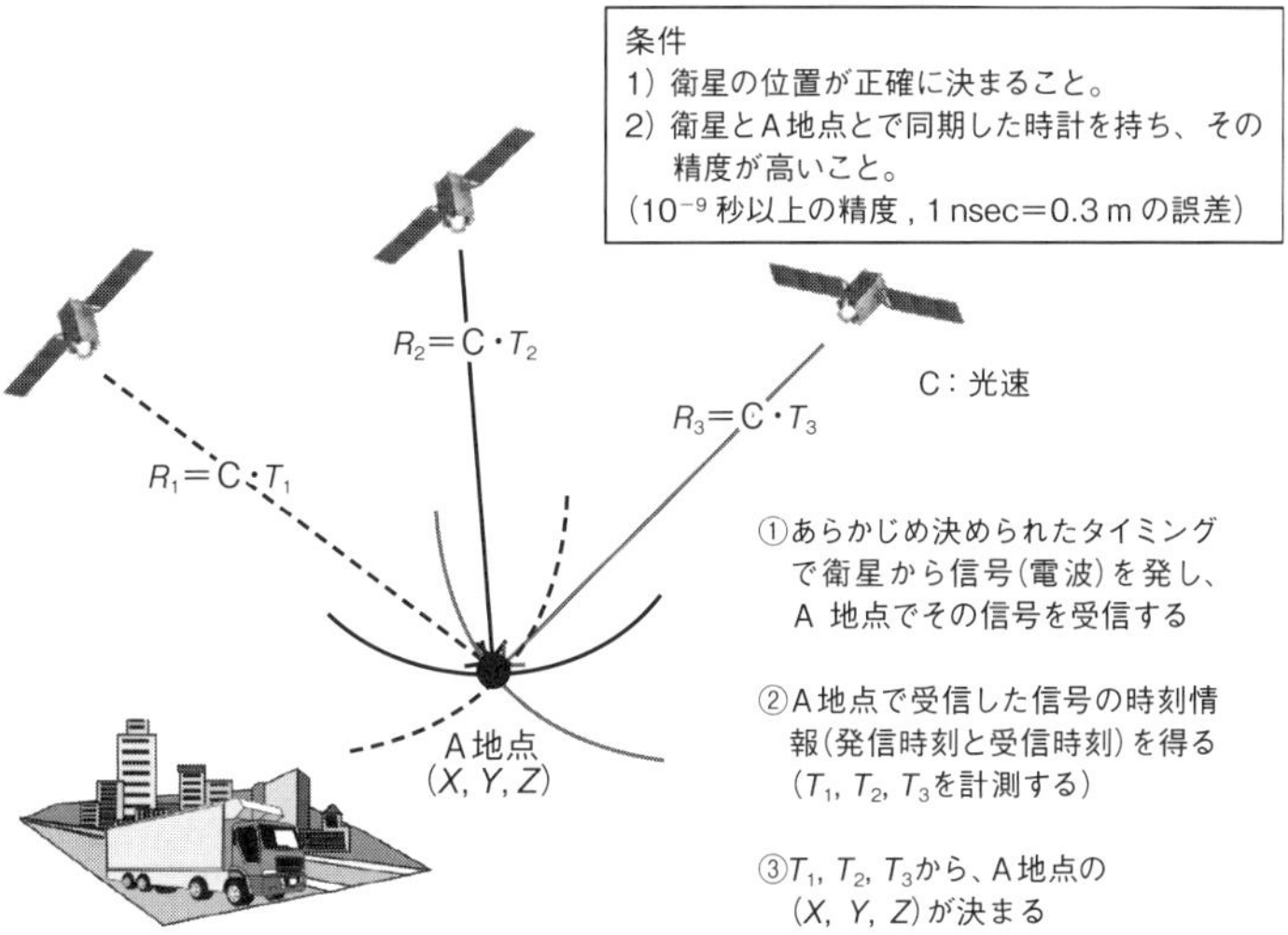
条件
1）衛星の位置が正確に決まること。
2）衛星とＡ地点とで同期した時計を持ち、その精度が高いこと。
（10⁻⁹ 秒以上の精度，1 nsec＝0.3 m の誤差）
R_2＝C・T_2
R_3＝C・T_3
C：光速
R_1＝C・T_1
①あらかじめ決められたタイミングで衛星から信号（電波）を発し、Ａ 地点でその信号を受信する
②Ａ地点で受信した信号の時刻情報（発信時刻と受信時刻）を得る（T_1, T_2, T_3を計測する）
③T_1, T_2, T_3から、Ａ地点の（X, Y, Z）が決まる
Ａ地点
（X, Y, Z）

二　測位衛星／準天頂衛星システムについて

ここで、準天頂衛星システムについて、少し技術的な面も含めてご説明をしたいと思います。

(1)　測位衛星の原理

最初に、測位衛星の原理です。ＧＰＳを知らない人はもういないと思いますが、もし知らない人がいたら、カーナビを思い出してください。カーナビは、自分の車の位置を地図上にリアルタイムで示してくれますが、あれはＧＰＳという衛星と通信をして、自分の位置を逐次測っているから可能になるのです。

人工衛星を使ってどうやって位置を測るのかを示しているのが、図表３です。

衛星を使って位置を測るのは、一見、難しそうに見えますが、実は小学生でもわかる原理な

のです。

自分のいる位置がA地点だとします。X、Y、Zと座標がついていますが、原理的には、衛星と自分の位置の距離を測って、この座標を求めることをします。衛星が三つ描いてありますが、まず一番左側の衛星から電波を出して、これがA地点に届くまでの時間T_1を計ります。電波の速さは光の速さCと等しいので、光の速さで何秒かかったかということから、衛星からの距離R_1（＝C・T_1）がわかります。そうすると、コンパスで、衛星を中心とする半径R_1の弧が描け、A地点はその弧の上のどこかにあるということになります。

同じように、別の衛星からも電波を出して、その時間T_2を計ります。そうすると今度は、コンパスで半径R_2（＝C・T_2）の弧が描け、この上にもA地点はあることになります。二次元だと、二つの弧が交わる点は一つしかないはずなので、これでA地点の位置が特定できることになります。しかし、我々が住んでいる世界は三次元なので、さらに三つ目の衛星との間で同じようなことをやります。こうして描かれる三つの弧が交わった点がA地点だということになります。

このように原理的には非常にシンプルです。ただ、これは理論上の話です。正確に位置を特定するためには、少なくとも二つの条件が満たされている必要があります。一つ目は、衛星の位置が正確に決まっていることです。二つ目は、衛星と同期している正確な時計を持っていることです。特にこの時計の問題は、必要な衛星の数にかかわってきます。

衛星は非常に精密な原子時計を持っているのですが、A地点で持っている時計は、皆さんのカーナビやスマートフォンであって、原子時計ではありません。ではどうするかというと、実は時間も変数

図表4　各国の測位衛星システム

アメリカ：GPS 1978年〜	円軌道（高度20,000 km） 6軌道面×4機	運用中31機 全体で39機の予定
ロシア：GLONASS 1982年〜	円軌道（高度19,100 km） 3軌道面×8機	運用中24機 全体で29機予定
中国：Beidou（北斗） 2000年〜	静止軌道，傾斜同期軌道， 円軌道	運用中14機 全体で35機の予定
ヨーロッパ：Galileo 2005年〜	円軌道（23,200 km） 3軌道面×10機	運用中4機（試験用） 全体で30機の予定
インド：IRNSS 2013年〜	静止軌道3機 傾斜同期軌道4機	運用中1機 全体で7機の予定
日本：準天頂衛星 2010年〜	静止軌道 傾斜同期軌道（準天頂軌道）	運用中1機 2018年から4機 全体で7機を計画

にして、X、Y、ZとTの四変数が交わるところを解く計算を行います。そのために、本当は三つではなくて四つ以上の衛星が必要なのです。ふだん皆さんがカーナビを使うときにも、自分の上に四つ以上のGPSあるいは準天頂衛星があって初めて、自分の位置を正確に把握することが可能になるのです。

(2)　各国の測位衛星システム

各国の測位衛星システムの一覧が、図表4にあります。この中で一番有名なのは、アメリカのGPSだと思いますが、実は他の国でも、GDPの規模が大きいような国では、それぞれ自分たちのシステムを持とうという流れになっています。

ロシアのシステムは、GLONASSと言いますが、一九八二年から開発が始まりました。中国は、今、非常に大きなパワーを持ち始めていますが、二〇〇〇年からBeidouというシステムを開発しています。ヨーロッパでは、Galileoというシステムを二〇〇五年から始めています。インドの

図表５　準天頂衛星の特徴（高仰角の意義）

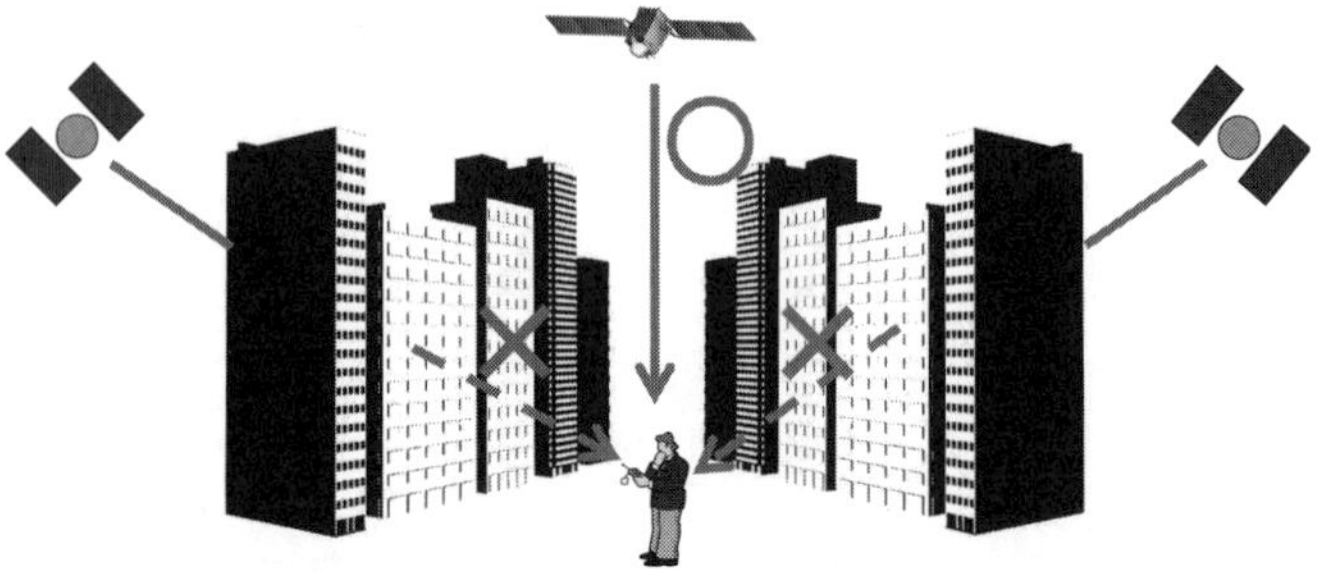

・山間部や都市部では、ビルや山によって衛星が遮蔽されてしまう。
　→測位に必要な衛星からの電波を受信できない。
・高仰角（「準」天頂）に衛星があることによって、必ず受信ができる状態にできる。

IRNSSというのは、比較的に小規模な計画です。最後に、日本ですが、二〇一〇年に準天頂衛星の計画が決まり、二〇一二年から具体的な事業として始まっています。

このように、主要国はみな独自の測位衛星システムを持とうとしていますが、それはなぜでしょうか。「すでにGPSがあり、それは全世界で使えるのだから、機能的にはそれでいいのではないか」という議論は、実はその通りです。にもかかわらず自前のシステムを持とうとしているのは、やはり安全保障の問題があるからです。何らかの理由でGPSが止まるようなことになった場合、どうするのかということです。そのこともあって、各国とも独自のシステム整備を始めているのです。

(3)　準天頂衛星が解決しようとしている課題

次に、なぜ準天頂衛星が有効なのかについて、簡単にご説明します。

電波には、光と同じように直進性があります。携帯電話の場合には、地上の中継アンテナから直進してきた電波だけでなく、いろいろなところで反射してきた電波が入ってきても問題ないように工夫されています。しかし、測位衛星の場合、電波が真っすぐに入ってきてくれないと、正確な時間と距離が測れません。ビルや山があったりすると、電波の直進性が邪魔されて距離が測れなくなります。反射してくる電波もありますが、これは単なるノイズに過ぎません。

ＧＰＳの高度は比較的低いので、もしＧＰＳしかないと図表５のように影に入ってしまう衛星がいっぱい出てきてしまいます。それがＧＰＳしかない場合の欠点です。それに対して、衛星が真上にあれば、そのような問題は起きなくなります。図表５のように、もし真上（高仰角）に衛星があれば、反射波の影響や、ビルや山の影になってしまうという影響がなくなります。そこで、そういう特性を持った衛星を日本独自の測位衛星として打ち上げようということになり、始まったのが準天頂衛星なのです。

また先ほど、四つ以上の衛星が測位には必要であることを説明しましたが、その衛星の散らばり方としては、空を見上げたときに万遍なく衛星があるのが望ましく、もし真上に一個あれば、万遍なくちらばった状態に近くなります。その意味でも準天頂衛星が有効かつ必要であると考えています。

(4)　準天頂衛星システムの事業

そういった背景の下で、我が国の準天頂衛星システム事業というのが始まりました。

細かいことは図表６に書いてある通りで、下のほうにスケジュールが示されていますが、実際に事業として始まったのは平成二四（二〇一二）年度からです。この年に私どもは国から仕事を受注しま

図表6　準天頂衛星システムの事業計画

	準天頂衛星システムの運用等事業（PFI事業）	準天頂衛星システムの衛星開発等事業（国直轄事業）
期間	平成24年度から20年間	平成24年度から5年間
事業概要	①総合システムの設計・検証業務 ②地上システムの整備および維持・管理等業務 ③総合システムの運用等業務の実施 ④利用拡大・推進	準天頂衛星システム3機（準天頂軌道衛星：2機、静止軌道衛星：1機、シミュレータ等）の開発および整備（打上げは別） みちびき＋本件3機の4機体制で運用を開始予定

年度	H24	H25	H26	H27	H28	H29	H30	H31	H32～H44
概要	契約（3月）△	設計・製造				衛星打ち上げ、システム検証など（予定）	運用		

した。それにしたがって、平成二八（二〇一六）年度末までに衛星を製造し、平成二九（二〇一七）年度にはそれを打ち上げて検証をすることになっています。実際に運用を始めるのは、平成三〇（二〇一八）年度からです。

今は皆さんも、GPSを使っていてそれほど不便を感じていない方の方が多いと思いますが、ビルや山の影になってしまうことの問題もあり、産業界にはもっと精度を高くしたいという要望があります。二〇一八年度以降はこれが運用されますので、そういう問題も解消されることになるはずです。

ところで、準天頂衛星の初号機は、試験用、実験用として、すでに二〇一〇年度に打ち上がっています。今は、この初号機を使って試験をやっているところです。今後は、二〇一六年度の終わりぐらいから二〇一七年度にかけて二号機、三号機、四号機を打ち上げ、四機全部がそろった二〇一八年度から、本格的に運用されることになるというのが計画です。

(5)　準天頂衛星の軌道

準天頂衛星の軌道は図表7のようになります。軌道というのは衛

図表7　準天頂衛星の軌道

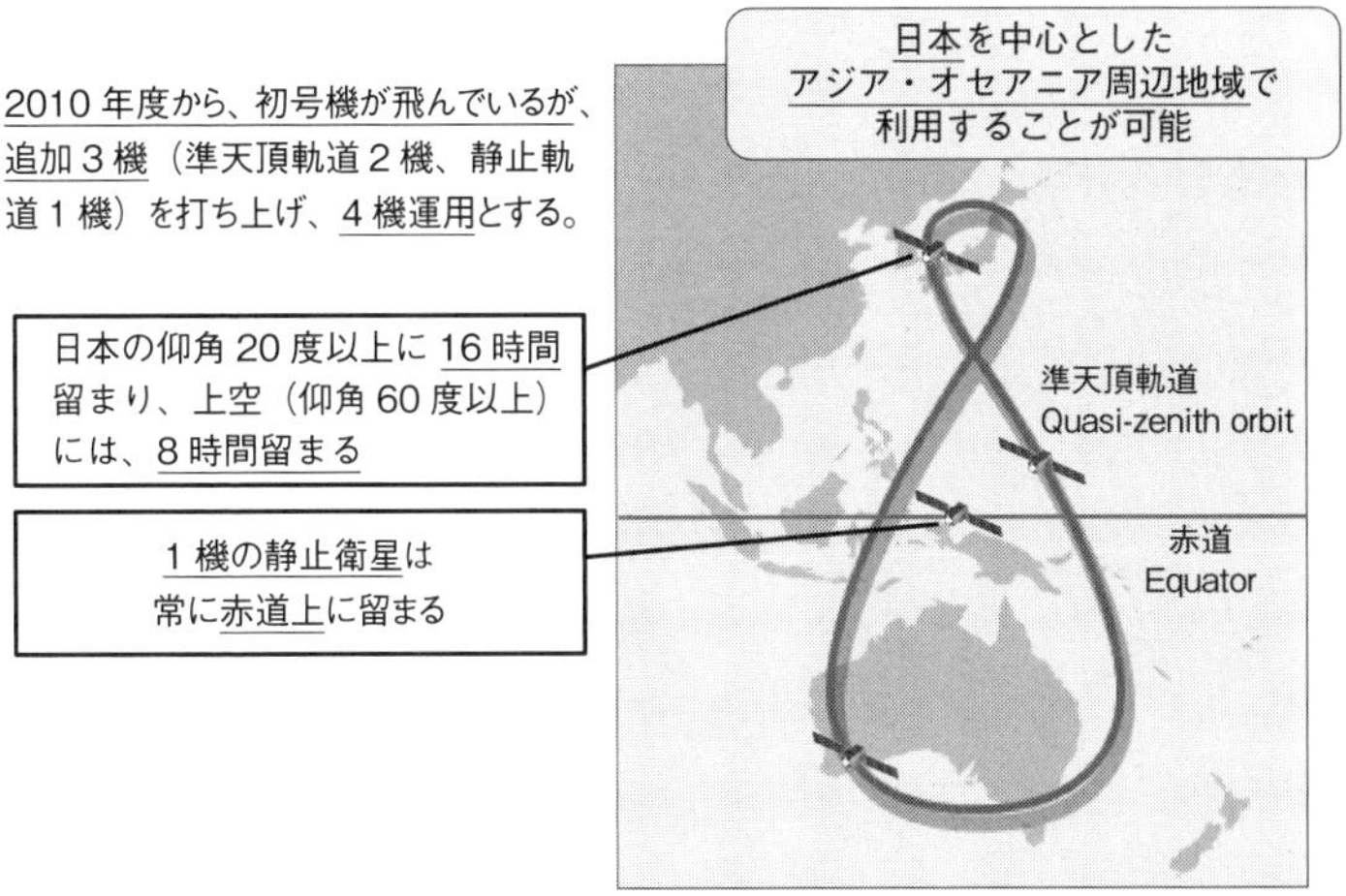
日本を中心とした
アジア・オセアニア周辺地域で
利用することが可能
2010年度から、初号機が飛んでいるが、
追加3機（準天頂軌道2機、静止軌道1機）を打ち上げ、4機運用とする。
日本の仰角20度以上に16時間
留まり、上空（仰角60度以上）
には、8時間留まる
1機の静止衛星は
常に赤道上に留まる
準天頂軌道
Quasi-zenith orbit
赤道
Equator

星が通る道で、本当は三次元ですが、ここでは、それを二次元で表現しています。そうすると、このような8の字を書く軌道になります。衛星は、この8の字を、二四時間かけて一周します。現在はこの軌道上に、一機だけが飛んでいます。

ところで、日本で衛星を使うときには衛星が見えていないと使えません。使えるのは自分の上にあるときだけです。二四時間かけて一周するわけですが、時間的には、大体赤道のところで半分だと思ってください。一二時間、一二時間がこの赤道のところで一二時間ずつに分かれています。ということは、一二時間ぐらいは日本の位置する北半球側にあるが、残りの一二時間ぐらいは地球のちょうど反対側、オーストラリアの位置する南半球にあるということになります。一日に一二時間しか見えないのでは使い物になりません。夜使いたいときには、どうするかということになります。そのためにこそ、追加であと三機打ち上げる必要があるのです。三機以上あれ

図表８　利用可能性向上のイメージ

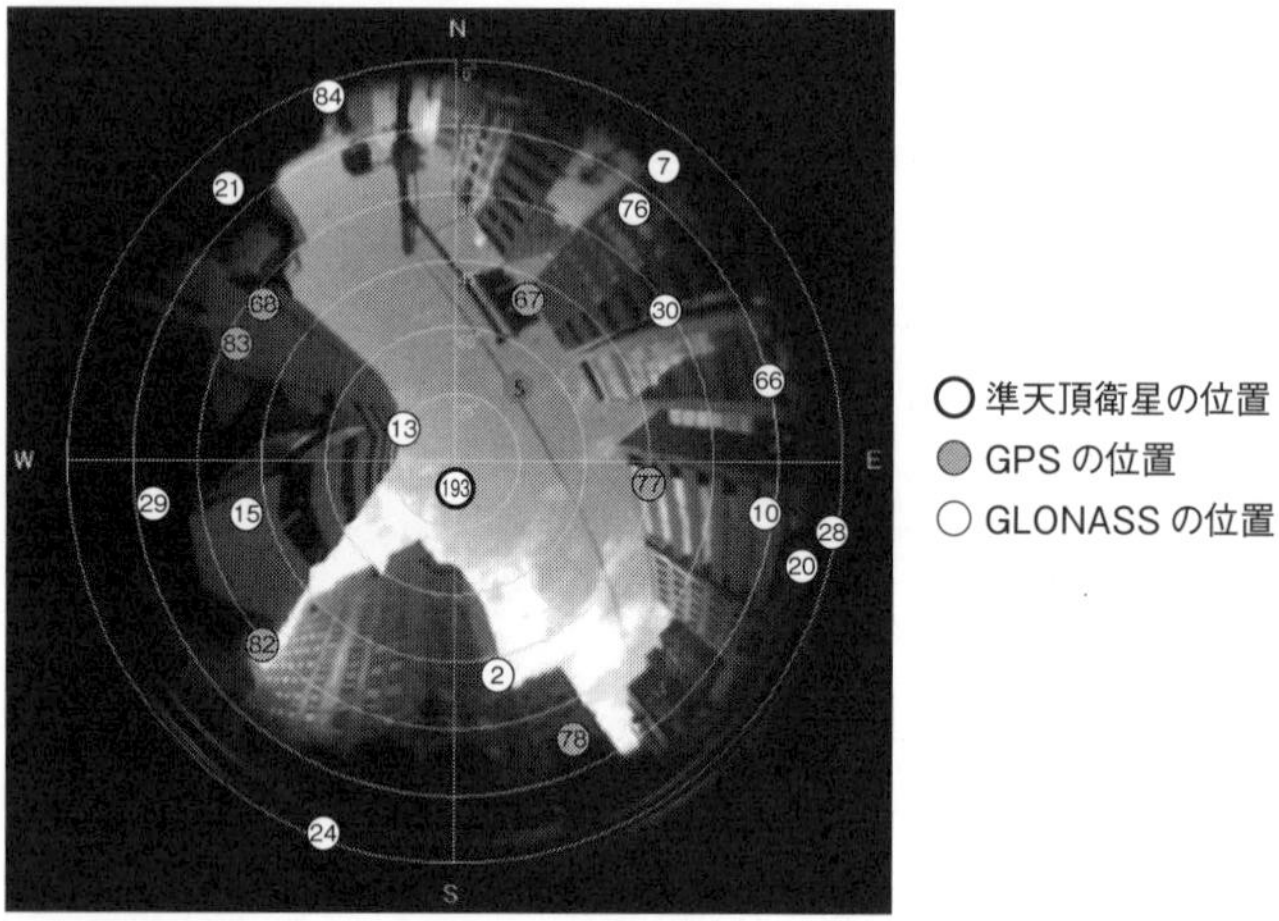

ば、交代で自分の真上に回ってきますので、二四時間連続で使えるようになるわけです。

なお、そのことは逆に言うと、準天頂衛星が日本で使えないときには、それをオーストラリアで使えることを意味します。これから皆さんは、留学などで海外に出て行かれると思いますが、皆さんには、オーストラリアのように準天頂衛星が使える海外に行っていただいて、日本の技術あるいは日本のよさをどんどん宣伝していただきたいと思います。

(6)　準天頂衛星システムの効果

今はまだ一機による実験段階ですが、それによって確認されている効果についてご紹介したいと思います。先ほど、GPSだけでは十分ではないところがたくさんあるというお話をしましたが、準天頂衛星のおかげでこれが改善されています。

準天頂衛星は、略称でQZSS（Quasi-Zenith Satellite System）と言います。図表８の写真は、

ＧＰＳに追加される形で準天頂衛星が打ち上がったとき、何が改善されるかを見たものです。銀座や新橋のような都会では、周りがほとんどビル群なので、上を見上げると、写真のように空がわずかしか見えません。空が見えないということは、イコール衛星も見えないということです。こういう状況では、ＧＰＳがきちんと見える率というのは四〇％ぐらいしかありません。カーナビならば、慣性センサーなどを使って、衛星に頼らなくても自分の位置がわかる技術がありますので、利用者はあまり不快感がないかもしれませんが、実は四〇％ぐらいしか衛星を使った測位ができないのです。

これが準天頂衛星を打ち上げることによってどのくらい改善されたかというと、四〇％が七〇％ぐらいにまで上がるという結果も出ています。

また、準天頂衛星が加わることによって、測位の精度が上がります。ＧＰＳの場合、一体どのくらいの精度なのかご存じでしょうか。一般的には一〇メートルぐらいの誤差を持っていると言われています。もちろん、状況によって精度は変化するので、一〇メートルよりずっと精度よく測定できる場合もありますが、とにかく、ＧＰＳだけの場合に比べて準天頂衛星が改善効果を持つことは、いろいろな実験で確かめられています。

ある実験結果によると、ＧＰＳだけだと水平方向に誤差が一・五メートルぐらいあったものが、準天頂衛星を使うと〇・五メートルぐらいにまで精度が向上したのです。また、高さ方向にはＧＰＳだけだと四メートルぐらいの誤差があったのが、同じく準天頂衛星を使うと五〇センチぐらいになったという結果が出ています。

高さ方向の精度が上がるということは、高齢化社会にとっては重要な意味を持っているように思わ

図表９　提供サービス

分類	サービス名称	概要
測位関連	衛星測位サービス (GPSと同じサービス)	GPS衛星と互換性のある測位信号をユーザに提供するサービス。
	センチメートル級測位補強サービス	10 cm(95%)程度[注]の高精度な測位をユーザに提供するサービス。
	サブメートル級測位補強サービス	1〜3 m(95%)程度[注]の測位精度をユーザに提供するサービス。
	測位技術実証サービス	新たな高精度測位技術を実用化に向けて実証するためのサービス。
メッセージ関連	災害・危機管理通報サービス	防災・救難分野での利用ユーザ向けメッセージ配信サービス。
	衛星安否確認サービス (Q-ANPI)	衛星を通じた安否確認通信サービス。

注：マルチパスや電離層の活動の影響により、精度は異なる。

れます。車椅子だと段差がある道は通れません。もし高さ方向の精度を、センチメートル単位まで上げることができれば、それによってどういうところにどの程度の段差の道路があるかがわかり、車椅子になるべく平坦な道を選ばせるようなこともできるようになります。このように、測位の精度を上げるという効果も準天頂衛星は持っているのです。

(7)　提供サービス

今も言いましたように、準天頂衛星を使うといろいろなことができます。どのようなサービスを提供したいと思っているかをまとめたのが図表9です。衛星測位サービスのように、GPSと同じものもありますが、準天頂衛星でないと提供できないサービスもあります。

準天頂衛星でないと提供できないサービスとして、センチメートル級測位補強サービスというものがあります。これが今も触れた、センチメートル級まで精度を上げられるというサービスです。そこまでの精度は

図表10　センチメートル級測位補強サービス

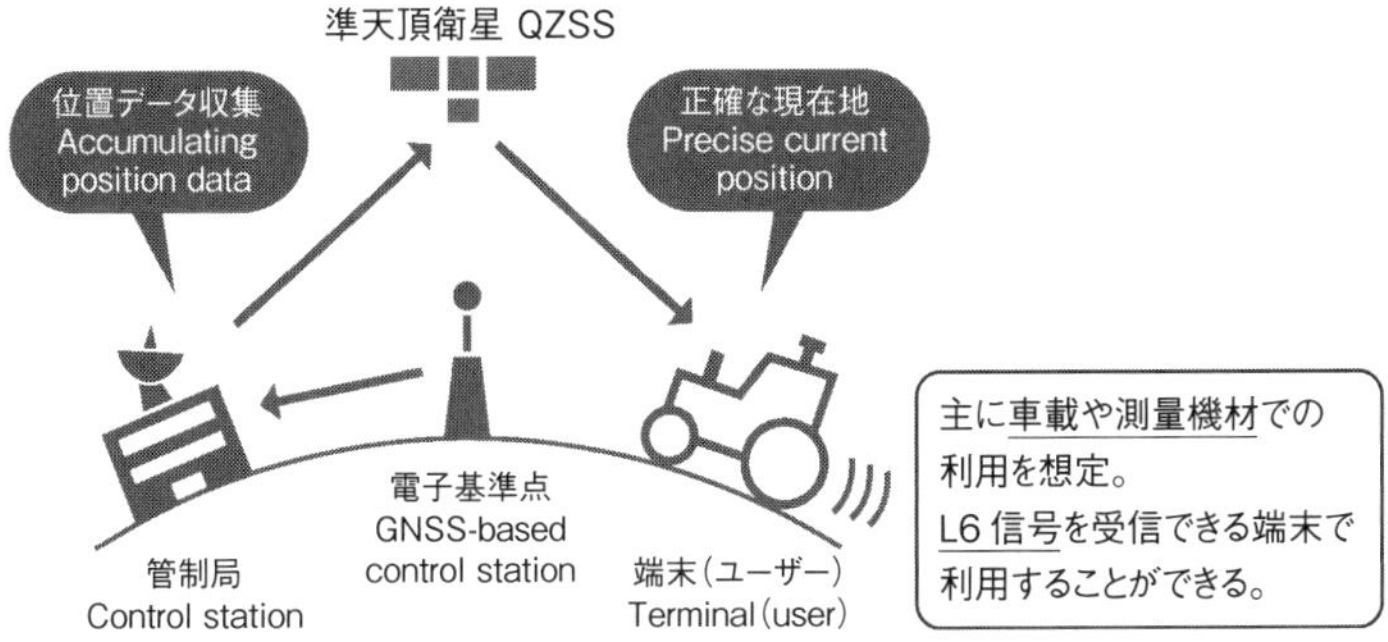

必要ないという方には、ワンランク下げて、メートル級の精度で測れるサブメートル級測位補強サービスというのがあります。このほか、災害・危機管理通報サービスや衛星安否情報サービスも、準天頂衛星でないと提供できないサービスです。以下、これらの一部について、ご紹介しましょう。

①センチメートル級測位補強サービス

非常に高精度に、センチメートルのレベルで測位したいという方には、図表10のような、センチメートル級測位補強サービスがあります。

これは、電子基準点という地上のシステムを設置しておき、その電子基準点から信号をうまく使って測位しようというものです。衛星と電子基準点をセットにすると、センチメートル級ぐらいまでの精度が出るのです。

このサービスの難点は、地上に電子基準点を設置する必要があるということですが、日本というのはよい国で、すでに一四〇〇点ぐらいがもう整備されています。日本ではこのサービスが確実に使えるのです。これによってセンチメートルレベルでの位置決

図表11　災害・危機管理通報サービス

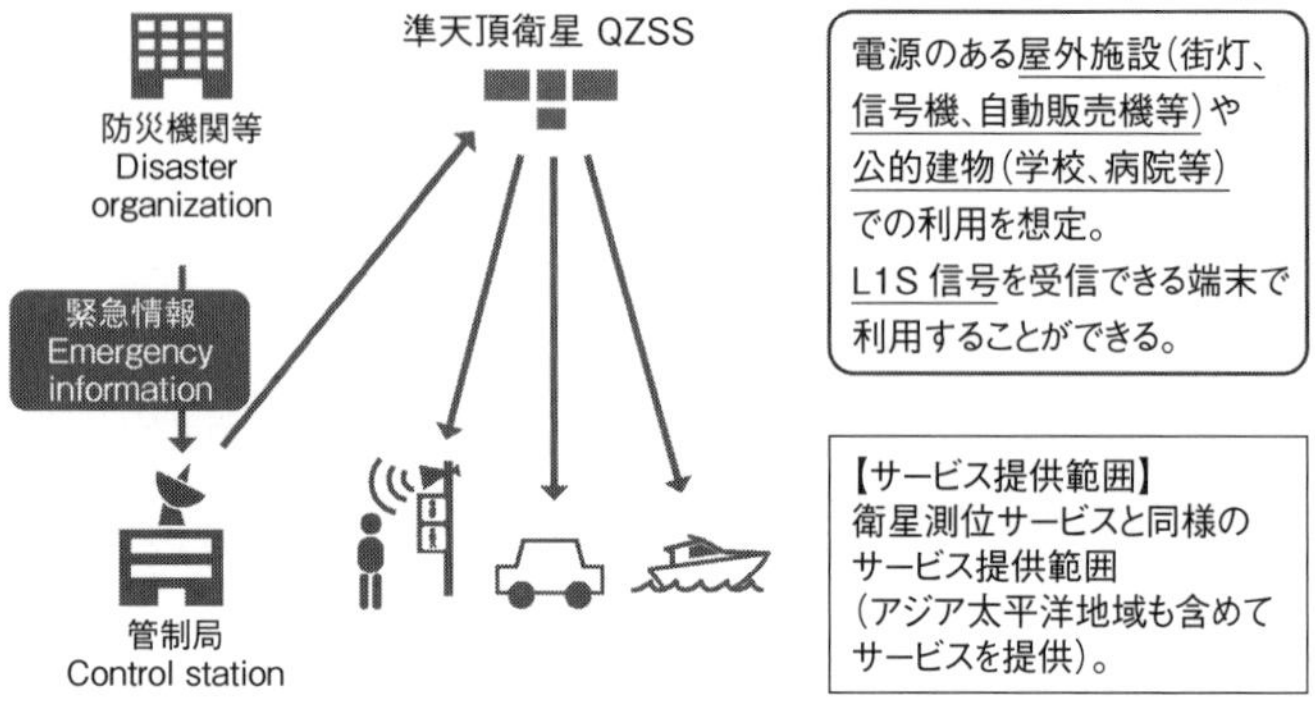
準天頂衛星 QZSS
防災機関等
Disaster
organization
緊急情報
Emergency
information
管制局
Control station
電源のある屋外施設（街灯、
信号機、自動販売機等）や
公的建物（学校、病院等）
での利用を想定。
L1S信号を受信できる端末で
利用することができる。
【サービス提供範囲】
衛星測位サービスと同様の
サービス提供範囲
（アジア太平洋地域も含めて
サービスを提供）。

定ができることになります。センチメートルまでの精度が出ると、自動運転支援やＩＴ農業（農作業の自動化）など、いろいろな場面での自動化にも衛星が使えるようになると期待されています。

②　災害・危機管理通報サービス

災害・危機管理通報サービスというのは、災害が起こったとき、皆さんに災害を知らせる警報を出すサービスです。実は、このようなサービスは、携帯電話キャリアのサービスでもあります。地震警報がたまに携帯に入ってきますが、あれがそうです。

では、なぜ新しいサービスを提供しようとしているのか、要らないではないかと思われるかもしれません。しかし、実は二〇一一年三月一一日の大震災のときに実際に起きたことですが、あのような大地震だとか津波があると、そもそも携帯電話会社が設置している地上アンテナがダメージを受けてしまうことがあるのです。もし地上のインフラがなくなってしまうと、当然ながら携帯電話は使えなくなってしまいます。これに対して、準天頂衛星であれば、衛星は宇宙空間にあるため、大地震や津波の影響を受けなくてすむので、メッセージが流せるのです。

災害・危機通報サービスは、図表11のようなものです。防災機関等というのは、たとえば気象庁が挙げられます。ここが発信する地震速報や津波速報の信号を、電波を中継する管理局を経由して準天頂衛星に伝えます。そうすると今度は、準天頂衛星が、その情報を地上の皆さんの端末に通報するというものです。

この信号は、先ほどの8の字で説明した準天頂衛星の軌道の範囲であれば、どこでも受けることができます。ですから、たとえば日本で津波に関する速報を流すと、東南アジアやオーストラリアでも受けることができます。また逆に、オーストラリアの災害・危機管理庁から、その信号を日本の管制局を経由して通報することも技術的に可能です。このようにこのサービスは、アジア太平洋地域で起こった災害を、その地域にいる方に連絡するツールとして、いろいろな使い道があるのではないかと考えています。

三　衛星測位システムの市場と準天頂衛星システムの利用分野

次に、衛星測位システムの市場と利用分野についてお話をしたいと思います。

図表 12　衛星測位に関連した機器の台数

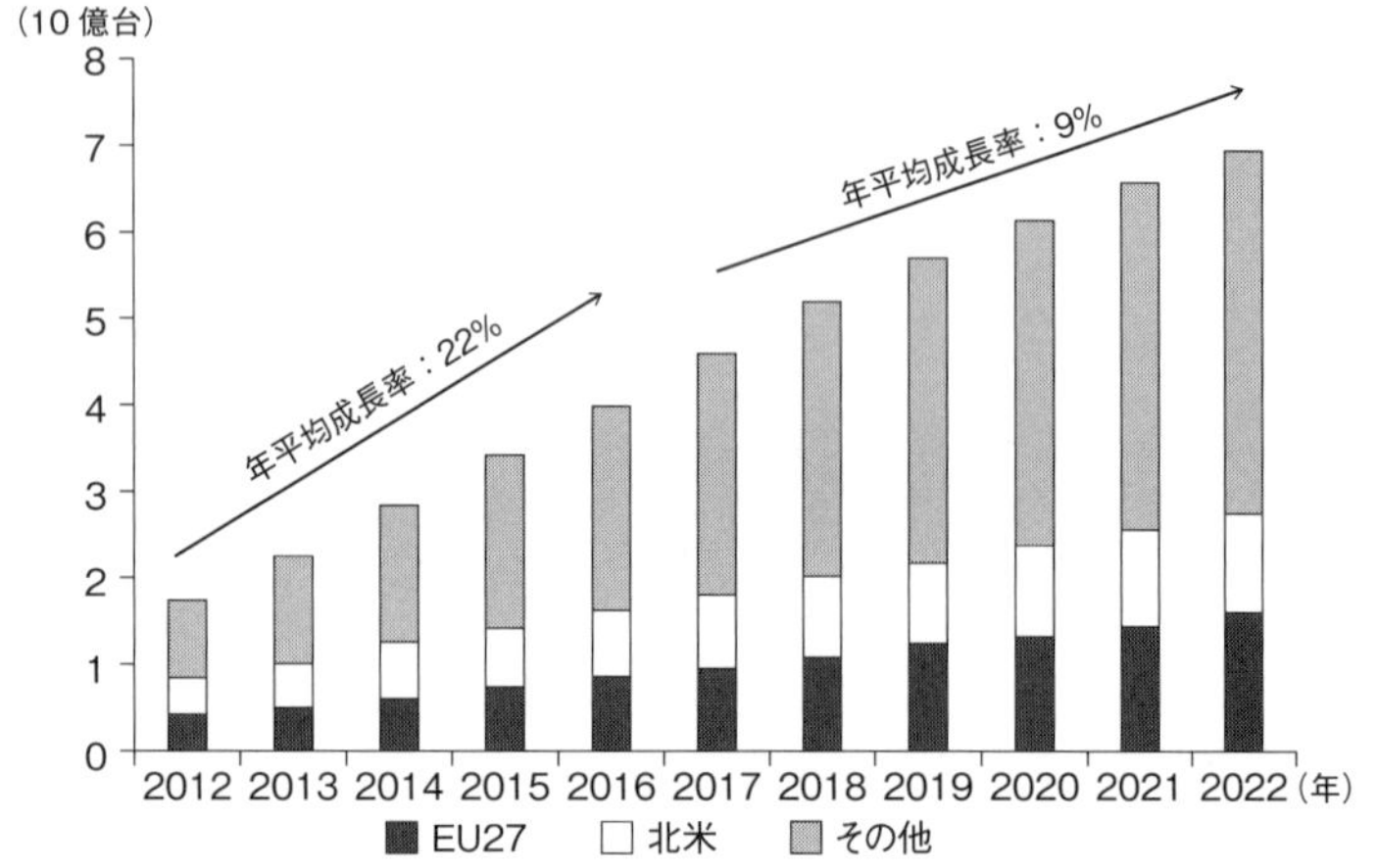

出所：GNSS MARKET REPORT- issue3, European Global Navigation Satellite Systems Agency.

図表 13　衛星測位システムの市場規模

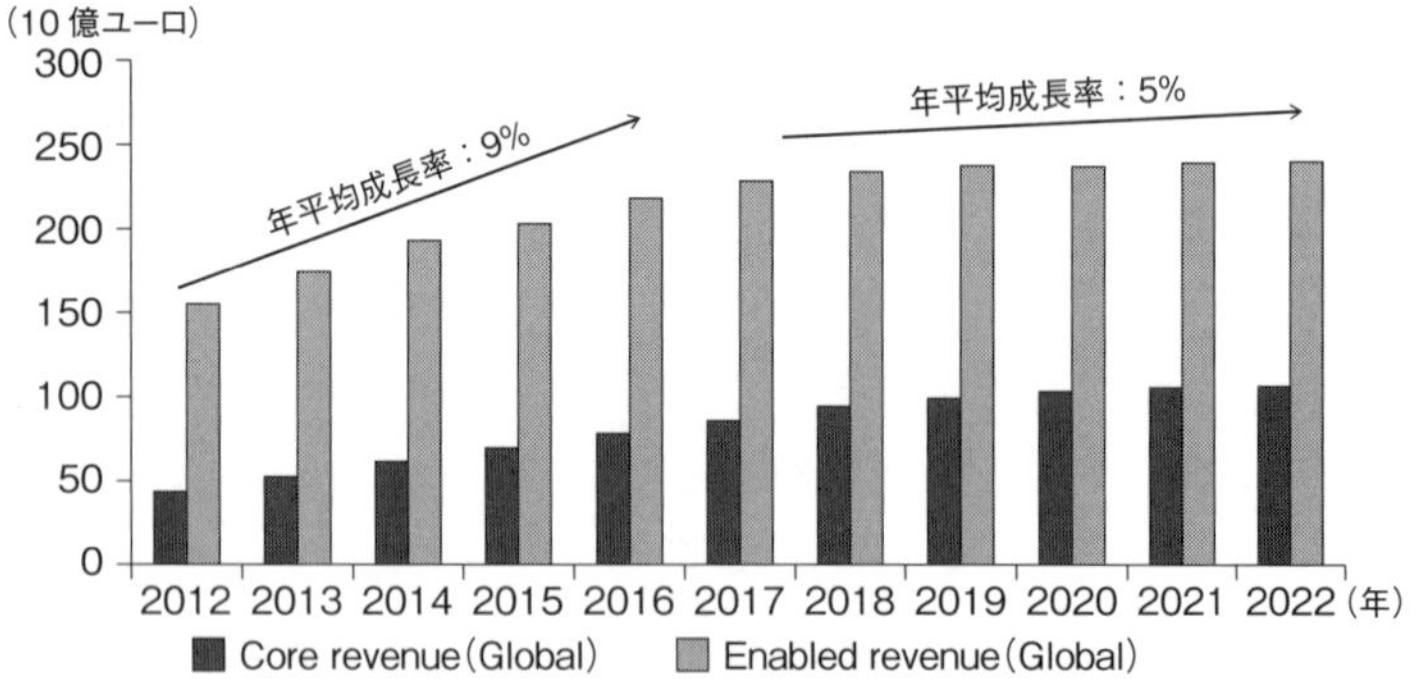

注：Core revenue：衛星測位専用部分の市場（例：携帯電話に含まれる GPS 受信 chip や GPS アプリの価格）

　　Enabled revenue：衛星測位に関連したすべての市場（例:GPS機能を持つ携帯電話全体の価格）

出所：GNSS MARKET REPORT- issue3, European Global Navigation Satellite Systems Agency.

(1) 衛星測位システムの市場

最初に市場のお話をさせていただきます。準天頂衛星に関連した測位関連の機器がどのぐらい世界にあって、これからどうなりそうかというのを分析したものが、図表12です。

衛星測位に関する機器の台数は、今は三〇億台程度ですが、二〇二〇年には六〇億台になるという予測になっています。また、台数の伸び率は、足元では二〇%ぐらいの高い伸び率ですが、二〇一七年以降でもまだ一〇%近い伸び率で伸びるものと見込まれています。

棒グラフは地域別の動きを表しています。北米とヨーロッパを除いた市場で一番有望なのはどこかというと、やはりアジアです。今でもそうですが、今後も、こういった機器の台数はアジアで一番増えるものと考えられます。

金額でどうなるかは、図表13に示されています。これを見ると、今は二〇〇〇億ユーロ程度ですが、二〇二〇年代には約二五〇〇億ユーロの市場になると予測されています。伸び率で見ても、一七年以降は少し緩やかになりますが、それでも、それまでの一〇%近い伸びが五%ぐらいの伸びになる程度で、まだまだ伸びていくと見込まれています。

この図表13にある棒グラフのうち、濃い灰色の部分は衛星測位専用部分の市場を表し、薄い灰色の部分は衛星測位に関連したすべての市場を表しています。たとえば、GPS機能を持つ携帯電話全体が薄い灰色の方には入っており、濃い方は、携帯電話の中のGPS受信機能だけを抜き出しているというものです。GPSや準天頂衛星など測位衛星の専用部分の市場が、衛星測位関連の市場の半分近

図表14　衛星測位システムの市場分野

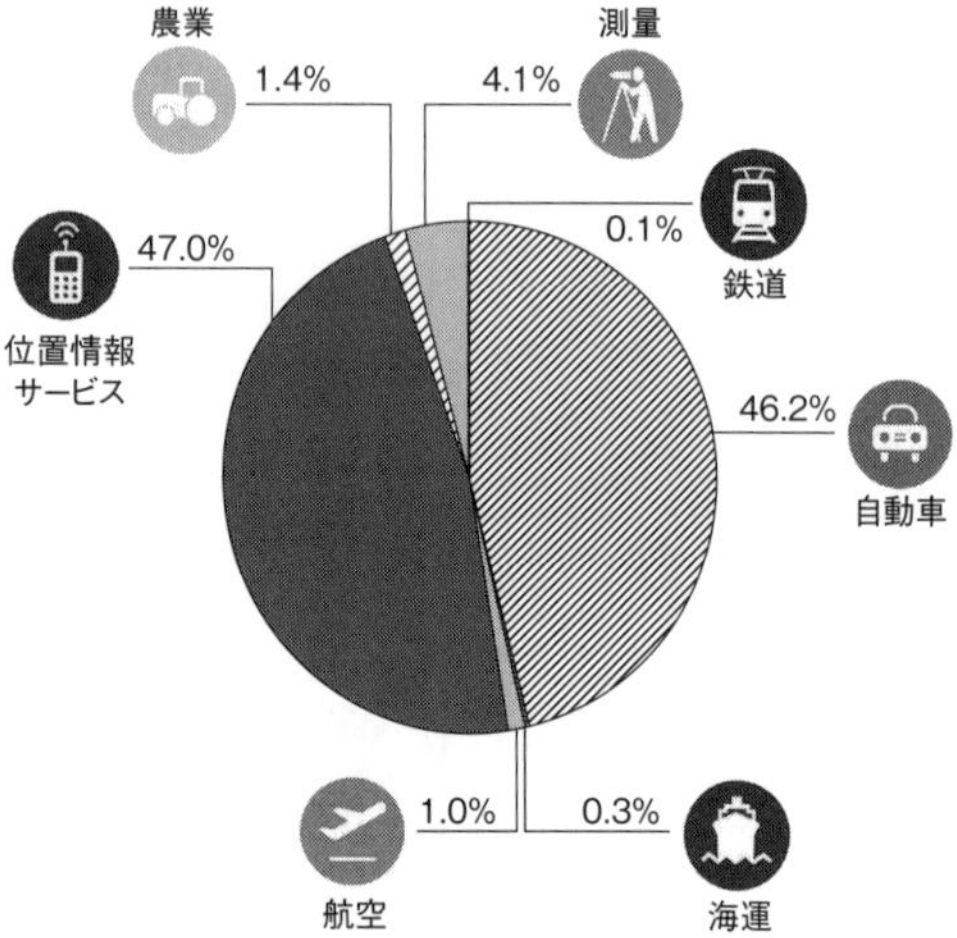

出所：GNSS MARKET REPORT- issue3, European Global Navigation Satellite Systems Agency.

くにまで拡大するという見方がされているわけです。

図表14は、衛星測位システムがどのような分野に使われているかを示しています。円グラフのうち、斜線になっているところが自動車・交通の関係です。灰色のところは、位置情報サービスの関係です。位置情報サービスとは、英語ではLocation-based servicesと言われ、個人や団体向け位置情報サービスのことです。皆さんの携帯電話に入って居るアプリもその1つです。この両者で全体の九〇％以上を占めます。このことから、準天頂衛星が提供する測位システムが今後伸びていくためには、こうした自動車・交通や位置情報サービスのニーズにマッチしていく必要があるということが推測されます。

(2)　期待される利用場面

今後、準天頂衛星がどのように使われることを期待しているのかについて、いくつか例を挙げてご紹介します。

まず測位関連サービスについては、一例として、古紙回収に関連したサービスにも使えるといった話があります。

古紙は非常に貴重な資源です。特に日本の古紙は選別もきちんとされているし、紙の質も非常にいいということで、良質な古紙のようです。しかし、それゆえ、自治体が回収する古紙を、指定以外の業者が集積場から勝手に持ち去ることが問題になっているそうです。そこで、古紙回収業者から、「持ち去られた古紙が一体どこに行ったのか追えませんか」というご相談をいただきました。

簡単なのは、トラックの上に受信機を乗せておいて、追いかけていくことです。これだと、そのまま受信機ごとどこかの船に乗せられてしまったら終わりになってしまいますが、それだけでも非常にありがたいそうです。トラックの経路はちゃんとモニターできていると言えるだけでも、抑止力になるということです。

このように、私たちのあまり気がつかなかったようなところにも、いろいろな使い道があるようです。

サブメートル級測位補強サービスについては、一般的には、物流業界をはじめとした交通分野などで使い道があるのではないかと考えています。その点を具体的に探るため、いろいろな人からヒアリングをしたのですが、それによると、サービスを使うに当たっては、どのぐらいの精度まで出せるのかということが大事だということでした。

測位精度が五〇センチメートルぐらいだと、バス、トラック、乗用車などの運転のアシストをすることも考えられます。また、一メートルぐらいでも、ＩＴ農業に使える可能性があるそうです。さらに精度が下がったとしても、五メートルぐらいであれば、防犯や安全の分野、あるいは子どもや高齢者の見守りに使えるかもしれません。

今、徘徊する老人が問題になっていますが、その方に受信機を身につけていただけると、追跡ができます。実は準天頂衛星システム用の受信機は六五グラムしかありませんので、皆さんの携帯電話より小さいくらいです。それを持っていていただくと、その様子をご家族の方などがチェックできます。ときどきスパイ映画に、「ビーコン」とか「ロケーター」といったものが出てきますが、要するにそれと同じようなものです。姿が見えなくなっても、その人がどこにいるかは、これを持っていてさえいただければ、すぐわかります。

このように、サブメートル級測位補強サービスは、いろいろな使い方ができるのではないかと期待しております。

センチメートル級測位補強サービスは、一番精度が高いサービスですが、これが最も効果的に使えるのは、測量、情報化施工、ＩＴ農業の世界だと考えています。

たとえば今、地図をつくろうとすると、いちいち照準器などを使いながら測量をしなければならず、それを日本全国でやろうとすると、手間も時間も非常にかかることになります。しかし、準天頂衛星を使ってセンチメートル級の精度で自動的に計測できるようになれば、地図の作成も非常に簡単になります。

またＩＴ農業の分野では、北海道大学の野口伸教授が進めている自動トラクターが有望です。人が乗っていない自動のトラクターです。これを使うと、無人でも畝を真っすぐに、センチメートルの精度でつくることができます。このような農機具は、日本の中でも北海道のように農地が広いところでは非常に役に立つのではないかと言われています。

自動トラクターの持つ意味は二つあります。一つは効率化です。無人なので、夜にこれを回しておけば、朝起きたときにはちゃんと畑ができているということになります。もう一つは、日本の農業には皆さんご承知の通り高齢化問題というのがあって、農業に従事する人がどんどんいなくなっています。そういうときに、無人の農機で農業ができるようになれば、それが一つの解決策になるのではないかということです。

野口教授の実験では、準天頂衛星を使うと大体三センチメートルぐらいの精度が出るという結果が得られています。

災害・危機通報システムについては、二〇一四年の九月一一日にみなとみらいで実験をしています。大震災が起きたとの想定で、準天頂衛星からの信号を受けながら逃げるという実験です。その際、衛星からは、「災害が起こった」という情報以外に、想定される津波の高さに応じて、どこに逃げるのがいいかという指示を出させました。そのために、その人の位置を確認し、逃げるべき場所の情報に基づいてどちらの方向に逃げるべきかを計算し、その結果をユーザーに送信するということをしました。

災害関係では、もう一つ、こんな使い方もあるという例をご紹介しましょう。災害が起きると災害地域の自動販売機を一斉に無料にして飲み物などを配付することをご存じでしょうか。二〇一一年三月一一日の大震災以後、こういった機能が注目されるようになってきました。

ただ、そうするのに、今までは、一台一台に指示を出して、自動販売機を無料にする設定が必要でした。もし、そういうときに、災害・危機管理通報システム用の受信機を内蔵していれば、この受信機を通じて災害が起きたという情報を受けることで、その自動販売機を自動的に無料開放モードにすることができます。

また、こういった自動販売機には上部に表示器を設け、「今、地震発生中」と表示させるようにすれば、自動販売機が防災上たいへん便利なシステムになります。皆さんは携帯電話を当たり前のように一人一台持っていると思いますが、仮にまだ持っていない方がいたとしても、自動販売機にこういう受信機をつけておけば、携帯電話に代わるツールとして利用することもできるわけです。

四　準天頂衛星システムの課題

最後に、準天頂衛星の課題を説明して終わりにしたいと思います。

まず技術についてです。準天頂衛星システムの技術面での課題にどのようなことがあるかというと、一つは、システムの特徴をもっと磨かなければいけないということです。すでに何回も触れているように、GPSはすでに存在しています。そして、皆さんも当たり前のように使っています。GPSの精度も、普通に使っている分には今のままでも十分だという方も多いでしょう。そのような現状の中で、準天頂衛星の特徴をどう差別化し、棲み分けていくのかというのが課題です。

技術面でのもう一つの課題は、ガラパゴス化から抜け出すということです。準天頂衛星システムは、今、非常にいいものができています。優秀なエンジニアたちがやっており、世界に誇れるものだと思っています。ただ、技術的にはガラパゴス化しているところもあります。要は、日本では使えるけれども、世界では使えないという技術が含まれているのです。たとえば、センチメートル級測位補強サービスです。日本の国土では、多分、あの精度はどこでも出ます。しかし、日本を一歩離れて海外に行くと、電子基準点がないために、あれは使えないという状況にある地域（海外）がたくさんありま す。そういったガラパゴス化というのが、技術的に解決していかなければいけない課題の一つだと思います。

制度・政策についての課題としては、超成熟社会でのシステムを確立するということがあります。私たちの準天頂衛星システムは、まさにそういう状況下で役立つシステムだと思っています。しかし、それをいかに世の中に広めていくかというのが非常に難しい問題なのです。

先ほど世界で使えないという話をしましたが、実は、８の字を説明したときにも述べたとおり、アジア・オセアニア地域ではこのシステムを、使おうと思えば使える環境にあります。そういう意味では、それぞれの国情・ニーズに合った利用開拓を進めればいいはずです。しかし、それがなかなかできません。

他方、中国は Beidou というシステムを進めていると言いましたが、中国は自国のシステムを各国に使ってもらおうと思い、非常に努力をしています。

そうした中で、日本は一体どうしたらいいのか。私みたいに、日本の技術力は高いと声高に言っているだけでは、技術は普及しません。私も最近は海外に行く機会を増やしているつもりですが、まだまだ足りないのが現状です。

おわりに

私たちは、準天頂衛星というのは非常にいいものだし、技術力も非常に高いと思っています。しかし、課題も大きいと言えるでしょう。この点に関連しては、『超成熟社会発展の経済学』（慶應義塾大学出版会、二〇一三年）を読んでいて、「これだな」と思った文章があります。「いかによい知識・技術があっても、それを社会が普及できるような仕組みがなければ、社会の進歩につながっていくわけではない」というところです。

準天頂衛星システムがいいものだとしても、それを社会に普及できるような仕組みがなければ、準天頂衛星を使った社会の進歩というのはありません。したがって、準天頂衛星にとっても、社会に普及させる仕組みを考えることは重要な課題であると思っています。しかし、これがなかなか難しいのです。

ただ、一つのきっかけになるかもしれないと思っているのは、二〇二〇年の東京オリンピック・パラリンピックです。これには我々も大いに期待しています。オリンピックの際には海外の方も大勢来日します。そういった方々に、たとえば、「水泳競技を見に行くには、今の場所からどのように行ったらいいのか」といった情報を提供するのに使えるかもしれませんし、観光案内にも使えるかもしれません。これを機会に使い道が広がることを期待しています。

皆さんにもぜひ、少しでも準天頂衛星システムに興味を持っていただければと思っています。

第七章　最先端植物工場「会津若松Ａｋｉｓａｉやさい工場」

野　牧　宏　治
（富士通ホーム＆オフィスサービス株式会社
先端農業事業部企画部長）

はじめに

本章では、半導体製造用のクリーンルームを植物工場に転用し、先進的な農業に取り組んでいる富士通グループの事例についてお話ししていきます。富士通グループで野菜づくりに取り組んでいると説明すると、「富士通が農業ですか？」といった感想をよくうかがいます。皆さんの中にも、それに近い感想を持たれた方がいらっしゃるのではないでしょうか。

本章では、私たちがなぜ農業を始めたのか、経験のない分野にどのように入り込んでいったのか、取り組みの特徴は何なのか、などといったことについて説明していきます。

まだ事業を開始して一年足らずですが、社会課題の解決に取り組む事業スキームが評価されて、二〇一四年一一月にはグッドデザイン賞もいただくことができました。

一　私たちが目指すもの

(1)　社会背景

最初に、社会背景についてお話をしたいと思います。

農商工連携を通じて、農業という第一次産業を大切にしながら地域産業を振興していくことの必要性は、もはや全国的に言われていることです。二〇一一年の東日本大震災と、それに続けて発生した原発事故の影響によって、とりわけ東北では産業の停滞や流出、農作物への風評被害など、厳しい状況が続いています。

一方で国内全般の傾向として、高水準のエネルギーコストや人件費は、国内の工場を海外に流出させてしまう現象を加速させていると言われています。私たちが中学生のころ、社会科の授業でこの現象のことを「空洞化」という表現で習いましたが、今、経済産業省では最近のこの流れを「根こそぎ空洞化」と呼んでいます。農業、商業、工業、それぞれの分野での努力だけではブレークスルーはおろか、存続すらできないという認識の中から、農商工が有機的に連携して新な価値を生み出し、地域産業の振興、ひいては国内全体の活性化を図っていこうということが言われるようになっているのです。一層の危機感が必要だとの状況の中で、国も政策の策定と展開に取り組んでいます。

図表1　植物工場が目指すもの

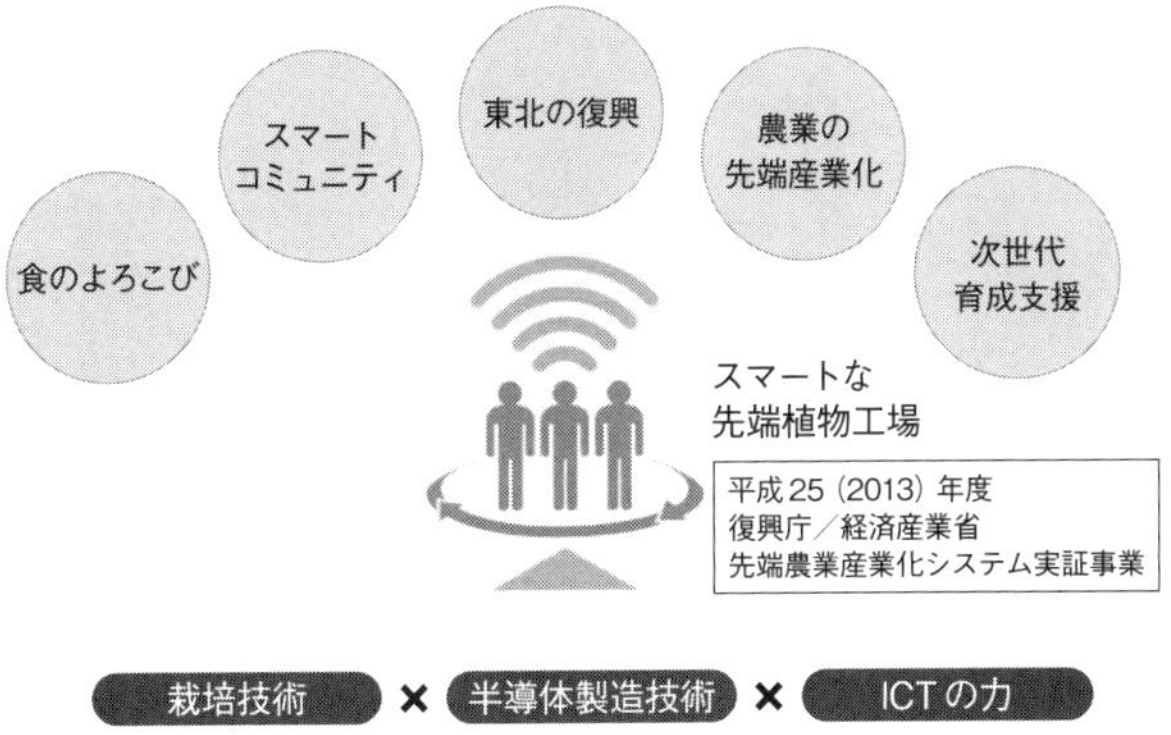

こうした中、平成二五（二〇一三）年度に復興庁と経済産業省は「先端農業産業化システム実証事業」という補助事業を企画しました。この事業は、国が、復興予算を使って、農業の先端産業化を図るとともに、東北の復興にも寄与するような事業を募集したものです。こうした補助金制度があるのならば、ちょうど富士通グループでも検討していたＩＣＴ農業の構想を事業化できるのではないかと考えて、提案書を作成して国へ提出しました。そうしたところ採択いただけたこともあり、この事業を始めることができました。

(2)　植物工場が目指すもの

富士通グループの植物工場事業で大事にしていることの一つに、「ものづくりの力」を吹き込んだ先端農業を創出するということがあります。そのポイントとなるのが、図表1にある「栽培技術」「半導体製造技術」「ＩＣＴの力」の三つです。

富士通グループは、野菜をつくった経験はなく、二〇一三年まで「栽培技術」の知識は全くありませんでしたので、パートナー探しは重要なことでした。また、「半導体製造技術」や「ＩＣＴの力」は、富士通グループがこれまでの事業分野で蓄積してきたものを活用することにしました。こうして、異なる分野のノウハウを組み合わせて、スマートな先端植物工場をつくることにしたわけです。

新しい事業をやるのであれば、社会的に価値の高い事業をやりたいと思い、最初にいろいろと夢を出し合いました。その中で、まずは東北の復興に貢献できるような新しい産業づくりということをイメージし、補助事業の目的そのものである「東北の復興」と「農業の先端産業化」を重要なテーマとしました。さらに、農業とは無縁だった私たちが野菜をつくるのだったら、私たちならではの野菜をつくりたいと考えました。そこで出てきたアイデアが、今まで生野菜を食べられなかった腎臓を患う方々にも生野菜を食べていただいて、「食のよろこび」に触れていただくことでした。そのほか、「スマートコミュニティ」の構成要素として、冬でもできるスマートな農業、「次世代育成支援」といったことにも波及する事業をやってみようと夢を膨らませました。

(3)　食のよろこびのご支援

今述べたうち、一番大事にしているのは、「食のよろこびのご支援」という部分です。

実は、生野菜を食べたくても食べられない方が結構たくさんいらっしゃるのです。腎臓の機能が弱ってしまった方たちです。国内で腎臓を患っている方というのは意外と多くいらっしゃいます。一定程度、病状が進行してしまった方々は自分で血液を十分に浄化することができないので、一週間に三回、人工透析施設に通い、血液の浄化処置を施しています。そういった方々が三〇万人もいらっしゃるのです。さらに、そこまではいかないものの、食事制限がかかっている方が一三三〇万人もいらっしゃいます。そのうち二〇〇万人ぐらいは、かなり食事に気を配って暮らさなければならない「保存期」と言われている方々です。

腎臓が弱ると、体への影響や生活への影響がいろいろあると言われています。体への影響としては、老廃物や余分な水分を除去する能力が落ちてくることです。また、ミネラルの量とかpHの調整というのも困難になると言われています。生活への影響としては、食べたいものが食べられなくなってしまうことです。中でも摂取してはいけないと言われているのが、たんぱく質、ナトリウム、カリウムです。

そのうち、このカリウムは、野菜、果物、豆、海藻などにたくさん含まれています。健康な私たちは、カリウムをたくさん摂ったほうが、活力が出ていいようです。またカリウムをたくさん摂ると、ナトリウム分が排出されやすくなるので、ダイエット効果もあると言われています。しかし、腎臓が弱ってしまった方は、カリウムを自分で排出する能力が弱ってしまっているので、野菜を生で食べることはできないのです。

(4)　低カリウムレタス

そこで、低カリウムのレタスをつくって、そういった方々に「食のよろこび」というものに再び触れていただけるよう、ご支援したいと思いました。図表2の写真は、私たちが作った「キレイヤサイ」というブランドの低カリウムレタスです。

図表2　キレイヤサイ

どのぐらい低カリウムかと言うと、一般的なリーフレタスですと、葉っぱ一〇〇グラムあたりカリウムが四九〇ミリグラム含有されていると言われています。これに対して、私たちの工場でつくったレタスは、一〇〇ミリグラム以下と、通常のレタスの約五分の一に抑えています。

出荷を始めたのは、二〇一四年の五月七日でした。二〇一三年の四月に野菜づくりを事業化しようと決めてから約一年で出荷にこぎつけたことになります。初出荷式でくす玉をあけたら、いきなり「世界をめざせ!!」と、ものすごく高い目標を掲げた垂れ幕が出てきたので、皆びっくりしました。誰かがちゃめっ気を出してやったのだと思いますが、そのぐらいの意気込みで、今は事業をやっています。

二　半導体工場から植物工場への転換

(1)　原産地

次に、半導体工場から植物工場へ転換した経緯についてお話ししたいと思います。工場の場所は、福島県の会津若松市です。福島第一原子力発電所から内陸にちょうど一〇〇キロメートルぐらい入ったところです。放射線の量は、震災直後から、農作物あるいは水源地の水などの放射線濃度も空気中の空間線量も問題となる値ではなかったのですが、会津地方の農作物も風評被害をたくさん被りました。福島というだけで受け入れてもらえない状態がずっと続いたのです。しかし、震災前は「うつくしま、ふくしま」と言われていたように、とても風光明媚で、歴史と自然景観に恵まれた日本の典型的な温かいふるさととして親しまれてきました。

(2)　会津若松と富士通

会津若松と富士通とのかかわりは大変長く、五〇年ぐらいの歴史があります。富士通がこの地に工場を初めて建てたのは、一九六七年でした。当時はまだ半導体チップとかＩＣといった呼び方は広まっておらず、固体回路などと言っていました。その量産拠点として生まれたのが富士通会津工場でした。当時、天皇陛下もご高覧くださいました。

図表３　半導体クリーンルームを植物工場へ

■開　設　　1984年
■敷地面積　約260,000 m^2

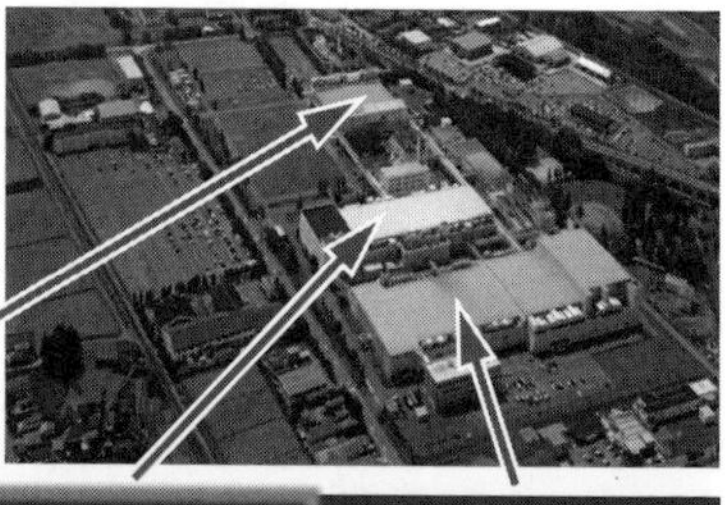

■各棟概要

建屋	1番館	2番館	3番館
会社名※	富士通セミコンダクター	富士通ホーム＆オフィスサービス	富士通セミコンダクターテクノロジ
用途	半導体生産ライン	野菜水耕栽培	半導体生産ライン
操業開始	1984年	2013年	1994年
CR※※面積	約10,400 m^2	約8,000 m^2のうち約2,000 m^2使用	約28,300 m^2
生産品目	C-MOSロジック アナログ 0.5〜1.2 μm 6インチφ	高付加価値野菜を中心とした葉物野菜など	Flashマイコン C-MOSロジック 0.18〜0.35 μm 8インチφ

※　本講義を実施した2014年12月時点、　※※　CR＝クリーンルーム

　一九八〇年代に入ると、この会津での初代の工場から五キロメートルぐらい離れたところに工業団地が整備されました。富士通ではその土地の一部を新たに購入して、一九八〇年代以降に三つの工場棟を建てました。「1番館」「2番館」「3番館」です。図表3の航空写真の中で、一番向こう側から正方形の形をした1番館、真ん中の白い屋根が2番館、そして最も手前が3番館です。だんだん大きくなっていますが、これは半導体業界の苦悩を表現しています。半導体チップは、ウェーハというシリコン製の薄い円盤の中にたくさんのチップをつくり込み、最後に縦横に分離させて小さな四角いチップとして完成させます。当時、電機総合

メーカーはどこも情報を記憶させるためのメモリーチップの開発、量産に鎬《しのぎ》を削っていました。各社とも、製造単価を下げるためにウェーハの大口径化を進めており、それに連れて製造装置も大型化し、大きな建物が次々に必要になりました。この写真は、その歴史を示しているのです。

しかし、二〇〇〇年以降、韓国や台湾、最近では中国もそうですが、人件費の安いところでも技術や人が育ち、量産できるようになってきました。それに併せて、日本の優位性がどんどんなくなってきました。日本人にしかできないような複雑な商品は商売になっても、記憶を中心とした比較的シンプルな商品だけでは、商売にならなくなってしまいました。そのために、各社のラインもだんだん統廃合されていきます。富士通でも、二〇〇九年にこの工場の2番館が操業を終了します。

その後この2番館は、三年間ほど使われずに空いたままになっていました。何とかこれを有効に活用できないものかと、経営層も私たちもずっと考えていました。会津若松市からも、「富士通さん、何とかがんばって、雇用の促進につながる事業を考えてくれませんか」という期待の声も強かったと聞いています。そこで、この野菜事業をやってみることになったのです。

(3)　半導体の製造プロセス

通常、半導体について勉強する人はそう多くはないと思いますので、チップになるまでのプロセスがどういうものか、ここで簡単に見ておきたいと思います。図表4を見てください。

最初に、外部から、シリコンでできた円盤状のウェーハと呼ばれるものを購入します。これに写真製版技術、熱処理技術などを活用して、微細な回路を焼きつけます。一枚のウェーハに回路を描き終

図表４　半導体のつくり方

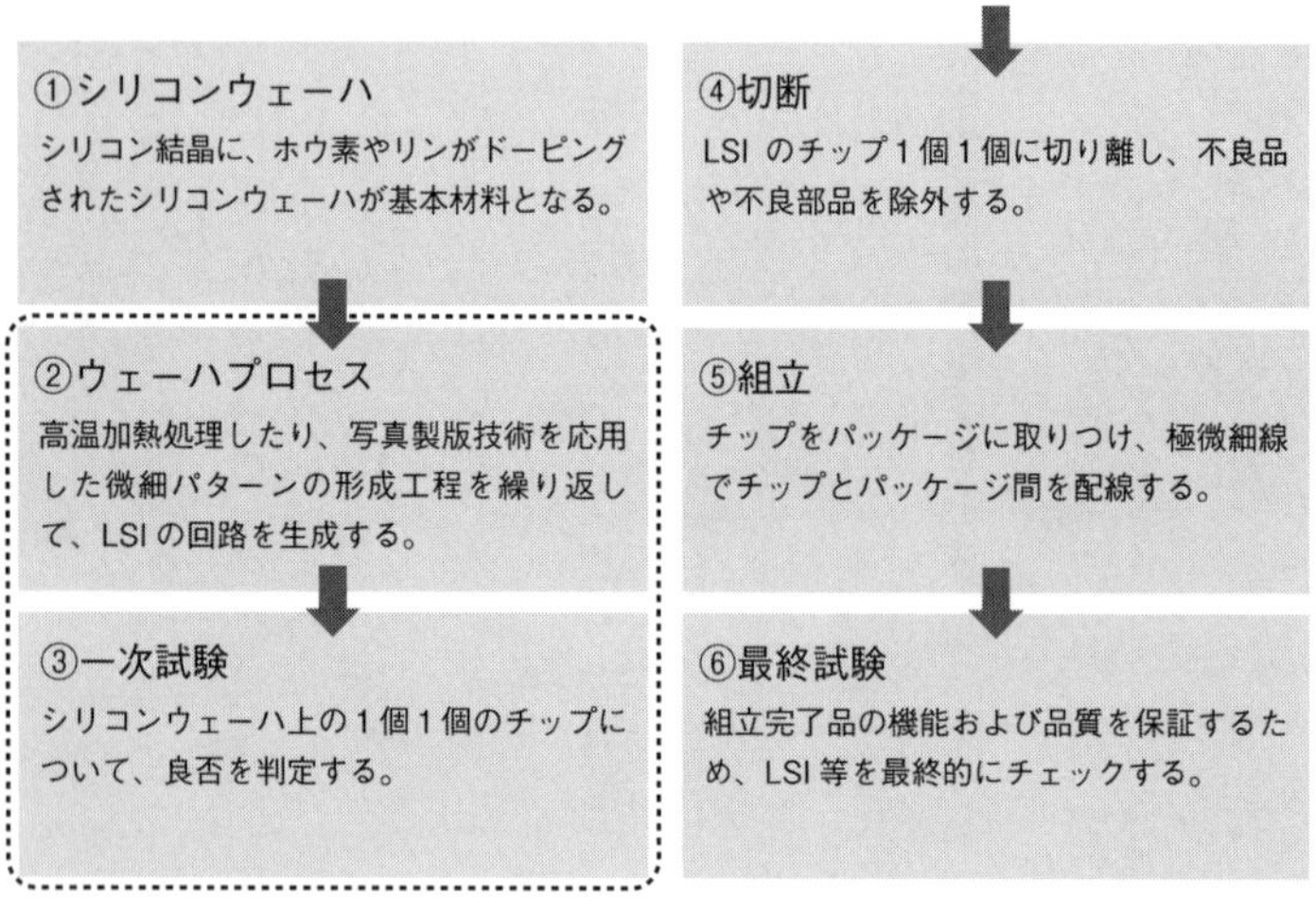
①シリコンウェーハ
シリコン結晶に、ホウ素やリンがドーピングされたシリコンウェーハが基本材料となる。
②ウェーハプロセス
高温加熱処理したり、写真製版技術を応用した微細パターンの形成工程を繰り返して、LSI の回路を生成する。
③一次試験
シリコンウェーハ上の１個１個のチップについて、良否を判定する。
④切断
LSI のチップ１個１個に切り離し、不良品や不良部品を除外する。
⑤組立
チップをパッケージに取りつけ、極微細線でチップとパッケージ間を配線する。
⑥最終試験
組立完了品の機能および品質を保証するため、LSI 等を最終的にチェックする。

えるのに、三〇~五〇日程度かかかります。品種によって異なりますが、結構長い期間がかかるのです。余談ですが、野菜の栽培期間にも似ています。

ウェーハに回路を描き終えると、電気的な特性を調べる一次試験を行って、機能、性能の良否判定を行います。合格であれば縦横に切断して四角いチップをつくります。これが、一般的な流れです。

今回、私たちが植物工場につくり替えた2番館では、ウェーハプロセスと一次試験を行っていました。ウェーハプロセスという工程は、空気中の塵が大敵となる工程です。一立方フィートの空気中に直径が〇・五マイクロメートル規模のほこりが一〇個あったら、もうアウトです。そういう厳しい塵埃管理が求められる工場だったのです。一九九〇年にこの2番館を建てましたが、当時は、世界で最高レベルのスーパークリーンルームを擁する工場でした。

天井にはフィルターが全面に敷き詰められていました。この天井面から垂直に清浄な空気を降ろし、小さな穴がたくさんあいたパンチングパネルと呼ばれる床に抜いていきます。人からはたくさんほこりが出るので、従業員はクリーンスーツというものを着ています。しかし、それでもほこりは漏れてきます。そういったものを最短距離でクリーンルームから排除する。そういう空調方式となっているのです。

このようなハイスペックな空調設備を持った工場を活用して、植物工場をつくることにしました。この2番館には、クリーンルームとして使っていたところが八〇〇〇平方メートルぐらいありましたが、今回、その四分の一だけを野菜工場にしました。このスペースに野菜を栽培するための棚を並べ、毎日三五〇〇株のリーフレタスを出荷できる能力を持った生産ラインをつくりました。種をまいてから、育成、収穫、包装まで、すべてこの清潔な空間で行っています。

(4) 事業化スケジュール

次に、事業化のスケジュールがどうであったかをお話したいと思います。一言で言うと、ものすごいスピードでやりました。

富士通としてこの事業に取り組むことを決めたのは、二〇一三年の四月末でした。決定の主要因は、①遊休建屋の有効活用、②富士通の農業経営支援システムである「食・農クラウドＡｋｉｓａｉ」を閉鎖型植物工場で活用してみることによる同タイプの植物工場におけるリファレンスモデルの確立、③新産業の創出による雇用の促進、東北の復興、④食のよろこびの提供、でした。そして、国が実施予定であった「復興庁／経済産業省 平成二五年度先端農業産業化システム実証事業」の担い手とな

図表５　半導体クリーンルームを植物工場へ

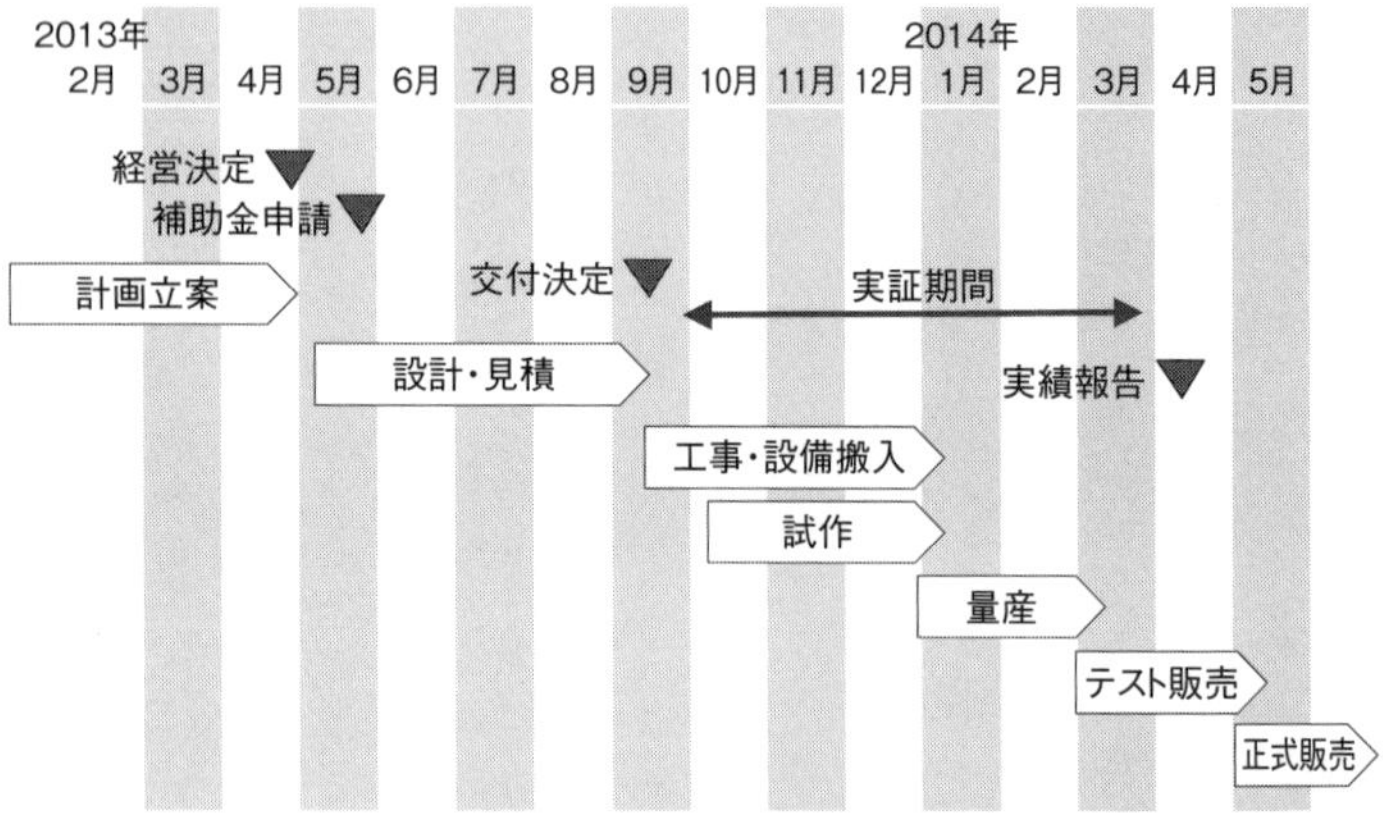

ってこれらの目的を果たしていくという点でした。

図表5の「経営決定」と書かれた部分が、実行することを決定したタイミングです。そこから国の補助金を受けるための申請書を作成し、経済産業省に提出し、補助金の交付が認められたのが九月の「交付決定」と書かれたところです。その間、結構時間があったのですが、工場の設計を進めたり、見積書の取得を進めたりしておき、「交付決定」の連絡が来たら、八〇件ほどの調達物を一斉に電子発注できるよう準備し、スタンバイしていました。

交付決定後でないと補助金を使った発注はしてはいけないという国のルールもあり、そうした手順を踏みました。

補助金の交付決定後、いよいよ「工事・設備搬入」となります。普通であれば工事が終わってからレタスの試作に入ると思うのですが、工事開始後の二週間後ぐらいには試作を開始していました。これだけ聞くと、普通は「そんなはずはない」と思うのではないかと思いますが、実は部屋を六つに分けて工事をしたのです。一つ目の部屋を最初に集中してつくり、その次に二つ目の部屋をつくるというように、順番に工事をしていったのです。そうすることで、工事と並行して試作を進められました。

これは、私たち半導体エンジニア出身者の中ではあたりまえのことでした。短い期間で他社に先行して新しい半導体チップを世の中に出していく手法として、工区分けというのをよくやっていたのです。それを活用することで、短期間でいろいろなことができました。

そうした上で、一粒万倍日といって農業にとってはとてもいい日である一二月二四日に最初の種を植え、量産を開始しました。その後、テスト販売、パッケージデザイン、カタログ作成などを進め、五月の出荷を迎えたわけです。

(5)　植物工場の様子

植物工場の工程は、次のようになっています。

まず播種工程では、種をピンセットでつまんで、ウレタン製のスポンジに一個ずつ置いていきます。最初のうちは手作業でやっていたのですが、これを一日三五〇〇個もこなすのは結構大変です。そこで今は、一度に何百個も種をまくことができる半自動の播種機を使っています。

種を植えてから二日間ぐらいで芽が出ます。だんだん大きくなってくると隣との距離が近くなってくるので、育苗棚という設備に引越しします。文字どおり苗を育てる棚で、この工程のことは育苗工程と呼びます。そこでさらに大きく育つと、図表6のような七段積みの栽培棚に移植して成長させま

図表６　植物工場の様子（定植工程）

す。ここは定植工程と言います。

半導体工場は、製造装置の背丈が非常に高くて、三メートルを超えるようなものもあります。そのため、天井の高さも高くつくられています。それをフルに活用しようと思い、栽培棚は七段積みとしました。実はこの栽培棚の組み立ても社員でやったのです。一五人ぐらいが二カ月ぐらいかけて、来る日も来る日も栽培棚を組み立てました。野菜を育てるために採用されものと思ったのに、栽培設備の組み立てからということで、最初は戸惑い気味の人もいました。しかし不思議なもので、慣れてくるとだんだん楽しくなり、これから育てるレタスの栽培棚を自分で組み立てていると思うと、その作業を大切に思うように変わったと言います。しかも、自分で組み立てると、稼働後にちょっとした故障を起こしたときにも、どこがどう悪いのか、どこをどう直せばいいのかがわかりやすくなる。さらに、自分でつくったものには愛着が湧きます。そういった効果もあったように思います。すべての栽培棚ができ上がったときには、皆、とてもうれしそうでした。

ところで、図表６に写っている人は、タブレットＰＣを持って野菜に向き合っています。なかなか普通の農場では見られない光景だと思います。しかも、クリーンスーツを着て、目の部分を除いて全部囲われています。先ほど述べたように、人体や衣服から出る微細な塵の発生を抑えるためです。そして、この人はタブレットＰＣで栽培環境のチェックをしているのです。

この写真に写っているのは生産部長で、現地の責任者です。もともとこの人は半導体の製造部長だった人です。一〇〇人規模の部下がいる製造ラインを任されていました。ところがある日、その製造部長が工場長室に呼ばれ、明日から野菜をつくってくれと言われてとてもびっくりしたそうです。本人は「青天の霹靂だった」と話しています。後日、私を含めたプロジェクトメンバー数名とともに、栽培指導をしてもらう会社の植物工場を見に行きました。そのときのことです。栽培棚が並ぶ植物工場へ入った瞬間、彼は「わあ！　きれいだ～！」と感激の声を上げて、育っているレタスに近寄って行きました。その声を聞いたとき、この人で大丈夫だと私は感じました。彼は今、業界の第一人者の一人として、工場見学にいらっしゃるお客様に、熱く、そして楽しそうに、植物工場の説明をしています。

少々脱線しましたが、最後にある工程が検査包装工程です。この作業もクリーンルームでやっています。種まきから包装まで、一貫して大変衛生的な環境で作業しているのです。

私どもの工場を見ていただくとわかりますが、非常にきれいな光景です。見学に来られた方は、皆さん一様に、「幻想的だ」とか「ＳＦ空間のようだ」などと言われます。無機質な工場の部屋の中で、白いライトに照らされて緑色の野菜が光っている光景は、とてもきれいなのです。

ここで、水耕栽培の仕組みを説明しておきましょう。

塵や雑菌の極めて少ないクリーンルームの中に、栽培棚があります。そこに液体肥料を自動供給します。供給ユニットでは、肥料成分を調製し、その液体肥料をポンプアップして、栽培棚の一番上にある雨どいのようなところに流し込みます。それは非常に簡単な仕組みです。液体肥料は、一番上の棚の一方の端から流し、反対の端まで行くと下に下ろし、下に下りるとまた横へ行くということを繰り返し、最終的にはまた最初のタンクに戻ります。ただ、循環させているうちに液体肥料の濃度は下がっていきます。そこで常時、濃度をセンシングして、肥料分を補給しながら循環させるのも、このユニットの役割です。こういった機能は、もちろんＩＣＴで最適にコントロールしています。

三　事業の特徴

(1)　事業のスキーム

この事業には特徴が何点かあります。

第一の特徴は、野菜づくりでコアとなる栽培技術を持たないで、この事業を始めたことです。これを可能としたのが、異分野の知見を持つ組織同士による協働だと思っています。

先ほどもお話ししましたように、富士通グループのどこの会社にも、販売するための野菜の栽培を事業としてやってきた経験はありません。私のいる富士通ホーム&オフィスサービスも、工場の植栽管理はしていますが、農作物の栽培を生業とはしていません。一部、沼津工場にある「Ａｋｉｓａｉ沼津農場」というところの運営管理は任されていて、ＩＣＴでどのように農場を管理できるかという実証には参画していますが、販売するための野菜を生産するのは初めてです。そこで、事業を始めるにあたっては、栽培のノウハウを持った組織と組む必要がありました。

そのようなとき、会津富士加工株式会社という会社に出会いました。名前は富士通と少し似ていますが、富士通グループの会社ではないのですが、同じ会津地域で、ともにものづくりの発展を担ってきた会社です。会津富士加工は、秋田県立大学が持つ低カリウム野菜を栽培するためのノウハウを得て、国内で初めて低カリウム野菜の量産に成功した経験を持っていました。私たちはこの会社に師匠になってもらい、低カリウム野菜の栽培方法を習得したのです。

(2)　異分野の技術を掛け合わせた先端農業

第二の特徴は、持っていた技術を農業という異分野に適用したことです。

今述べたような協働体制の中で、秋田県立大学のノウハウと会津富士加工の技術をもとにしながらも、独自の進化をしていきたいと思いました。そのために重要だったのは、半導体製造技術とＩＣＴです。いずれも、これまでは農業とはかなり距離感があった異分野の技術です。

具体的に半導体の製造技術をどうやって野菜づくりに活かすのか。その例としては、まずロット管理が挙げられます。普通の野菜だと、畑に種を植えてから収穫まで、野菜が育つ場所は移動しません。それに対して、植物工場の野菜は、種を植えた場所から苗を育てる場所、そして収穫を待つ場所というように、三回から四回程度引っ越します。このため、どの品種をいつどこからどこへ移動させたのか、それぞれの場所では特定の野菜がどのような空気環境、肥料環境の中で育ったのか、管理する必要があります。

これは半導体製造ラインではあたりまえのことです。先ほどもお話をした円盤状のウェーハは、ある装置から別の装置へと、三〇日から五〇日の間、どんどん移動しながら製品化されます。どの品種が、いつ、どの装置で、どのような環境の中で加工されたのか、そうした情報をビッグデータとして残し、特定の製品の製造履歴をトレースできるようにロット管理しているのです。野菜づくりにも、このロット管理の考え方を応用しました。

また、品質管理も野菜づくりに活かせます。半導体の世界は、すごく微細な世界です。製造環境の微妙な変化が回路形成に悪影響を及ぼします。たとえば空気中を浮遊する微細な塵が形成中の回路の配線と配線の間に混入すると、ショートさせたり電圧特性を変えてしまったりします。そうした製造障害が起きたときには、徹底的に現象を解析し、どこの製造工程のどの装置の何の条件がいけなかったのか、あるいはどの工程のどの作業がいけなかったのかといったことを解明します。こうした品質管理の考え方を野菜づくりに活かすのです。そうすることで、期待しない品質の野菜ができてしまったときに、どうしてそうなったのかをしっかり解明して、同じ不良品が出ないような野菜づくりを目指すことが可能となってきます。

原価管理の考え方も野菜づくりに応用できます。農場で原価管理という言葉はあまり聞かないかもしれませんが、半導体の世界では、品種ごと、ロットごとに原価の変動をチェックしています。

さらにそこへ、富士通が持っていた知見が加えられます。富士通の「食・農クラウドＡｋｉｓａｉ」という農業経営支援システムの活用です。これを使うことによって、栽培環境を管理し、ひいては品質を管理することができます。そして、半導体をつくっている富士通セミコンダクターが持つクリーンルーム管理技術やプラント設計技術も活かしました。富士通ファシリティーズ・エンジニアリングという会社が持つ、工場への電気、水、ガス、薬品などを二四時間安定して供給するための技術、そうしたインフラを低コストで供給するための技術も活用することにしました。

こうして、持っていなかった技術に持っていた技術を掛け合わせて、富士通らしい植物工場に進化させることにしたわけです。それまではある特定の分野で使われていた技術が、あるとき全くの異分野で役に立ち、適用した分野の技術が飛躍的に向上することがあるのです。

(3)　クリーンルームでの一貫生産

第三の特徴は、クリーンルームの中で野菜を一貫生産しているということです。

私たちは、雑菌の極めて少ないクリーンルームで野菜を生産しています。図表7のとおり、私たちの野菜の生産工程には、播種、育苗、定植といったステップがありますが、いずれもクリーンルームの中で行っています。収穫した野菜をプラスチックパッケージに封入する作業もこのクリーンルームで行っています。後ほど詳しく説明しますが、雑菌が極めて少ない状態で袋詰めされると、腐敗の速度が極めて遅くなります。このことによって、常識を超える日持ちの長さを実現しています。

クリーンルームの中できれいなものをつくるというのはもちろん大切なことなのですが、もう一

図表７　クリーンルームでの一貫生産

播 種

ウレタンフォームの上に種をまきます。

育 苗

芽が出たら、ウレタンフォームごと苗床へ移します。

定 植

大きくなると、間隔の広い栽培ユニットへ移します。

収 穫

食べごろになると収穫します。

出 荷

やさい工場から運び出します。

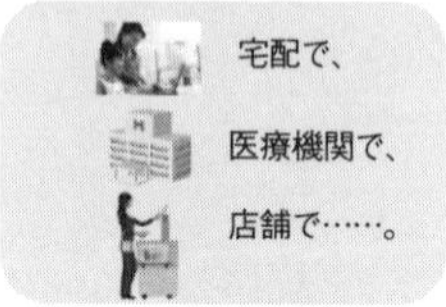

お買い求め

宅配、医療機関、各種店舗などでお買い求めいただけます。

食卓へ

食卓に笑顔が広がります。無農薬、低細菌なので、洗わずにお召しあがりいただけます。

つ社員みんなが心がけていることがあります。「野菜と対話しながら育てる」ということです。パソコン、タブレットでデータだけを見ていれば済むというのではなくて、野菜の表情をしっかりと見て、「いつもと葉の生き生きした具合が違う」とか、「艶が違う」など、野菜の表情にしっかりと向き合うことです。子どもを育てるような気持ちを持って、野菜と対話しながら育てるということを大事にしています。

ところで、世界で一番農作物の生産量が多い国はどこだかご存じでしょうか。それはアメリカです。では、世界で二番目に多い国はどこでしょうか。

実はオランダです。オランダという国は、ヨーロッパの中でもすごく小さい国です。日本の地図と重ね合わせると、九州とほぼ同じぐらいの大きさです。そこに約一七〇〇万人ぐらいの人が住んでいます。地形には恵まれていません。土地の平均標高はマイナス五・六メートルです。一番高い山でも三〇〇メートルぐらいしかなく、鉱物資源も採れません。放っておくと海になってしまうリスクがあります。そこで、要所要所に水門をつくり、水が入って来ないようにしています。そのオランダが世界第二位の農産国なのです。

二〇一三年の一二月に、プロジェクトメンバーと一緒にオランダの進んだ農業を見に行こうと、室内型の農場施設を八カ所ほど見て回りました。どんなにすばらしいＩＣＴを使っているのだろうかと思って行ったのですが、システムの面で突出しているというよりは、技術の利活用が熟達しているという印象でした。誤解を恐れずに表現すると、ローテクを駆使してしっかり成果が出るように使いこなしていたのです。私は、そこにすごく好感を持ちました。

訪問したいくつかの農場の経営者たちが言っていたのですが、「自分たちが成功したのは野菜と対話しているからだ」と言うのです。三カ所の農場の経営者が同じことを言っていたのが、とても印象的でした。先ほど紹介した私たちが野菜づくりで大切にしていることのうちの一つは、このオランダ視察のときに学んで取り入れたものでした。

(4) 生産効率

第四の特徴は、生産効率が高いことです。

単位面積当たりの年間収穫量は、露地栽培に比べて二五倍です。二五倍と聞くとすごいと思われるかもしれませんが、実はまだまだです。今、国内で一番すごいところは一〇〇倍を超えています。なぜこんな高い倍数になるのか。簡単に言ってしまうと、露地栽培の高原レタスだとせいぜい一期作か二期作です。しかし私たちの植物工場では、三六五期作を実現しています。これは、季節や天候に左右されずに、年間を通して安定した栽培環境を維持できるからこそ可能となることです。「会津若松Ａｋｉｓａｉやさい工場」では、種を毎日植えて、収穫も毎日行っています。

私たち日本人の多くは、冬は農業をやらないものだという認識の中で生きてきたのだと思います。私たちの植物工場がある会津若松は雪国なので、冬は農作業の風景は見られません。植物工場へ見学に来る小学生や中学生に聞くととても強く実感するのですが、子どもたちは自分の将来の仕事として、農業というものが全く視野に入っていません。こうした場面に出合うたびに、日本の農業の行く末が心配になります。

しかし農業の世界でも、年間を通して仕事があり、ほかの職業から引けをとらない収入が確保できるのだとしたら、若い人たちの就労の場として発展していける可能性があるのではないでしょうか。農工具を持ち、土と汗にまみれてたいへんな作業だというイメージから、クリーンルームの中でクリーンスーツを着て、ＩＣＴを使いながら、体に負担の少ない作業を中心とした最先端の仕事というイメージに変わると、農業の印象も変わってくると思います。そうなると、若い方も就業しやすくなるのではないでしょうか。

(5)　データ解析型農業

第五の特徴は、データ解析型農業だということです。

富士通グループには、農業経営者の方たちを、ＩＣＴで支援してきた事業があります。たとえば、ハウス栽培の農家の方に、ハウスの中の温度、湿度、日射量などの状態をＩＣＴで常に測定して、自動制御により温調設備、換気設備、照明設備などの稼働状態を調節し、最適な環境をつくり出す。あるいは、ハウスの中の環境を自宅からでも出先からでも確認できるようにする。そうしたことを実現するサービスを提供してきました。

「会津若松Ａｋｉｓａｉやさい工場」でも、ＩＣＴを使って経営層、マネジメント層、現場層のそれぞれが必要とする情報の管理を目指しています。

たとえば、「環境経営ダッシュボード」は、経営層からマネジメント層向けに、経営上の問題点を見せる化します。また、マネジメント層から現場層向けには、「生育管理システムａｇｉｓ（エイジ

図表８　データ解析型農業：食・農クラウド Akisai

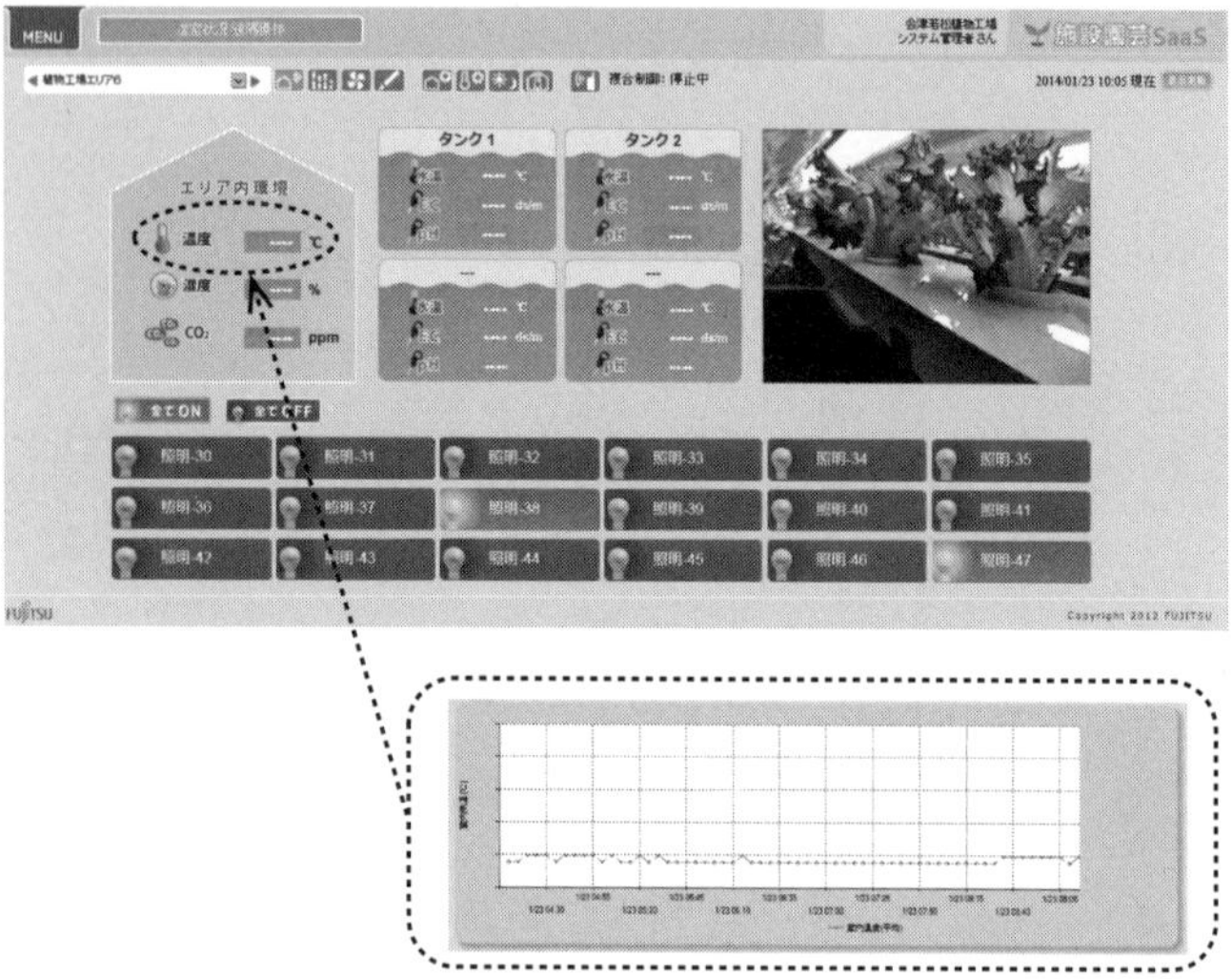

ス）」が、ロット管理を助けています。

さらに、「食・農クラウドＡｋｉｓａｉ」は、栽培環境をセンシングして、それをビッグデータとして蓄積しています。現場層向けには、工場の空調や給水・排水を司る非売品のビル管理システムがあります。

もう少し丁寧に見ていきます。まず、「食・農クラウドＡｋｉｓａｉ」について説明します。

図表８にも書いてあるように、農家の方がクラウドシステムにアクセスすると、自分が契約したシステムの画面が出てきます。その画面を通じて、生産管理や栽培環境の状態把握ができます。こうした画面は、ブラウザさえあれば、パソコンでもタブレットでもスマートフォンでも見ることができます。

図表9　データ解析型農業：生育管理システム

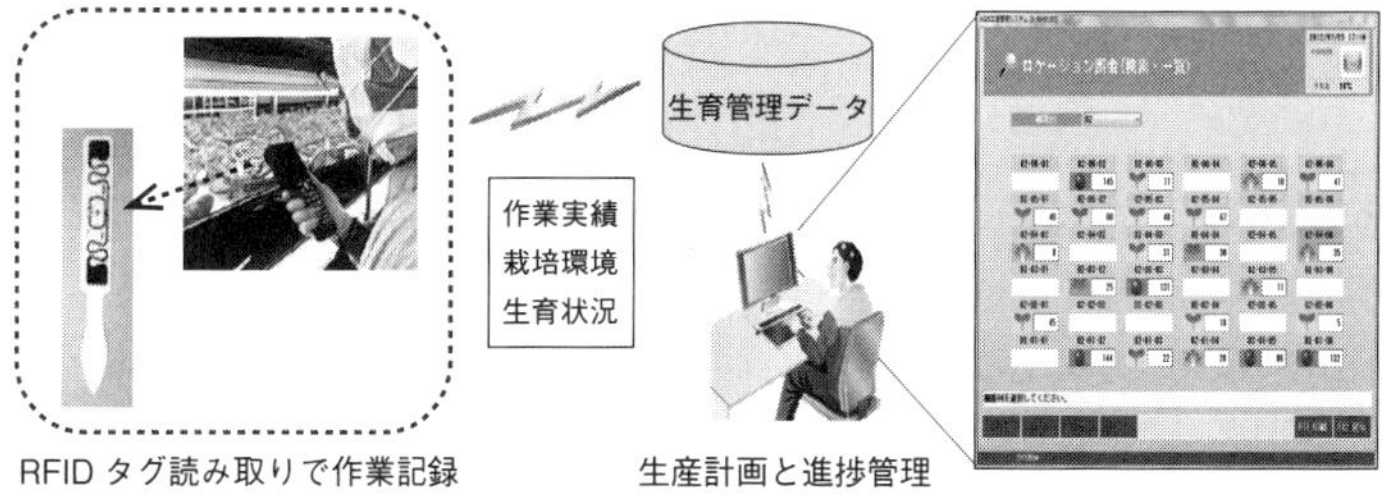

昔のシステムだと、ＳＥが現地に出向いて、コンピュータ端末を設置し、ソフトウェアをインストールして、諸々の設定を行うというステップが必要でした。これが結構難しく長い時間を要し、お金もかかるものでした。しかしクラウドであれば、データセンター側で顧客の要望に合わせたシステムの設定を行い、あとはインターネットから接続してもらえばいいので、導入コストも安いし、導入期間も短くて済みます。このため、小規模農家の方にも使っていただける手軽なものとなっています。

次に、ロット管理を行う「生育管理システムａｇｉｓ」を見ていきます。このシステムは、一言で説明すると野菜の移動管理を行うものです。

図表9にあるように、栽培棚にはＲＦＩＤタグをつけてあります。先ほどお話ししたように、植物工場では成長段階に合わせて育てる場所を変える必要があります。つまり引越しするということです。引越しして新しい場所へ移し終えたときに、作業者はハンディーターミナルを使ってその棚のＲＦＩＤタグを読み取ります。こうすることで、いつ誰が、どのロットの野菜をどの棚へ引越しさせたのか、記録することができます。

移動管理のほか、生育の状態も記録することもできます。たとえば、いつもよりおいしい野菜が収穫できた日があったとします。そうしたと

図表10　データ解析型農業：環境経営ダッシュボード

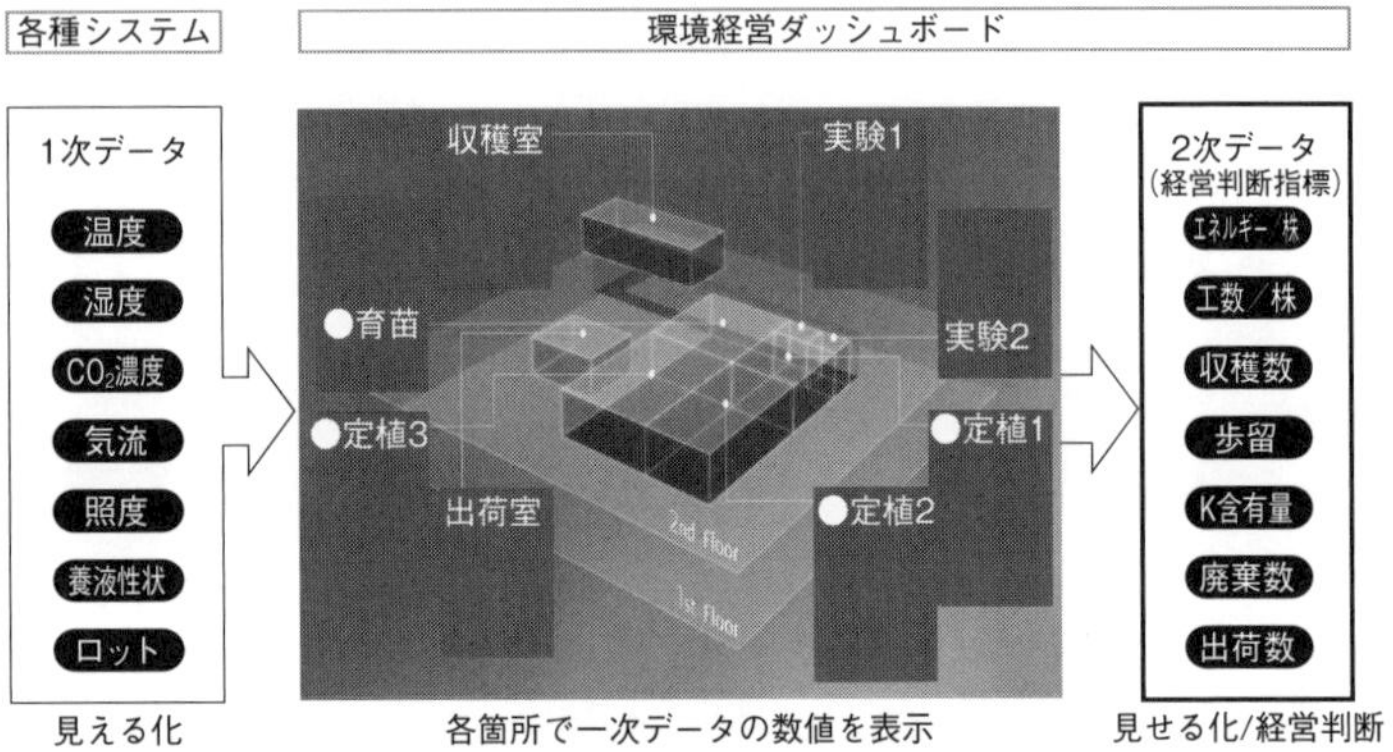

きに、「生育管理システムａｇｉｓ」を使って、野菜のロット番号から、その野菜がどの時期にどの棚で育ったのかを確認します。そして、「食・農クラウドＡｋｉｓａｉ」を使って、そのロットが育っていた期間について、棚付近の空気温度、湿度、CO_2濃度、あるいは液体肥料がどのような状態であったのか確認します。こうすることで、通常のロットの野菜に比べた特異点を発見します。すると、たとえば「栽培を始めて二五日目から二八日目にいつもよりも高いCO_2濃度の中で育った」などと、原因を掴む糸口が見えてきます。こうしたことを積み重ねていくことで、ものづくりの工場と同じように、野菜の栽培品質や生産性をどんどん改善していくための手がかりを得ることができるのです。

次は、経営者向けのシステムである「環境経営ダッシュボード」について見ていきたいと思います。

もともとこのシステムは、工場などでエネルギーをどの程度有効活用できているかを見るために富士通が開発したものです。私たちは、このシステムを植物工場の中でも使ってみようと考えたわけです。図表10の左側にあるように、温度、湿度、CO_2濃度、気流といったファクターのデータを画面上に「見える化」します。

しかし、そのそれぞれの変動を見たとしても、それだけでは、経営者にはそれがいいのか悪いのか判断がつきません。そこで、得られたデータを見ただけで良し悪しが判断できる指標に換えます。たとえば、レタス一株をつくるのに必要としたエネルギーの消費量が表示されています。改善されているのならば、この数値は毎月減っていなくてはなりません。それが上がっていないかチェックするわけです。上がっていたら、経営者は、社員に原因の究明や再発防止の措置をとるよう指示を出せるというわけです。

このシステムには「工数」も表示されます。「工数」とは作業時間の長さのことです。この「工数」はその日に収穫したレタスの株数で割り算して、一株のレタスをつくるために、何人が何時間の作業に従事したのかをわかるようにします。この指標も減っていかなければいけないものですが、工場の稼働率が変化したり、やり直しの作業が発生したときなどは、時々上がることもあります。そうしたことをチェックするのです。

(6)　次世代育成支援

第六の特徴は、次世代育成支援への活用です。私たちは、事業で得た「実践知」を若い世代に還元したいと思っています。

植物工場のある福島県の会津若松市には、原発事故のあった沿岸部の大熊町から、町民の方々が町

図表11　小学生の校外学習

ごと避難してきています。先日は、その子どもたちを野菜工場に招待しました。直接の目的は、小学校五年生の社会科の授業の校外学習です。文部科学省が制定している五年生の学校指導要領には、「食料生産に従事する人たちの努力と工夫」という単元があります。ＩＣＴを使った農業というものは、まだ教科書にはほとんど掲載されていません。私たちは、自分たちが取り組んでいる新しい農業について子どもたちに紹介することで、授業がテーマとしている農業のことをより深く知ってもらおうと思いました。また、東北の地から新しいものを創出して、世の中を変えていけるかもしれないということも感じてもらえたらと思っています。

まだ事業としての経験は浅いのですが、先行事例があまりないこともあり、先行者の責任という意識を持って、こういった活動に取り組んでいます。

四　商品としての「キレイヤサイ」

(1)「キレイヤサイ」の特長

ここまでに説明してきましたように、「会津若松Ａｋｉｓａｉやさい工場」は、これまでの農業の現場にはなかったさまざまな新しい特徴を備えた工場です。さて、それでは次に、この植物工場でつくった野菜の特長を紹介したいと思います。

第一に、洗わないで食べられるということです。クリーンルームには雑菌がほとんど存在しません。その中で収穫してパッケージしているので、とても清潔です。雑菌がいないということは、虫も当然いないので、農薬を使う必要がありません。だから、洗わないで食べられるのです。

第二に、長持ちするということです。雑菌が少ないので、冷蔵保存さえしておけば二週間以上日持ちします。二週間というのはお客様に説明しているかなり控え目な数字です。工場での実験では一カ月半経過しても雑菌はほとんど増えませんし、味も色も食感にも、人が気づける変化はありません。

第三に、おいしいということです。レタスの苦みの原因は硝酸態窒素という成分なのですが、この成分が少なくなるように栽培しています。硝酸態窒素の含有量を抑えると、レタスが本来持っている甘味というものが感じられるようになります。野菜が嫌いだと言っていた子供たちも、授業のときに食べてもらうと、「これなら食べられる」と言ってくれます。「うちの子が野菜を初めておいしいと言って食べました」というご感想を伺うことも結構あります。

第四に、低カリウム野菜だということです。これが本来、目指していたことですが、腎臓疾患の方にも安心して食べていただくことができるというのが特長です。この点は、あとでさらに詳しくお話しします。

(2) 商品表示

商品表示にもかなりこだわっています。

図表2にあったように、今までの野菜とちょっと違って、ブランド名に女性の視点を入れて、「キレイヤサイ」という名前をつけました。

図表12のパッケージの裏側を見ますと、いろいろなことが書いてあります。農産物の表示義務はJAS法で決められていますが（二〇一四年一二月時点）、商品の名称と原産地だけあればいいという決まりになっています（二〇一五年四月一日以降、食品表示法の制定により栄養成分の表示も必要）。たとえば、「レタス」「福島県産」という情報を表示することだけが義務づけられています。誰がつくったのかさえ、書くことが求められていません。しかし私たちは、自信を持ってお届けし、安心して召し上がっていただくために、加工食品並み、あるいは工業製品並みの詳細な表示をすることにしました。

まず、裏面の左側には「会津若松Ａｋｉｓａｉやさい工場で採れました」と書いてありますが、この部分でまだ目新しい植物工場の様子を説明しています。そして、「塵や雑菌がほとんど存在しないクリーンルーム」であることや、「食・農クラウドＡｋｉｓａｉを使って栽培環境を最適にコントロ

図表12　加工食品並みの商品表示

ール」などといった特徴に触れながら、新しいスタイルの工場であること、心を込めてつくっていることを記載しています。私たちの技術や事業への姿勢を知っていただく記述を心掛けました。

右側には、「成分の特徴」が掲載されています。「特徴1」として、カリウム一〇〇ミリグラム以下なので、カリウムが気になる方もお召し上がりいただけることを表現しています。「腎疾患の方も食べられます」とダイレクトに書いていませんが、それは薬事法の関係で、効果・効能をうたってはいけないためです。今後は規制が緩和されて、ダイレクトに書けるようになるといいと思っています。また、「特徴2」というところでは、硝酸態窒素を七五ミリグラム以下にしていることを書いています。先ほども説明しましたように、これがこのレタスに甘みを感じる秘訣です。

「農薬」の欄には「不使用」と掲載してあります。無農薬と農薬不使用は似た言葉ですが、意味が異なります。無農薬というのは、農薬を使った場合であっても栽培中の農薬の使用回数が規定以下であったり、残留農薬の量が規定以下の場合に表示できるものです。ですが、農薬を全く使っていない場合には、「農薬不使用」という表現となるのです。

その下が、「細菌」です。パッケージの表示を検討する段階では、何でここまで書くのかと社内でも異論がありました。しかし、これまで見たことのないシビアな項目を示すことで、安心安全を訴求できるとの考えで表示することになりました。この欄には、「検出下限（四〇個）以下」と書かれています。私たちが委託している分析会社が持っている計量環境では、葉一グラムに含まれている雑菌の数が四〇個あれば測れるのですが、それをもってしても測れなかったのです。検出下限が四〇個というのはものすごく敏感な計量環境ですが、それでも検出されませんでした。食品衛生の世界は、百万個以上あったならばおなかを壊す可能性があると言われる世界ですが、それに比べると桁違いの少なさなのです。

この野菜を冷蔵庫に入れておくと、一カ月たっても一〇〇個、増えても一〇〇〇個程度にしかなりません。だから、一カ月たったものでも洗わないで食べられます。実際に私たちは、一カ月以上たったものは試験的に食べることがあります。おなかが弱い私でも、おなかを壊したことはありません。

一番日持ちした事例では七〇日というデータがありますが、今、私自身はそれをもっと延ばしたいと思っています（講義後、九〇日持った事例があります）。すべての商品について延ばす必要はないのですが、格段に日持ちする商品もつくることができたら、これまでには考えられなかった用途に野菜が使われ、新たな、そして特徴のあるマーケットがつくれるのではないかと思っています。

また、レタスを包装しているプラスチックパッケージの袋は、防曇（ぼうどん）袋といって、結露水が表面に水滴化しにくいものを使っています。野菜売り場を見に行くと、結露水の小さな水玉がたくさん付着していて中が見えないものがあると思いますが、この包装材ではそうなりません。

(3)　販路計画

販路として考えているのは、まずは医療・健康分野です。病院が大事な顧客です。それから、病院の周辺のスーパーもそうです。人工透析施設に通う方の多くは、入院しているのではなくて、透析施設に週三回通っていらっしゃいます。お会いすると、透析患者の方だと言われないとわからないほど元気な方が多いのですが、皆さん、ご苦労も多いながら、入院せずに生活していらっしゃいます。仕事に就いている方もたくさんいらっしゃいます。したがって、普段の生活圏の中で買っていただける場所を確保することが必要です。

そのほか、インターネットでも販売しています。最近、売れ行きがたいへん好調です。箱単位でご購入いただくもので、一箱あたりの内容量は五袋から五〇袋のラインナップがあります。意外なことに、五〇袋セットはたくさんご注文いただいています。ちょっと高いなと思われることが多いのですが、お世話になっている方にお歳暮などを送るときには、財布の紐が緩むのではないでしょうか。腎臓疾患のお知り合いの方への贈り物という用途でお買い求めいただく工夫も必要だと考えて、レタスカードというものも販売しています。このカードは、贈答品として受け取った方が、自分の名前や住所を書いて郵便ポストへ投函すると、工場から野菜が箱で届くという仕組みになっています。

将来の夢としては、たとえば豪華客船などに納められたらと思っています（二〇一五年四月より郵船クルーズの飛鳥Ⅱにて採用を開始しました）。新鮮な野菜をなかなか荷積みできないような場所を回る船に積んでいただいて、最後の日まで新鮮な野菜を食べていただく、そういうことができればと思っています。

五　福島県立医科大学との共同臨床試験

最後に、福島県立医科大学との共同臨床試験について触れたいと思います。これは、低カリウムレタスが腎臓疾患のある方々に本当に求められていて、安全かつ有益なものなのかについて、事実をもって説明できるようにしようとの発想から始めたことです。

共同臨床試験として行ったことは二つあります。一つは、食の満足度の高さと生活の質に関するアンケート調査で、もう一つは、低カリウムレタスを摂取したときの身体への影響を確認する臨床試験です。

(1)　成分比較

臨床試験の開始にあたって、まず成分を比較しました。その結果が図表13です。

一般的な野菜の成分と比べて差が大きいところに注目すると、カリウムが、通常品では葉一〇〇グ

図表13　成分比較

		通常品		低カリウム品		備　考
カリウム	mg	490	**	81		臨床試験で影響確認
ナトリウム	mg	6	**	110		臨床試験で影響確認
食物繊維	g	1.2		1.2	*	
ビタミンA	mg	66		56	*	
ビタミンC	mg	5.3		2.7	*	臨床試験は行わない
ビタミンE	mg	0.4		0.3	*	
エネルギー	kcal	16	**	12		
たんぱく質	g	1.4	**	1.0		
脂質	g	0.2		0.2	*	
炭水化物	g	1.0		1.1	*	

無印：キレイヤサイ
＊：　同等品（参考値）
＊＊：日本食品分析表2010から引用

ラムあたり四九〇ミリグラムに対して、低カリウム品では八一ミリグラムと低くなっています。また、ナトリウムは、通常品の六ミリグラムに対して、低カリウム品は一一〇ミリグラムと、逆に高くなっています。ビタミンでは、通常品のビタミンC五・三ミリグラムに対して、低カリウム品はその半分ぐらいです。

このうち、ビタミンCについては、腎臓疾患の方に特段影響を及ぼす成分ではないので、臨床試験の対象とはしませんでした。臨床試験の対象としては、腎臓疾患の方々に影響する可能性のあるカリウムとナトリウムに絞りました。

(2)　アンケート調査

次にアンケート調査を行いました。福島県内には透析施設がたくさんありますが、約二一〇〇名の方にアンケートをお願いして、約一一〇〇名の方から回答をいただきました。

その結果、「カリウム摂取制限はストレスです」と答えた方は四五％いらっしゃいました。また、「食事に満足していますか」という質問に対して、「満足している」と答えた方が六五％いらっしゃいました。「これは意外と高いですね」と担当医師に申し上げたら、そうではないようです。「健常者は九〇％ぐらいなので、これは低いと見なければかわいそうです」と言われました。さらに、八〇％を超える方が、「野菜とか果物を食べたいが我慢している」と答えています。

そういったことから、低カリウム農産物への需要は存在するという結論に達しました。それまでは、低カリウム野菜は腎臓疾患の方々に必要とされているだろうという仮説だったのですが、これを数値として確認することができました。

(3) 臨床試験

それを受けて、低カリウム野菜は安全に食べていただけるものなのかどうか、臨床試験を行いました。

対象は、人工透析を受けていらっしゃる患者さんの中から八〇名を対象とさせていただきました。そして、二週間にわたって六回、低カリウムサラダを食べていただきました。その過程で、血液中のカリウム血中濃度と体重の変動を調べました。体重の変動を調べたのは、先ほど低カリウム品にはナトリウムが多かったと説明しましたが、ナトリウムをたくさんとっていると体重が増加するという影響が出やすいため、体重の推移を調べたのです。

結果を見ると、体重については八〇人の平均体重が試験前は六一・〇キログラムであったのが試験後は六〇・四キログラムと減っていました。減った理由ははっきりとしませんが、ナトリウムによる体重増加は認められませんでした。

カリウムについては、一回目、二回目、三回目、四回目と透析に来るたびに測っていただきましたが、野菜を食べるたびにカリウムの血中濃度が下がるという傾向が出ました。想定では、低カリウム野菜とはいえ少量のカリウムは入っているので、せいぜい横ばいにとどまるのが限度だろうと思っていたましたが、下がりました。

医師によると、今まで食べてはいけないと言われていた野菜を食べられるようになったので、野菜を食べる代わりに、カリウムが入っているほかの野菜を含む果物などのカリウムが多い食品を控えたのではないかということでした。先生は、「置きかえ効果」とおっしゃっていました。今後は、このあたりも解明していけたらと思っています。

この臨床試験を通して、低カリウムレタスは腎疾患の方々にとっても安全に摂取できる食品と言えるという知見を得ました。

六　乗り越えるべき課題

最後に、将来への思いについてお話しします。乗り越える必要のある課題は、たくさんあります。まだ販売を開始してから半年ぐらいしかたっていないのですが、今までの富士通のあらゆる商品の中で、これだけたくさんのマスコミ取材が来た商品はないとも言われています。毎週三～四件の取材がずっと続いているのです。そうお話をすると、「うまくいっているのですね」とよく言われるのですが、ぜんぜんそんなことはありません。

第一に、事業性の向上という課題があります。収益をしっかり確保できる事業にしていく必要があるということです。そのための最重要課題は、現有設備で野菜を最大限の生産性でつくり切り、そしてつくった野菜をしっかりとお客様にお届けするために販路を開拓するという課題です。また、植物工場では照明の光を野菜に照射して栽培することや、室内の温度環境などを空調設備で行うことから、エネルギーコストがかかります。こうしたコスト面で厳しい要因を軽くしていくために、原価低減に向けた改善が必要です。

第二に、商品開発力の強化です。「キレイヤサイ・シリーズとあるが、シリーズ第二弾は一体いつ出るのか」と社内でもそろそろささやかれ始めています。今、二〇一五年度の早いうちには出そうと目標を定めていますが、商品を次々と生み出す開発能力を身につけていかなければいけません。そのためには、やはり必要とされている野菜をしっかりと調べるということも必要ですし、その必要とされているものを、異なる得意分野を持ついろいろな方たちとチームを組んで効率よく開発していくという、協働の体制を構築することも必要だと思います（その後、二〇一五年七月には、低カリウムホウレンソウをリリース）。

第三に、知見の活用です。「食・農クラウドＡｋｉｓａｉ」など、富士通の今後のＩＣＴの開発に、私たちが農作物栽培で培った実践知をしっかりと還元させ、ＩＣＴの高度化に貢献していくことが重要だと思っています。こうした技術、ノウハウ、文化を循環させることは、組織の中のみならず、社会に有益な影響を与え続けることにつながると思っています。

おわりに

私も含めて、メンバーの多くは半導体技術者出身です。そういった者にとって、今回取り組むことになった農業や医療などの分野は、全くの畑違いの領域でした。しかし、私たちが持っているものを総動員し、また持っていないものはほかの専門家の人と一緒になって考えて、短期間のうちに低カリウム野菜、そしてＩＣＴ農業の新たなカタチをつくることができました。

やりながら身をもって感じたのは、自分たちだけでできることは本当に少なくて、これからの社会で困難な課題に直面し、その解決に取り組もうとしたときには、いろいろな専門分野の人たちと横断的なチームを組んで協働し、ブレークスルーすることが大事なのではないかということです。これからも、この事業を行っていくにあたっては、この協働ということが一番重要なキーワードになってくるのではないかと思います。

ところで、私は仕事だけでなく、居住している八王子市内でもいろいろな活動をしてきました。その経験から感じていることですが、「仕事を通した経験」と「地域活動を通した経験」とがいい効果を及ぼし合うという、「個人の中での異分野協働」というものがあるということです。一市民として学校教育支援や地域活性化などに関わっていると、仕事の中でも社会性の高い事業をやっていきたいと自然と考えるようになります。ですから、本書の読者の皆さんも、仕事ばかりやるのではなくて、市民として地域でも活動し、地域のさまざまな課題を発掘し、解決につなげていく活動をしてほしいと思います。そうした経験は、自分の仕事を社会的に意義のある事業として発展させることにつながります。そして、その組織をよりよい社会づくりのための大切な担い手に進化させていくことにつなげていくと思います。

第八章　ベンチャーキャピタル投資の役割

樋口哲郎
（株式会社ジャフコ
ファンド運用部プリンシパル）

はじめに

私は、株式会社ジャフコという、いわゆるベンチャーキャピタルの会社に勤めています。今から三一年前の一九八四年に慶應義塾大学の経済学部を卒業しました。卒業と同時に、当時の日本合同ファイナンス（現在のジャフコ）に入社しました。日本合同ファイナンスは、一九七三年に日本生命、三和銀行（今の三菱東京UFJ銀行）、野村證券の三社が合同でつくった合弁会社で、現在、日本のベンチャーキャピタルの中では最も歴史の古い会社です。

ジャフコでは、まず株式上場のコンサルティングに携わりました。これは上場準備のために、実際に企業の中に入って社内の体制や規定などをつくる仕事です。上場の準備には、上場した後に投資家に対してどのように自分たちの会社について説明すべきかを考えるＩＲ戦略の仕事も含まれます。

その後、投資担当者が作成する資本政策のチェックを行う業務に就きました。資本政策というのは聞きなれない言葉だと思いますが、貸借対照表の資本の部が変わるような資金調達方法を考えることです。資本の部が変わる資金調達のため、株主構成の変更も伴います。そのため財務戦略だけでなく、株主構成をどうするかもあわせて考えます。その次に、投資事業組合（通称ファンド）の企画・設立などを担当しました。

二〇〇〇年から二〇〇三年までは、シンガポールに本社があるジャフコのアジア拠点、JAFCO Investment（Asia Pacific）の取締役副社長、ＣＦＯに就任し、約三年にわたりアジア企業の投資判断を行いました。シンガポールに私が赴任した二〇〇〇年は、一九九七年に起こったアジア経済危機により、アジア諸国が壊滅的な経済危機に陥った直後でした。アジア経済危機とは、リーマンショックがアジアの新興国で起きたというような経済的イベントとイメージしていただければいいと思います。

当時ジャフコは、アジアでは主に東南アジアへ投資をしていました。そこでの方針は、日系現地法人や華人企業のグループ会社などの、中堅企業に対して投資をするというものでした。しかし、私が赴任してからこの方針を変更しました。これから経済発展するという見込みの下に、投資対象地域を中国、台湾、韓国といった東北アジアに変更するとともに、投資対象企業も、欧米や日本で学んだり、ビジネス経験を積んで帰国した方々（通称「ウミガメ族」）の所属する企業に対して投資をするように舵を切ったのです。

現在はファンド運用部に所属しており、主に投資家に対してジャフコのファンド運用の説明を行っています。

本章で説明したいことは二つあります。

一つは、銀行が行っている融資（デットによる資金調達）と、私どものようなベンチャーキャピタルが行っている投資（エクイティファイナンスによる資金調達）との違いがどこにあるのかということです。

もう一つは、ベンチャーキャピタルが、ただ単に資金を提供するだけではなく、積極的に投資先企業の活動に関与することもあるということです。ベンチャーキャピタルというのは、単なる資金の出し手というよりも、経営者と一緒になって企業をつくり上げていく事業パートナーという存在であるということを皆さんにご理解いただきたいと思っています。

また、本章を読んで考えてほしいことがあります。それは、ベンチャー企業支援の可能性についてです。その方法はいくつかあります。

一つは、投資家として支援をしていくことです。投資家といっても、ベンチャーキャピタルそのものを起こすということではなくて、ベンチャーキャピタルに投資をする投資家としての支援です。つまり、ベンチャーキャピタルを通じて、間接的にベンチャー企業を支援していくということです。

もう一つは、事業家として支援をしていくことです。たとえば皆さんが、これから大きな事業会社に勤めることになったとき、ベンチャー企業の製品やサービスを採用することが、大きな支援につながります。

もちろん、読者の皆さんの誰かが、将来、起業家として事業を起こしていくことも考えられます。

なぜこのようなことを考えていただきたいかと言うと、日本経済の今後の成長・発展を考えたとき、やはり新しい企業がどんどん世の中に出ていくこと、そして、そうした新しい企業に対して支援をしていくことが大切だからです。また、そういうシステムがしっかりできていないと、日本経済の成長・発展はなかなか難しいのではないかと思います。その意味でも、ベンチャー企業に対する支援は非常に重要だと思っています。

一　ベンチャー企業とは

ところで、ここまで「ベンチャー企業」という言葉を使ってきましたが、ここでベンチャー企業とは何かということについて説明します。以下の五つの項目で定義したいと思います。

①新興の、独立した、未公開の企業であること。
②起業家精神旺盛な経営者が率いていること。
③新規性、独創性、革新性のある事業であること。
④成長志向が強いこと。
⑤潜在成長力は高いが、リスクも大きいこと。

さらにベンチャー企業についてイメージしていただくために、具体例を挙げましょう。

今、日本のプロ野球には一二球団ありますが、この一〇年の間に新規に参入したり、既存の球団を買ったりした企業があります。新しいところから順に挙げると、横浜ベイスターズをＴＢＳから買ったＤｅＮＡ。それから、新規の球団をつくった楽天。そして、ダイエーからホークスを買ったソフトバンク。これらの企業は、今では非常に大きな企業になっていますが、もともとはすべてベンチャー企業です。球団を買収するまでの大企業に成長しました。

今、挙げた三つの企業の経営者も有名です。ＤｅＮＡは、もう社長からは引退してしまいましたが（二〇一一年に社長を退任、取締役を経て二〇一五年六月取締役会長に復帰）、南場智子さんという創業者がいますし、楽天であれば、三木谷浩史さんがいます。そして、ソフトバンクであれば、孫正義さんがいるというように、恐らく誰もが知っているような、非常に個性豊かな経営者がいるのがベンチャー企業です。

かつては、球団を保有している企業は、新聞社やテレビ局、あるいは鉄道会社などが一般的でした。運営費もかかりますから、相当の大企業でないとできないものでした。そうした球団経営にベンチャー企業が関わっていけるというのは、それだけベンチャー企業の成長志向が強いということでもあると思います。

二　ベンチャーキャピタルとは

では次に、私どもがやっているベンチャーキャピタルとはどういうものかについてお話をしましょう。これについても、次のような五つの項目を挙げることができます。

①エクイティ投資を行うこと。

②投資先企業に積極的な関与を行うこと。
③ベンチャー企業の事業のパートナーであること。
④一社に過度に依存せず、分散投資を行うこと。
⑤リターンを上げて出資者の期待に応えること。

先ほども述べましたが、貸借対照表の資本の部が変化するような資金調達がエクイティ投資です。別の言い方をすると、増資です。ベンチャーキャピタルは増資の引き受け手で、投資の対象は未上場企業の株式です。

こう言うと、皆さんは、上場株を買っているような会社とどこが違うのだろうかと思われるかもしれません。その違いは、売り買いができるかできないかにあります。上場株は売り買いができるのに対して、未上場企業の株式は基本的に売り買いができないのです。この点が大きな特徴です。

その意味では、未上場企業に投資をしているベンチャーキャピタルは、部分的な企業買収（M&A：Mergers and Acquisition）をやっているのと同じです。M&Aをすれば、当然、経営も一緒になって行うことになります。ベンチャーキャピタルの場合も同様で、部分的な買収をして、企業の経営者と一緒になって事業を立ち上げていく存在なのです。

④で、一社に過度に依存せず、分散投資を行うのもベンチャーキャピタルの特徴だと述べました。これはどういうことかと言うと、ベンチャーキャピタルは事業として投資をしているわけなので投資が事業であるならば、たとえ非常に秀れた会社だと思っても、手持ちの資金を全部その一社に注ぎ込んでしまったら、その会社がうまくいかなかったときのリスクはものすごく大きくなります。したが

って、多くの会社に対して投資を行い、なおかつその会社も地域や業種をできるだけ分散させることによって、全体としてのリスクを減らす、分散投資を行うわけです。

⑤で、リターンを上げて出資者の期待に応えると述べましたが、私どもは、自分たちの自己資金だけで投資をしているわけではありません。投資家の方々から資金を預かって、それをもとにして投資を行っています。ベンチャーキャピタルは慈善団体ではなく、民間の営利団体です。収益を上げられなければ、企業としての存在意義がありません。したがって、リターンを上げて出資者の期待に応えるのはあたりまえのことなのです。

三　ジャフコのビジネスモデル

図表1は、ジャフコのビジネスモデルです。

「JAFCO（ジャフコ）」と中央にありますが、そのジャフコがファンドに出資をします。それと同時に、その横に「出資者」とありますが、ここで言う出資者の方々は、金融機関であったり、事業会社であったり、年金基金であったり、大学であったりします。こういった方々からファンドに出資をしていただきます。

両方の資金を合わせて、投資事業組合、いわゆるファンドを組成し、そのファンドが未上場企業に対して投資を行うという形をとっています。

では、なぜ当社は、自分たちの資金だけで投資をしないのでしょうか。

図表1　ジャフコのビジネスモデル

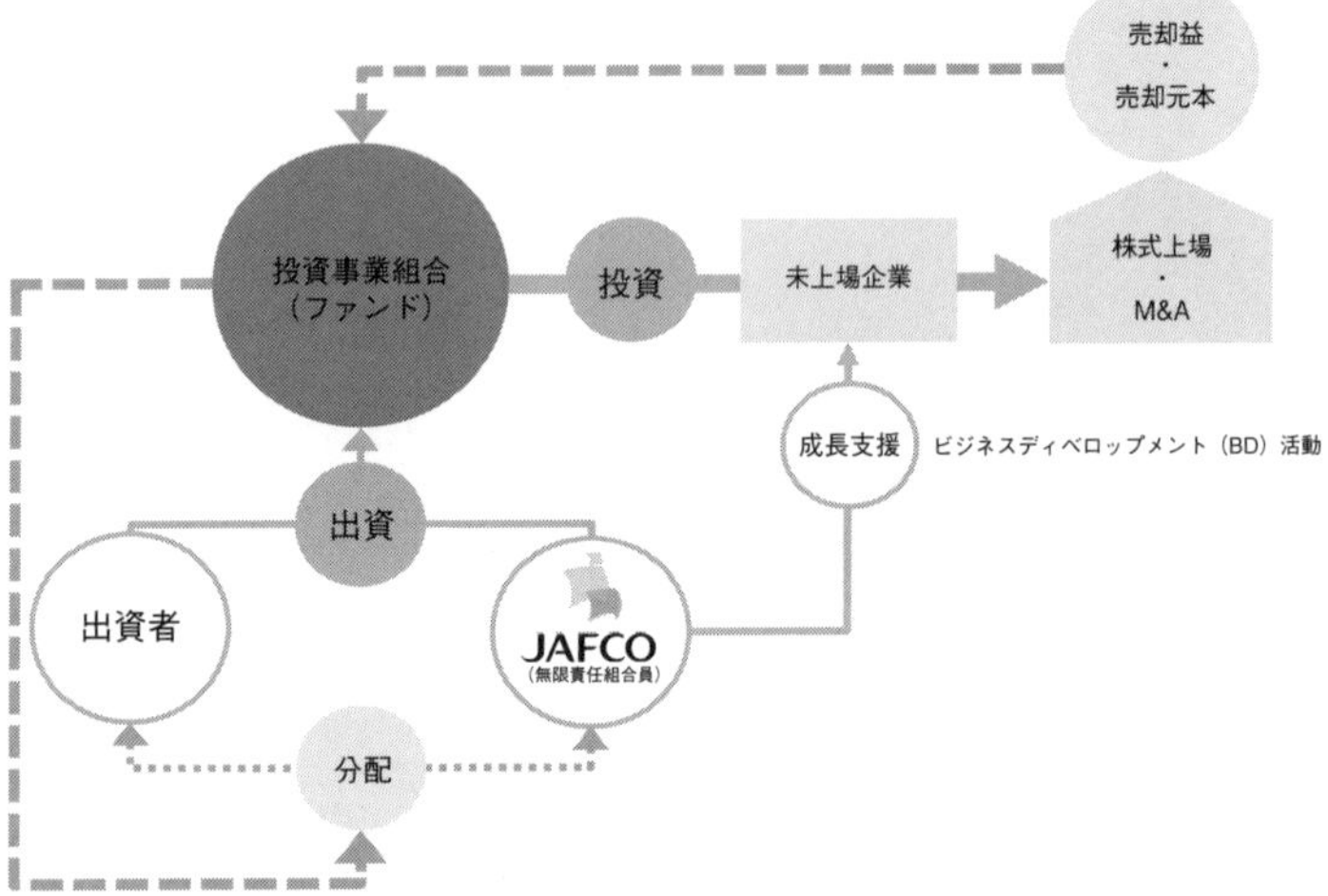

それについては、先ほど一社に過度に依存せずに分散投資をすると述べました。それと同時に、積極的に投資先の企業に関与をしないことには、ベンチャーキャピタルとしては意味がないとも述べました。そのように考えたとき、私どもだけの資金で投資を行う場合と、投資家の方々にも出資していただき、より大きな金額で投資を行う場合とでは、どちらがより多くの企業に投資ができるでしょうか。あるいは同じだけの企業に投資するのであれば、どちらがより多くの資金を各社に提供することができるでしょうか。そのように考えると、間違いなく他の出資者と一緒にファンドを組成して投資した方がいいということになります。

その意味では、先ほど皆さんにも投資家としてベンチャー企業に対する支援を考えていただきたいと述べましたが、ベンチャーキャピタルとは別の出資者、つまりベンチャーキャピタルを支援してファンドに出資する投資家も、非常に大きな役割を担っているのです。

　未上場企業に投資をした後、「では頑張ってください」とだけ企業経営者の方に言って、あとは寝ていていいのかというと、そういうわけにはいきません。なぜならば、未上場企業は、上場企業に比べると企業規模は小さく、財務体質も脆弱で、人材も足りません。そのため、成長支援が必要なのです。そこで、私どもは、ビジネスディベロップメント（事業開発）を提供しています。これは、企業価値を高めるための成長支援です。

　私どもが投資した資金は、株式上場やM&Aによって、投資した株式を売却することで回収されます。そしてその売却元本や売却益は、出資者の方々に分配されることになります。

　私どもがつくっている投資事業組合は大体一〇年間が期限で、一〇年間が過ぎたところで投資事業組合の使命は終わります。そのとき、もしリターンすなわち、収益が上がっていなかったら、支援をしていただいた投資家の方々は継続的な支援をしようとは思わないでしょう。しかし、もしちゃんとしたリターンすなわち収益が上がっていれば、出資者の方々は次のファンドができたときにもそれに出資してみようと思うので、継続的な支援を期待することができます。つまり、一種の好循環が生まれるわけです。ファンドを運営しているベンチャーキャピタルにとっても、リターンすなわち、収益が上がることによって、より大きな投資ができるようになります。

四　企業の発展に必要な資金調達

それでは、企業の発展に重要な資金調達について述べてみたいと思います。

(1)　企業の発展に必要なもの

企業の発展に必要なものとしてよく言われるのが、ヒト・モノ・カネです。ヒトは人材、モノは設備や技術、そしてカネは資金のことであることは言うまでもありません。

これを貸借対照表で考えると、左側にある資産の部は、設備や商品などが代表的なものです。また右側にある負債の部には、買掛債務や借入金があります。資金の流れで言えば、買掛債務は営業キャッシュフローで、借入金は財務キャッシュフローです。そして資本は、株主が出資します。つまり、何らかの資産を買おうというときには、必ず資金が必要だということになります。ヒトもモノも必要ですが、カネも非常に大事だというわけです。

そうなると、企業として考えなければいけないのは、どのような形で資金を調達するかということです。その一つの方法は、事業を行って、毎年利益を上げていくことです。利益をどんどん上げることで、資金を貯める方法です。もう一つの方法は、外部から調達する方法です。外部から調達する方法の一つがデットファイナンスで、借入のことです。もう一つがエクイティファイナンスで、これが投資です。エクイティとデットは、「車の両輪」です。

(2) 資金調達の「車の両輪」

「車の両輪」と言うと、皆さんは、左右の関係を思い浮かべられるかもしれません。しかし私は、エクイティとデットの関係は、左右ではなく、前後の関係ではないかと思っています。たとえば、自転車やバイクのように、二輪車を想像してください。自転車に乗るときに、前輪と後輪のバランスはとても大事です。たとえば、前輪だけが大きくて後輪が小さいとか、前輪だけが小さくて後輪が大きいような自転車に乗ると、明らかにバランスは悪くなります。エクイティとデットの関係も、このような前輪と後輪の関係ではないかと思います。

さらに言うと、エクイティが前輪で、デットが後輪だというように考えていただくと、もっとイメージが湧くのではないかと思います。自転車は、前輪にハンドルがついています。そのため、前輪が小さいと不安定になります。逆に後輪にはチェーンがつながっていて、こいだ力がパワーとして伝わっていくわけですが、この後輪が小さいと、一生懸命こいでも、あまり進まないということになります。これを財務的に表すと、自己資本が非常に少ないと、何か大きなリスクが顕在化したときに、会社自身が倒産してしまいかねないことを意味します。だから、財務の安定性は重要なのです。

他方、後輪が小さい、つまりパワーがないというのはどういうことかを考えてみましょう。これは、借入金が少なく、ほとんどを自己資本でやっているような企業です。もしリスクがあまりないような事業であれば、エクイティよりもむしろデットを使った方がいいことになります。適度な借り入れをすることによって、自転車で言う後輪が大きくなり、パワーが伝わりやすくなるからです。これがレバレッジ、すなわち梃子の原理の活用です。

ただし、こういうことが言えるのは、ある程度企業が発展してからのことです。起業した直後は、財務基盤を強化するためにエクイティ中心である必要があります。なぜなら、これからどうなるかわからない、海のものとも山のものともつかないものに対して、本来お金は借りられないはずだからです。特に金融機関からは借りにくいと思います。

皆さんも銀行に預金をしていらっしゃると思いますが、もしその預金がどこかわけのわからない会社に注ぎ込まれていると知ったら、多分、皆さんは不安になられると思います。金融機関の立場からすると、そういうどうなるかわからないようなところに対しては、お金は貸せないということになります。

それに対して、事業拡大期、つまり事業がものすごく発展してきているときには、ある程度近い将来の予想ができます。そういったときには、事業を拡大するために銀行からお金を借りようとすれば、銀行は安心して貸してくれます。

(3) 起業後の資金調達の例

それでは、会社をつくった後は、どのような資金調達ができるのでしょうか。エクイティ系の調達とデット系の調達に分けて見てみましょう。図表2を見てください。

まず、家族・親戚・知人からの資金調達があります。皆さんが会社をつくるとき、どうしますか。皆さんのご両親や、親戚、お友達、そういった方々に「今度、自分は会社をつくるのだけれども、少

図表2　起業後の資金調達の例

■ エクイティ系の調達
- ・家族・親戚・知人からの出資
- ・知人の紹介などによる有力者（エンジェル等）からの出資
- ・公的機関からの補助金
- ・ベンチャーキャピタル投資

■ デット系の調達
- ・家族・親戚・知人からの借入
- ・公的機関による制度融資や債務保証
- ・金融機関からの借入

■ 企業が発展して資金調達額が増えると、企業との関係が薄い先からの資金調達が増えていく
- ・自社の事業内容、経営方針を明確に伝えることが、より重要になる

しお金を出してくれないか」とお願いするところから始めるしかないのではないでしょうか。今度、会社をつくるのですと言って、いきなり道端でプラカードを掲げても、あるいはネットで募集しても、お金を出してくれる人はまずいないと思います。まずは自分の身近な人に、自分も出すから資金援助をしてくださいと頼みます。もしこの時、お金を株式への出資で出してもらえれば、これはエクイティ系の調達になります。これに対して、とにかくお金を出してほしい、後でちゃんと返すからというのは、デット系の調達です。

その次の段階としては、知人の紹介などによる有力者、俗に言う「エンジェル」からの出資があります。今までの自分をよく知っている人から、他の人を紹介してもらうことで、関係の輪が一つ広がった状況がこの段階です。

さらに次の段階になると、公的機関からの資金調達があります。エクイティ系、すなわち返済を条件としないものでは、補助金ですし、デット系では制度融資や債務保証ということになります。

実は日本には公的機関からの補助金や助成金などがいろいろあります。ただ、なぜだかわかりませんが、官庁がつくるホームページはものすごく見にくく、読みにくくできています。そのため、自分の知りたいことがどこにあるのかわからないのです。なぜわからないかというと、情報が少ないからではなく、逆に多すぎるのです。すべての補助金などが一覧で検索できるものもありますが、ありとあらゆるもの、すなわち市町村レベルのものから国レベルのものまですべて書いてあるので、自分がどこに申請すればいいのかわからないようになってしまっています。つまり、情報があり過ぎて使えない状況になっているのです。いずれにしても、制度はあっても、使い勝手が悪いというのが現状です。

そして、最後の段階として、エクイティ系であればベンチャーキャピタル投資、デット系であれば金融機関からの借入があります。企業が発展していけばいくほど、自分の会社との関係が薄い先からの資金調達が増えてくることになります。そうなると、自分の親や自分の友達に頼むときのように、「私はものすごく誠実な人間で、やる気はあります、だからお金を出してください」と言っても、皆さんのことをよく知らないベンチャーキャピタルや金融機関は、皆さんの言っていることが本当かどうかはわかりませんので、「だめです」と断られて終わりです。ということは、自分の会社の事業内容や経営方針を明確に伝えることがより重要になってくるということです。自分たちのことをよく知らない人たちに資金の提供を申し入れ、その人たちから資金を提供してもらおうと思うのであれば、当然のことながら、自分たちのことを知ってもらうための努力が必要になってくるわけです。

図表3　資金調達の区分

■ 資金供給者による区分
・企業内部からの資金調達…キャッシュフロー（利益＋減価償却費）
・外部機関からの資金調達…借入金・社債・増資
■ 資金調達方法による区分
・投資家から直接調達する方法…直接金融（社債・増資）
・金融機関が介在する方法…間接金融（借入金）
■ 調達資金の性格による区分
・自己資本による資金調達…エクイティファイナンス（増資・新株予約権付社債）
・負債による資金調達…デットファイナンス（借入金・普通社債）

(4) 資金調達の区分

今まで申し上げてきたことをまとめてみましょう。資金調達は、いくつかの観点から区分することができます。図表3をご覧ください。

一つ目の区分が、「資金供給者による区分」です。企業内部からの資金調達か、外部機関からの資金調達かです。

企業内部からの資金調達としては、先ほど言いましたキャッシュフローの蓄積があります。キャッシュフローとは、税金を払った後の利益プラス減価償却費です。これは返さなくてもいいお金なので、これをどんどん貯めて資金調達をするという方法です。

ただ、考えてみてください。利益はそんなにすぐには出てきません。事業を発展させないとたくさんの利益は生まれないのです。最初は少ない利益しか上げられないし、もしかしたら赤字が続くかもしれません。となると、事業を始めたばかりの頃には、企業内部から生み出される資金にはあまり期待できないということになります。

そうすると、外部機関からの資金調達を考えるということになりますが、これに含まれるものとしては、銀行をはじめとする金融機関からの借入金、投資家の方に買ってもらう社債、そして株式の発行による増資といったものがあります。

二つ目の区分が、「資金調達方法による区分」です。これには、投資家から直接調達する方法と、金融機関が介在する方法とがあります。投資家から直接調達する方法は、直接金融と言います。それに対して金融機関が介在する方法は間接金融です。

なぜ金融機関が介在すると間接金融と言うのでしょうか。皆さんは銀行にお金を預金という形で預けていると思いますが、そのお金を使って銀行は企業に対して貸出を行っています。つまり、皆さんのお金が金融機関を介在して、様々な会社に流れているわけです。そこで、皆さんのお金が企業に行くまでの間に、金融機関が間接的に介在しているということで、間接金融と言うのです。

これに対して直接金融は、皆さんが直接、株を買ったり社債を買ったりしたときのことを言います。間にはどの機関も介在しません。証券を購入するときには、確かに証券会社が販売の窓口になります。しかし、証券会社は、間に介在しているのではなくて、「こんな株があります」とか、「こんな社債があります」という紹介しているだけです。つまり証券会社が仲介をしていても、間にワンクッション挟んでいるわけではないのです。このようなことから、直接金融、間接金融という区別をしています。

三つ目の区分が、「調達資金の性格による区分」です。自己資本による資金調達か、負債による資金調達かです。

先ほども説明しましたが、自己資本による資金調達では資本の部が変わります。これをエクイティファイナンスと言いますが、その一つが株式を発行する増資です。もう一つが、新株予約権付社債の発行です。

新株予約権付社債と言っても、ご存じの方は少ないと思いますが、将来、株式に換わる権利を持っている社債のことです。発行したときは借入金と同じデットなのですが、後でエクイティに換わる、すなわち資本に換わるので、こういうものをエクイティファイナンスと呼んでいます。

負債による資金調達は、デットファイナンス、つまり借入金や普通社債の発行による資金調達です。普通社債は、もちろん株式に換わるようなことはありません。

五　ベンチャーキャピタル投資の状況

企業の資金調達の方法についての説明が長くなりました。ここで、ベンチャーキャピタル投資の現状についてご説明しましょう。

(1)　世界各地の未上場企業への投資金額

まず、世界各地の未上場企業への投資金額がどれぐらいあるかを見ておきたいと思います。図表4を見てください。

ベンチャーキャピタル投資とは、まだ売上があまり立っていないような小さな企業に対する投資のことですが、金額では、米国の場合、二〇一三年で二九八億ドルとなっています。日本円では、今、

図表４　世界各地の未上場企業への投資金額

◦米国　年間 298 億ドル（2013 年）（NVCA 資料より） ◦欧州　年間 70 億ユーロ（2013 年）（EVCA 資料より） ◦日本　年間 718 億円（2013 年度）（VEC 資料より） ▶欧米は、GDP 比で日本の数倍から 10 数倍の規模の資金がベンチャー企業に投資されている （参考）名目 GDP（2013 年）（IMF World Economics Outlook Databases 2014 年 10 月版より） 米国　16 兆 7,680 億ドル EU　17 兆 5,121 億ドル 日本　4 兆 8,985 億ドル

注：欧州の金額は、ベンチャーキャピタル＋グロースの合計。
NVCA：National Venture Capital Association（米国 VC 協会）
EVCA：European Venture Capital Association（欧州 VC 協会）
VEC：ベンチャーエンタープライズセンター

一ドル一二〇円ぐらいですから、約三兆六〇〇〇億円になります。実は二〇一四年の第三クオーターまですでに出ていますが、二〇一四年の第三クオーターは三三〇億ドルとなっています。おそらく、二〇一四年は、四兆円を超える投資が行われるのではないでしょうか。

欧州では、二〇一三年に七〇億ユーロです。今、一ユーロ一四〇円ぐらいですから、欧州諸国全体で約一兆円の投資をしているということになります。

これに対して、日本は、二〇一三年度で七一八億円しかありません。絶対額が圧倒的に違います。

もちろん、米国とか欧州は日本よりもＧＤＰが大きいので、そのＧＤＰの大きさを勘案する必要があります。図表４にも書いてあるように、二〇一三年の名目ＧＤＰは、米国が一六兆七六八〇億ドル、ＥＵが一七兆五一二一億ドル、日本が四兆八九八五億ドルです。つまり、名目ＧＤＰの規模は、米国もEUも、日本の三〜四倍ぐらいになっているわけです。しかし、ベンチャーキャピタル投資額の違いには、これよりはるかに大きなものがあります。

このように見てくると、皆さんは、米国やEUに比べ、日本はベンチャー企業が資金調達するのに非常に苦労する国だと思われるのではないでしょうか。

実は、私自身は、それは本当なのだろうかとずっと疑問に思っています。日本でベンチャー企業が資金調達することが、欧米に比べて著しくたいへんかというと、実はそうではないのではないかと思っています。そのことを次に説明したいと思います。

(2)　日本におけるベンチャー企業の資金調達

実は、日本の場合、金融機関、特に地方銀行や信用金庫といった地域金融機関が、小規模な企業に対しても資金を提供してきた歴史があるのです。一九九〇年代やその前の時代と比べると、二〇〇五年以降は随分と違ってきてはいますが、それでも欧米に比べると、日本の地域金融機関は、小規模な企業に対する資金提供には積極的でした。

どうしてそのようなことができたのかと言うと、地方銀行や信用金庫といった地域金融機関は、企業の事業だけではなくて、経営者の個人資産や経営者の関係者の財産状況も勘案して融資の判断をしてきたからです。

先ほど、企業がだんだん大きくなるにつれて、その企業を知らないところからの資金調達の割合が増えてくると述べましたが、こういった地域金融機関には、たとえ会社そのものとは取引がなくても、その会社を起こした起業家自身の銀行預金があるとか、その事業を始められた方のお父さんとか親戚の方と取引があるなどということを通じて、小さな企業でも、その内容を知る機会があったのです。

このように考えてみると、日本の金融機関は、単にデットを提供するだけではなくて、リスクをとって企業を支援するエクイティ型の金融機関でもあったと思われるのです。もっとも、現在は、このようなエクイティ型の金融機関から、だんだんと普通の金融機関になってきているように思います。

今説明したことは、少しイメージしにくいかもしれませんので、もう少し補足します。たとえば日本の上場企業の場合、自己資本比率（企業が持っている総資産のうち資本で賄われているものがどれぐらいかを示す割合）は、大体三五～四〇％が一般的です。

実はアメリカの上場企業の場合も、これと同じくらいです。しかし、米国の中小企業の自己資本比率は企業規模が小さくなればなるほど、高くなるのです。小さい企業は、五〇％以上が当たり前になっています。

これに対して日本の大企業では、米国と同じぐらいの自己資本比率であるにもかかわらず、中小企業になると二〇％を切ります。企業規模が小さく事業基盤が非常に脆弱な会社であるにもかかわらず、大企業ほどリスクに備えていないという、妙なことになっているのです。なぜこのようなことになっているのでしょうか。

二〇％しか自己資本がないということは、八割が他人資本だということです。その他人資本の中には、たとえば手形や買掛金のように、すぐにお金を払わなくていいものが含まれているのですが、他人資本が全資産の八割として、その半分、つまり全資産の四割が銀行からの借入金だとしましょう。

その借入金のうち、メインバンクが持っている部分が、そのうちの七～八割だとすると、全資産の三〇％ぐらいがメインバンクからの借入金ということになります。そうすると、全資産の五〇％ぐらいがメインバンク＋自己資本ということになります。

実はメインバンクは、今までこのような小さな企業に対して、貸付という形で資金提供をしながら、経営に対してもいろいろな関与をしてきたのです。その意味では、メインバンクが提供する資金は、疑似的なエクイティのような性格を有していたと言えます。疑似的なエクイティというのは、償還優先株のようなもの（株式を償還することができる権利と優先的に配当を受け取れる権利がある株式）のことを指しています。

ただし、そういったことも現在は大きく変わってきています。一九九〇年代ぐらいまではメインバンクというものがあって、それが企業に対してガバナンス（企業統治）を利かせていたのですが、現在は、そのガバナンスを利かせるようなところがなくなってしまったのが実態です。

六　銀行とベンチャーキャピタルの違い

冒頭で、銀行とベンチャーキャピタルの違いを理解してほしいと申し上げましたので、次に、そのお話をします。

まず、銀行が提供するのはデットで、ベンチャーキャピタルが提供するのはエクイティです。では、デットとエクイティの違いは何でしょうか。

よく銀行からの借入金には担保が必要だと言われます。もちろん、ベンチャー企業への融資にも担保が必要です。しかし、デットとエクイティの違いは、単に担保の有無だけにあるのではありません。

銀行が信用力の高い企業、たとえばトヨタ自動車にお金を貸すときに、「本社の工場の不動産を担保に出してください」と言えば、おそらく「何を言っているのだ」と言われると思います。このようにトヨタ自動車のほうが銀行よりも信用力が高いので、そんなことはあり得ないわけです。

同じく、トヨタ自動車が社債を出すとき、担保付社債はあり得ません。完全無担保になります。ですから、信用力の高い企業には、デットでも無担保で資金提供します。つまり、デット＝担保ではないのです。これが一つ重要なところです。

ただ、ベンチャー企業の場合は信用力が低いので、担保が必要となります。なぜ担保が必要かというと、信用力の低い企業に対する貸付金が返済されなくなった場合、それが代替返済手段になるからです。具体的には、不動産などが担保として設定されます。

その不動産は、ひょっとすると前に儲かっていたときの利益の蓄積で買ったものかもしれませんし、銀行から借りたお金で買ったものかもしれません。いずれにしろ、何らかのキャッシュフロー、すなわち資金が不動産の形に変わったものです。銀行がなぜその不動産を担保としてとるかというと、不動産は、不動産市場が整備されているので、比較的売却しやすいからです。仮に不動産の代わりに、動産担保をとったとしましょう。動産担保というのは、極端な例で言えば、肉牛一〇〇頭などがそれに当たります。そういったものは、売ろうと思ってもすぐには売れないわけです。それに対して、不動産だったら、比較的簡単に売れる。ですから、不動産を担保としてとるのです。

結局、煎じ詰めて考えれば、エクイティもデットも、キャッシュフローを確保できるかどうかが重要なのです。ただデットの場合は、担保のように、過去のキャッシュフローの蓄積でリスクヘッジをします。それに対してエクイティの場合は担保がないので、将来キャッシュフローが出るかどうかが非常に重要になってきます。キャッシュフローというのは、先ほども述べましたように、利益プラス減価償却費のことですから、将来収益が上がってくるかどうかは、事業計画から判断するしかありません。

特に、ベンチャーキャピタルの場合、資金回収を行う方法は、ＩＰＯ（Initial Public Offering：新規株式上場）やM&Aによる売却となります。そのため、ベンチャーキャピタルが投資をするときには、単に収益が上がるかどうかだけではなく、新規株式上場とか企業買収といった機会があるかどうかを判断しなければならないことになります。

ＩＰＯやM&Aが行われるためには、ある程度その企業が成長して、魅力的な会社になっていないといけません。そのため、ベンチャーキャピタルは、ベンチャー企業の事業を一緒につくり上げていくことで、投資に伴うリスクを軽減しようとします。これがベンチャーキャピタルの、資金提供だけではない機能です。

以上をまとめると、図表5と図表6のようになります。これは、銀行とベンチャーキャピタルの違いを、いくつかの項目について整理したものです。

まずお金の出し方で比較すると、銀行は融資、ベンチャーキャピタルは出資という違いがあります。収益回収の面で考えると、銀行は企業からの返済、ベンチャーキャピタルは株式の売却となります。

図表５　お金の出し方、回収、収益

	お金の出し方	回収	収益
銀行	融資	返済	金利
ベンチャーキャピタル	出資	売却	キャピタルゲイン

図表６　着眼点、リスクヘッジ

	着眼点	リスクヘッジ
銀行	返済能力 金利支払能力	担保 （保証）
ベンチャーキャピタル	成長性 IPO、M&A 可能性	投資契約ガバナンス （取締役派遣・オブザーバー） 種類株活用

の上げ方では、銀行は金利をとることであるのに対して、ベンチャーキャピタルはキャピタルゲインをとることになります。

また、銀行の着眼点は返済能力、金利支払い能力であり、リスクヘッジは、担保もしくは保証で行います。これに対して、ベンチャーキャピタルの着眼点は成長性や、ＩＰＯ、Ｍ＆Ａの可能性ということであり、リスクヘッジは投資契約、ガバナンス、種類株の活用で行うということになります。

ここで、投資契約、ガバナンス、種類株といった聞きなれない言葉が出てきたので、補足して説明しましょう。

まず投資契約というのは、投資を行うときに企業の経営者との間で「こういう事業を進めていくので、お互いに頑張りましょう」という契約を結ぶことです。契約を結んだ後、たとえば企業の経営者は本当に頑張ったのだけれどもうまくいかなかったのではなく、約束と違ったような経営を相談もせずにやってしまうとなると、これは契約違反になります。そういったときは、出資という関係を解消することになりますし、解消するときには、経営者が約束違反したのだから買い戻してくれとか、売却先を探してくれなどと要求することになります。

なぜ、そうするのでしょうか。実際に買い戻してくれと言っても、事業がうまくいっていないときにはそんなに高い値段で買い戻してもらえません。しかし、このような契約を結ぶことによって、お互いに何を目的としてやっていくのかという、事業パートナーとしての位置づけが明確になるのです。担保をとらないわけですから、お互いに共通認識をしっかり持つことを前提に投資をするということが大事になります。そのために投資契約を結ぶのです。

次にガバナンスです。先ほどメインバンクがガバナンスを利かせてきたと言いましたが、今は、メインバンク制度というのは実質的にありません。メインバンク制度というのは、たとえば銀行が企業に対してお金を出すときに、企業がやろうと思っている設備投資計画や事業計画に対して、「そんな事業計画ではお金は貸せません」と言うことです。明らかに、銀行が企業の経営に対して関与していたわけです。これをガバナンスと言います。

昔は、銀行から財務担当役員や経営企画担当役員などの取締役が派遣されていることも多く見られました。ベンチャーキャピタルも、企業の行く末をしっかりと見定めていかなければなりません。経営者が暴走しないように、しっかりとした経営指導をする必要があるのです。これがガバナンスです。

そのためには、取締役を派遣したり、経営会議や取締役会に出て意見を言うことができるオブザベーションライツを取得したりします。これをやらないと、お金を出しただけで、「あとはどうぞお好きに使ってください」ということになってしまいます。これは非常によくないことです。

最後に、種類株について説明しましょう。これには償還株や、優先株、無議決権株といった、いろいろなものが含まれます。これは、先ほども述べましたように、途中まで事業は進んでいたけれども、どうしてもうまくいかなくなったとき、資本関係を切るための手段です。後でも申し上げますが、資本の部の株主構成は、そう簡単に変えることはできません。エクイティファイナンスの特徴の一つでもありますが、返さなくていい資金というのは、実は返せない資金でもあるのです。そこで、種類株といったものを用いたり、先ほども出ていたエクイティ付の社債などを使ったりして、関係をスムーズに切れるようにするのです。

七　ベンチャーキャピタルの観点

それでは、ベンチャーキャピタルがどのように投資先を見ているのかをご説明します。

一言で言うと、その企業の将来性を見るのがポイントです。先ほど、企業というのはヒト・モノ・カネでできていると述べましたが、将来性を見るために、企業を構成しているヒト・モノ・カネのすべてを見ています。

まず、斬新なアイデアや技術を持っているのか。また、それを実行、実現できるチームは存在するか。あるいは、今はなくても、そういうチームを構成する人材を確保できるのか、といったところを見ます。これはヒトの問題です。

次に、アイデアや技術を実現するための機材、設備などが整えられるかどうかを見ます。これはモノの問題です。

そして、これらを支えるための資金調達が可能かどうかを見ます。これがカネの問題です。資金を出すベンチャーキャピタルが、そんなことを見ているのかと思われるかもしれませんが、私ども自身が必要な資金をすべて出せるかというと、そうでないケースの方がむしろ多いのです。そうなると、足りない部分はどこかから調達してこなければなりません。それは今かもしれないし、三年後かもしれません。そういうとき、経営陣がどういう対応ができるのかを見るのです。

その企業の成長性とは、将来においてキャッシュフローの拡大が期待できるかどうか、ということでもあります。

ここで「将来」という場合、数年後というのが一般的です。たとえばジャフコが投資をしてきた案件で、実際にＩＰＯをするまでにかかった平均的な期間は、最近は短くなってきましたが、それでも四・五年ぐらいになります。投資をしてから上場するまで、四年半ぐらいかかるわけです。そうなると、五年間ぐらいの行く末を見ます。その間にどのようになるのかを見るわけです。五年間というのは、銀行が資金を提供する場合に行う収益見通しに比べても、非常に長い期間です。したがって、リスクもそれだけ大きくなります。

リスクが大きいので、いくら現時点でものすごくいい会社だと思っても、その会社に過度に依存してしまうことは、私どもとしては絶対にやってはいけないことです。そのため、分散投資を行います。先ほども述べましたが、たとえば、業種が違う企業にも投資をするわけです。分散投資というのは、ただ単に数を増やすだけではなくて、環境が変わったときにも対応できるように、多様なポートフォリオを構築するということです。

それらを踏まえたうえで、事業を促進するために投資を行います。起業家と一緒に事業を推進したり、企業価値を向上させることができる先に投資を行っています。

八　投資先発掘の観点

それでは、実際に私どもが投資先を発掘するときの観点とはどういうものでしょう。図表7を見てください。

右下のところに「日本における重点投資対象分野」と書いてありますが、私どもが現在、成長分野だと思っているのは、第一に、IT分野です。特に最近ではスマートフォンがすごく普及しています。スマートフォンというのは、皆さんもご存じのように、持って歩けるコンピューターですので、スマートフォンが普及したことでIT分野のサービスが飛躍的に拡大しているのです。

第二に、クリーンテック分野です。自然エネルギーや再生エネルギーと呼ばれているような、環境関連の分野です。この中には、つくったものをいかに環境にダメージを与えずに処理するかといったものも含まれます。成熟社会になればなるほど、ますます重要性が増してくる分野です。

図表7　投資先発掘の観点

ベンチャー投資

① Innovation（新市場・新技術創出型）
- 社会の枠組や環境の変化の中で、新たなプラットフォームを生み出す可能性のある企業

② Demand（需要促進型）
- 顕在化され、成長中の市場において、その独自性・優位性により高成長が期待できる企業

③ Game changer（市場変革型）
- 確立された市場・業界構造に対し、既存の技術や従来のビジネスモデルを変革する企業

バイアウト投資

① オーナー企業の売却ニーズ
- 事業承継
- 再成長支援

② 大企業のニーズ
- 子会社、事業部門の切出し　等

〈日本における重点投資対象分野〉

成長分野

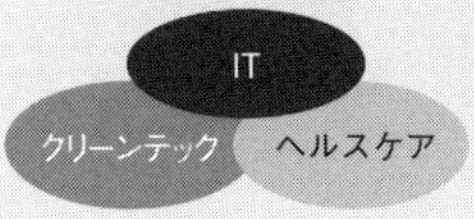

既存分野
- ■ 革新的なサービス
- ■ シニア向けマーケット
- ■ ITとの融合

第三に、ヘルスケア分野です。これはバイオ関連も含む分野です。高齢化社会が進めば進むほど、従来以上に健康を重視することになります。今、社会保障費が大幅に増えており、いかに社会保障費を増やさなくてすむのかを考えなければならないわけですが、皆さんが健康であればあるほど、社会保障費は少なくてすむはずです。ですから、ヘルスケア関連の事業は、今後、大いに伸びていく分野であると見ています。

このほか、既存分野の中でも、図表7の右下に書いてあるような分野では、投資すべき企業は出てくると思います。

以上は分野に着目したものでしたが、事業のやり方で整理したらどうなるでしょうか。この場合も、三つのカテゴリーが挙げられます。

一つ目が「Innovation（新市場・新技術創出型）」です。これに該当するのは、社会の枠組や環境の変化の中で、新たなプラットフォームを生み出す可能性のある企業です。非常に高い技術力を持っていて、それを使って今ま

でにないものをつくっていこうとしている企業です。

私どもの投資先の中で一つを挙げるとすれば、二〇一四年の三月に上場した、サイバーダインという ロボットスーツの会社です。筑波大学の山海嘉之教授が創業者です。この方はテレビにときどき出てくるのでご存じの方もいらっしゃると思いますが、開発しているのは全身に装着するタイプのロボットスーツです。物を持とうとするときに、脳から手の筋肉に対して「動かせ」という指示が出るわけですが、その際に微弱な電流が流れます。この微弱な電流をキャッチして、モーターで動かそうというものです。実際にサイバーダインがやっていることですが、これを使うと、寝たきりの老人でも勝手に足が動くようになります。半年から二年ぐらい使っていると、寝たきりの方もまた自立して歩けるようになります。これはまさに、日本が得意としているセンサー技術や制御技術がつくり上げたものです。売上もまだ数億円しかない小さな会社ですが、二〇一四年に上場して、高い評価を受けています。

ただ、投資が当たったときのリターンは大きいのですが、失敗する確率ものすごく高いのがこのタイプです。これまで私どもはこの分野には数多くの投資を行ってきましたが、実は結構たくさん失敗しています。特に、大企業の研究開発のスピードの方が速かったりすると、あっという間に市場が変わってしまい、結果として失敗してしまうのです。

二つ目が「Demand（需要促進型）」です。これは、顕在化され、成長中の市場における独自性・優位性により高成長が期待できる企業のことです。先ほどスマートフォンの例を挙げましたが、最近は、個人間の売買をスマートフォンでできるようなサイトもできています。今、それが非常に増えています。なぜかというと、個人間売買には消費税がかからないからです。消費税五％のときはそうでもなかったのですが、八％になったとたんに、個人間売買が急激に増えてきています。それも従来ならば、机に座ってパソコンに向かわないとできなかったのが、今はスマートフォンのアプリで気軽にできるようになっているのです。そうなると、マーケットは急速に拡大していきます。

三番目は「Gamechanger（市場変革型）」です。確立された市場・業界構造に対し、既存の技術や従来のビジネスモデルを変革する企業のことです。まさにゲームのルールを変えてしまうようなプレーヤーのことです。

このように言うと、ものすごいことをするように思われるかもしれませんが、たとえば流通の世界で考えてみてください。今、家電を買うとき、皆さんはどこに買いに行きますか。おそらくヤマダ電機やヨドバシカメラといった家電の量販店ではないでしょうか。以前、私はヤマダ電機の担当もしていたことがあるのですが、ヤマダ電機にジャフコが初めて面談をしたころは、まだ店舗数が二店舗しかありませんでした。しかし今では、四四〇〇店舗もある大企業に成長しました。一九八〇年代の半ばころから今日にかけて、日本の家電市場の規模はそれほど大きく変わってはいないと思います。金額が二倍、三倍になったということはないと思います。恐らく何割増し程度ではないでしょうか。それなのに、この変化です。

今から三〇年前は町の電気屋さんに家電を買いに行きました。ナショナルや日立、東芝の「パパママショップ」と呼ばれていた店に買いに行っていたわけです。これが日本全体のマーケットの五〇％を占めていました。残りの四五％が、秋葉原の電気街やスーパーマーケットの中に入っていた家電専門店などで、郊外型の家電量販店というのは、全体の五％程度しかありませんでした。しかし今や、ヤマダ電機だけで日本の家電市場の一〇％を占めています。上位一〇社でおそらく日本の売り上げの七割ぐらいを占めているのではないでしょうか。明らかにマーケットそのものが変わってしまったのです。このように、流通の分野では劇的なことが起きているのです。

同じようなことは、ドラッグストアでも言えます。皆さんもドラッグストアにはよく行かれると思いますが、昔は本当に町の薬局しかありませんでした。それが今やドラッグストアになっています。もっと古い話をすると、昭和三〇年代の初頭には、スーパーマーケットもなかったのです。その意味では、マーケットそのものの規模はそんなに変わっていないのに、主役がどんどん変わっているのです。

九　ビジネスディベロップメント活動

今述べたような観点から、投資先の発掘を行っているわけですが、投資をした後、実際は、何をやっているかというのが、図表8に示されています。

まず投資を実行するわけですが、その後、私どもが何もしなければ、下のような曲線のイメージで成長していきます。しかし、私どもが積極的に関与することによって、その上の成長曲線にまで引き上げられると考えています。

そのために何をするか。先ほどヒト・モノ・カネと言いましたけれども、まずはヒトです。経営チ

図表８　ビジネスディベロップメント活動

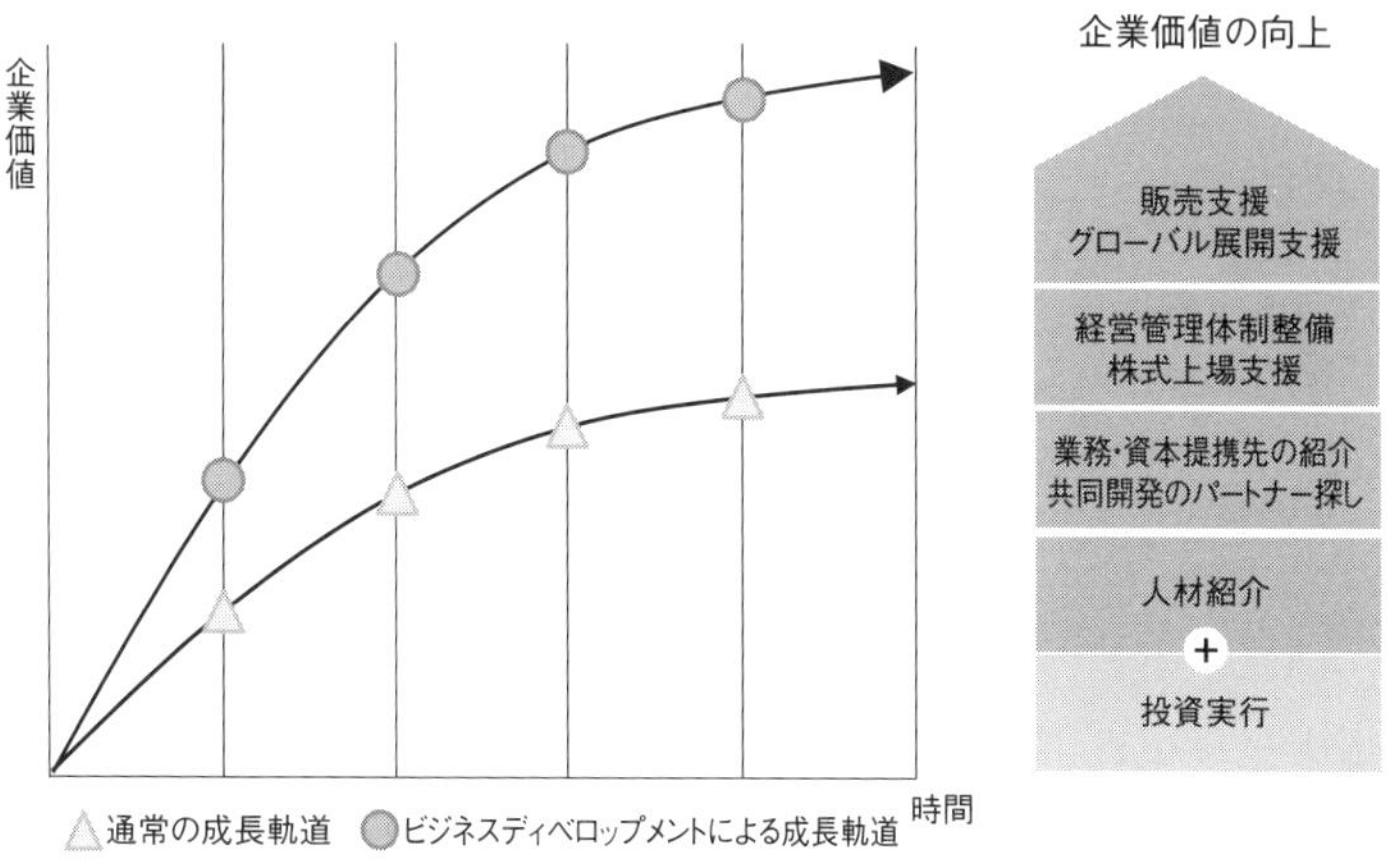

ームをつくれるか、あるいは実務を担当できる人がいるかを見ますが、実際はほとんどいません。ですから、まず人材を紹介します。

その次にカネです。先ほどお金の面で問題がないのかを見ると言いましたが、お金の面で問題のあるところもあります。実際に、物を買ってくれるような事業会社を見つけてくるのもたいへんです。業務・資本提携をしたほうが早いかもしれない。研究開発をしている会社であれば、共同開発のパートナーを探した方がいいかもしれない。こういったこともやっています。

そして、経営管理体制の整備や株式上場の支援です。これを私は前にやっていたわけですが、企業が発展していくためにはやはり土台がしっかりしていないとだめです。売上をどんどん伸ばしていくだけでは、兵站線が延びて、何か問題が起きた途端に耐えられず突然全体が倒れてしまいます。ですから、コストをかけて、売り上げを伸ばすことができる体制をつくっていきます。これが経営管理体制の整備です。

それと同時に、実際に利益を上げていくためには、売上を伸ばしていかなければいけないので、販売の支援もします。このほか、グローバル展開の支援も行います。

ただ単に資金を提供するだけであれば、そこそこの伸びしかできなかったところを、こういったことを行うことによって、もっと高いところまで伸びていけるようにしていこうというのが、私どもの仕事です。

一〇　エクイティファイナンスの特徴

今まで述べてきたことを、エクイティファイナンスの特徴としてまとめてみましょう。

エクイティファイナンスとは、財務基盤を安定させることです。それによって自己資本を充実させることになりますし、リスクマネーを供給することによって、リスクの高い事業を行うことを可能にします。その結果、何ができるのかというと、時間を短縮することができることになります。利益を貯めていったのでは何年も何十年もかかるかもしれないところを、一回のエクイティファイナンスでリスクマネー、すなわち自己資本を手にすることができるのです。それを有効に使わない手はないはずです。エクイティファイナンスは、時間を短縮できるファイナンスなのです。

ただし、気をつけなければいけないのは、エクイティファイナンスは株主構成を変化させてしまう点です。資本の部が変わりますから、何らかの形で必ず株主構成が変わってしまうのです。

しかも、既存株主の利益にならないようなエクイティファイナンスは実行できません。なぜなら、今の会社法の下では、ほとんどの未上場企業が、譲渡制限付株式というものを発行するからです。これは株主総会で三分の二以上の賛成がないと第三者に対して新しい株式を発行できない株式です。つまり、私どもベンチャーキャピタルが投資を行うときには、すでにその会社に投資をしている他の株主全体の三分の二の賛成がない限り、新しい投資家として入れないのです。ということは、ベンチャーキャピタルの投資というのは、企業と友好的な関係を築かないかぎり、投資することができないファイナンスなのです。その意味で、ベンチャーキャピタル事業というのは、非常に友好的な資金調達と言っていいと思います。

エクイティファイナンスを「資本政策」と呼ぶのは、このように株主構成の変化を伴う資金調達であるためです。そして、株主名簿というのは、言い換えれば、そうした過去の資本政策の結果であると言えます。

エクイティファイナンスがもう一つ考えなければいけないのは、実現性のある資金調達をしなければいけないということです。今、株主名簿は過去の資本政策の結果だと言いましたが、未上場企業で、どういう株主構成にしようとか、どういうような資金調達をしようとかいうことを、計画的に行っているところはほとんどないと思います。意識して資本政策をしてはきていません。むしろ、結果としてこういう株主構成になっているというのが正直なところです。

しかし、株主構成はとても重要です。後でこの株主構成を変えたいと思っても、修正することは非常に難しいのです。

たとえば、ベンチャーキャピタル投資をする以前に、誰か資金を出してくれる人がいたとします。

そのとき、目先のことだけ考えて、「今これだけお金を出してくれるのだったら、自分の持ち株比率よりもその人の方が高くなっても構わない」と考えて資金調達をしたとしましょう。そうすると、その後、エクイティファイナンスがしにくくなってしまうのです。

私どもは企業価値を上げていく活動をしていますが、以前にお金を出した人の持ち株比率が経営者よりも高くなっていると、経営者は、企業価値を上げても儲かるのはその人だと思ってしまいがちです。その結果、それ以上その企業を成長させようというモチベーションが起きなくなってしまうのです。そのため、企業の成長も止まってしまいます。

ですから、株主構成は非常に重要です。将来の資金調達を考えたとき、現在はエクイティではなく、デットや補助金で調達することを考えた方がいいこともあるのです。

一一　ベンチャー企業の成長と支援

今まで述べてきたことをまとめたのが図表9です。これは、私どもが産学連携投資、つまり大学発のベンチャーに対して投資を行うときのイメージ図です。

大学発のベンチャーというのは、大学の先生が研究開発したシーズを企業化していこうというものです。まだ企業も何もないところから取り組むケースなので、最初に、知財戦略の立案や、ビジネスプラン、資本政策の作成といったことを行います。

その時点では、私どもが直接投資をするのではなくて、助成金の活用を中心にします。特に大学発

図表9 ベンチャー企業の成長と支援
（ジャフコの産学連携投資の場合）

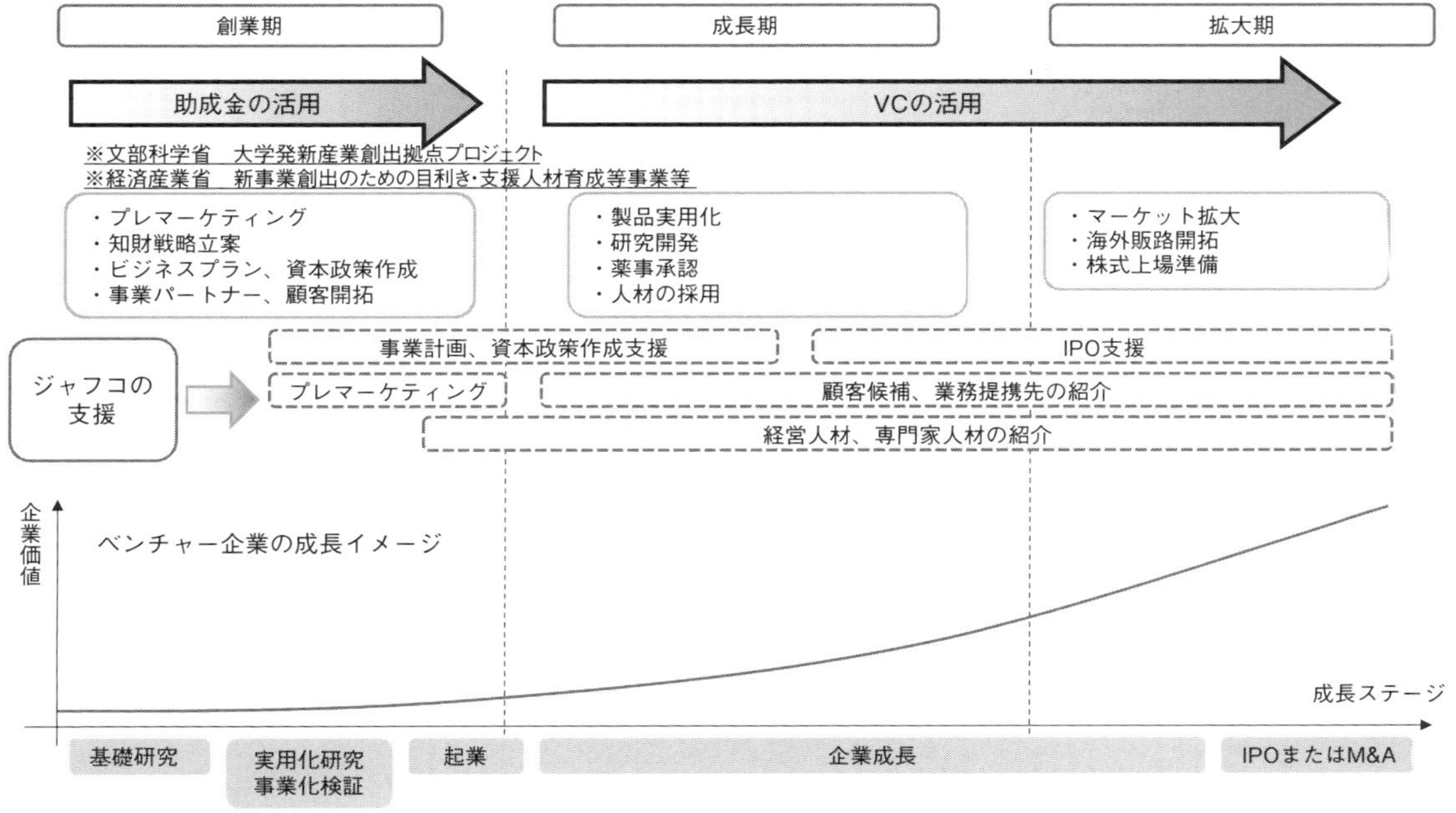

のベンチャーの場合には、文部科学省の大学発新産業創出拠点プロジェクト（ＳＴＡＲＴ）といった制度があります（現在は、国立研究開発法人科学技術振興機構［ＪＳＴ］が「大学発新産業創出プログラム」として実施）。これは、ベンチャーキャピタルが申請をし、文科省がこれを認めると、数千万円のお金が出るというものです。これを利用して、まず事業化の立ち上げをしてもらいます。その後、本格的に成長する段階になってから、ベンチャーキャピタルを活用してもらうことにしています。

おわりに

最後に、これから考えておくべき事項として、二つだけ述べておきたいと思います。

一つは、クラウドファンディング（crowdfunding）です。クラウドファンディングという言葉は、お聞きになった方もいらっしゃるかもしれません。ただ、インターネットで使っているクラウド（cloud）とはちょっと意味が違います。クラウドファンディングというのは、多くの人（crowd）からお金を集めようという仕組みです。これを使うと、本格的な資金調達の前に、資金調達ができることになります。

先ほど、目先のお金が必要だからといって、誰かからお金を出してもらっても、その人の持ち株比率が高くなり経営者のモチベーションが下がってしまったら、企業の成長にも影響が出ると述べましたが、このクラウドファンディングを使うと、こういったことが避けられるかもしれません。クラウドファンディングについては法整備が大分進んできていますので、今後、ますます拡大してくると思います。これがより整備されてくると、創業間もない企業にとっては、効果的な資金調達方法になってくるのではないかと思います。

もう一つは、日本版スチュワードシップコードの影響です。スチュワードシップコードと言われても、ピンとこない方が多いと思いますが、これは機関投資家を対象にした規範のことです。機関投資家というのは、投資に当たって専門的な知識を持っているプロの方々のことですが、こういった人たちは、主に上場企業に投資をしています。スチュワードシップコードというのは、そういった機関投資家の方たちに求められている行動規範のことです。それは企業経営者と対話を行い、企業の成長発展を促すことです。つまり、機関投資家というのは、ただ単に株を売買するだけではなくて、その企業が成長発展するよう、経営者とも積極的に対話をしなければならないというわけです。

別に乗っ取りをしようとか、そういった意味ではありません。企業経営者がお金をちゃんと使っていないのであれば、それだったら株主に還元したほうがいいのではないか、もっと設備投資をした方がいいのではないか、ということを企業経営者と意見交換を行うべきというのがその趣旨です。

上場企業に投資をする機関投資家にさえこういったことが求められているのですから、上場企業よりももっと財務基盤が弱い未上場企業に投資をするベンチャーキャピタルという存在は、ベンチャー企業に対してより積極的に関与し、企業成長に資することがなければ意味がありません。

ベンチャーキャピタルは企業に積極的に関与すると述べましたが、そういったところばかりではありません。増資でお金を出すと言って、ベンチャーキャピタルを名乗っている投資会社がたくさんあることも事実です。そういったところは、実態よりもはるかに高い株価でお金を出しています。その結果、経営者をスポイルしてしまうのです。

自分のお金と企業のお金との区別がつかない経営者は結構います。いきなり外車を買ったり、銀座で毎晩飲み歩いたりする人は、やはりいるのです。過去の私どもの投資先の中にも、そういう人がいたことは事実です。そういった人に対してコントロールできるようなガバナンスを利かせられないのなら、本来は投資してはいけないのです。

上場企業に対して日本版スチュワードシップコードが普及していくことになれば、未上場企業に対する行動規範も今よりももっとよくなるはずです。そのことは、ベンチャー企業の成長発展にとっていいことですし、ベンチャー企業が成長発展するということは、ひいては、日本経済の成長可能性を高めていくことにもつながっていくと思っています。

おわりに

本書は、慶應義塾大学が取り組んでいる博士課程教育リーディングプログラム（オールラウンド型）「超成熟社会発展のサイエンス」のための共通科目の一つとして、経済学研究科と商学研究科が共同して設置している科目「超成熟社会発展の経済学」の講義が基になっています。

この講義は、超成熟社会として我が国が世界に先駆けて経験している様々な課題を整理し、分析し、そのうえで、そうした課題を解決し、我が国が持続的に発展を続けるための方策を検討することを目的にしています。その目指すところが大きいだけに、その中身を机上の空論にしないためには工夫が必要です。本講義では、その点を特に意識して、前半で慶應義塾大学大学院所属の教員が、経済学の視点からのアプローチを行ったのち、後半では、実業界等の第一線で活躍されている方々をお招きして、各業界の現状や将来展望、課題についてお話をいただいています。こうした工夫によって、理論と実際のバランスが取れた、地に足をつけた議論になっていることを期待しています。

本書の内容は、二〇一二年度から始まったこの講義のうち、二〇一四年度に行われたものを内容にしています。それ以前の二年間の講義の内容も、『超成熟社会発展の経済学――技術と制度のイノベーションが切り拓く未来社会』（慶應義塾大学出版会、二〇一三年）及び『２０３５年の経済社会とイノベーション――超成熟社会発展の経済学Ⅱ』（慶應義塾大学出版会、二〇一四年）として刊行しています。本書は、それらと補完的な関係にはありますが、内容的には全く異なっています。

第一部においては、過去との重複を避けるため、書き下ろしを中心に新しい論文を収録しています。また、第二部においては、ナノテクノロジー、海洋資源・波力発電、準天頂衛星、植物工場、ベンチャーキャピタルといった分野について、新たにお願いをした実務家・研究者の方に講義をしていただいた内容を再現しています。これらを通じて、我が国に見られる新たな胎動を実感していただければと思います。

本書も、またその基になった講義も、お忙しい中をわざわざ時間を割いて講義をしていただいた外部の有識者の方々なくしては、成立しません。ここで改めて、講師の皆様に厚く御礼を申し上げる次第です。また、この講義を聴講し、質問や意見などを通して、積極的に講義にかかわってくれたリーディングプログラムの学生、それ以外の一般の履修生の皆さんにも感謝をいたします。

最後になりますが、これまでと同様、毎回の講義の円滑な進行をサポートしてくれた春木佳子さん、本書を出版に導いてくださった慶應義塾大学出版会の村山夏子さんに、厚く御礼を申し上げます。

本書が、我が国が直面している様々な問題について考え、その解決策を探ろうとしている学生やビジネスマンの方々をはじめ、広く一般の方々に読まれ、今後の参考にしていただけるとすれば、編著者一同の望外の幸せです。

二〇一六年一月

編著者を代表して　齋藤　潤

編著者

樋口美雄（ひぐち　よしお）　第二章
慶應義塾大学商学部教授。一九八〇年慶應義塾大学大学院商学研究科博士課程単位取得退学、商学博士。慶應義塾大学商学部助手、同助教授を経て現職。これまでに、米国コロンビア大学客員研究員、国民生活金融公庫総合研究所長、慶應義塾大学商学部長・商学研究科委員長、日本経済学会会長、労働政策審議会会長、内閣官房「まち・ひと・しごと」創生会議委員等を歴任。著書に、『人口減少と日本経済――労働・年金・医療制度のゆくえ』共編、日本経済新聞出版社（二〇〇九年）、『若年者の雇用問題を考える――就職支援・政策対応はどうあるべきか』共編著、日本経済評論社（二〇一三年）。

駒村康平（こまむら　こうへい）　第三章
慶應義塾大学経済学部教授。一九九五年慶應義塾大学大学院経済学研究科博士課程単位取得退学、経済学博士。国立社会保障・人口問題研究所研究員、駿河台大学経済学部助教授、東洋大学経済学部教授を経て現職。これまでに、厚生労働省顧問、社会保障審議会委員、社会保障制度改革国民会議委員等を歴任。著書に、『日本の年金』岩波書店（二〇一四年）、『中間層消滅』角川新書（二〇一五年）。

齋藤　潤（さいとう　じゅん）　序章、第一章
慶應義塾大学大学院商学研究科特任教授。一九七八年東京大学大学院経済学研究科修士課程修了、同年経済企画庁（現内閣府）入庁。内閣府政策統括官（経済財政分析担当）等を経て現職。これまでに、オックスフォード大学大学院留学、国際通貨基金（ＩＭＦ）エコノミスト、日本経済研究センター主任研究員、青山学院大学及び東京大学の非常勤講師等を歴任。

著者

片岡一則（かたおか　かずのり）　第四章
東京大学大学院工学系研究科／医学系研究科教授。一九七九年東京大学大学院工学系研究科博士課程修了、工学博士。東京女子医科大学助手、同講師、同助教授、東京理科大学基礎工学部助教授、同教授を経て、現職。これまでに、パリ大学客員教授、ミュンヘン大学客員教授、浙江大学客員教授、四川大学名誉教授を歴任。専門分野は、バイオマテリアル、ドラッグデリバリーシステム。

大橋弘隆（おおはし　ひろたか）　第五章
三井造船株式会社海洋事業推進部アドバイザー。一九七四年東京大学工学部卒業。同年三井造船株式会社入社。流体関連研究、新規事業開発を経て、現在海洋関連の事業開発を担当。これまでに、アーヘン工科大学研究員、長岡技術科学大学客員教授を歴任。

前村敏彦（まえむら　としひこ）　第五章
三井造船株式会社技術開発本部再生可能エネルギープロジェクトグループ長。一九八二年九州大学工学部卒業。同年三井造船株式会社入社。生産設備開発、新規事業開発を経て、現在波力発電装置の開発を担当。

村井善幸（むらい　よしゆき）　第六章
日本電気株式会社準天頂衛星利用推進室兼パブリックビジネスユニット主幹。一九八三年豊橋科学技術大学大学院修士課程修了。同年日本電気株式会社入社。防衛関連事業ならびに宇宙関連事業に従事した後、二〇一五年四月より現職。講義時は、準天頂衛星利用推進室長。

野牧宏治（のまき　こうじ）　第七章
富士通ホーム&オフィスサービス株式会社先端農業事業部企画部長。一九八八年富士通工業専門学校、二〇〇四年産業能率大学経営情報学部卒。一九八四年富士通株式会社入社。半導体工場建設に伴う環境配慮計画やCSR推進に従事した後、二〇一三年より現在の組織で植物工場事業の立ち上げ、事業化を担当。東京大学大学院非常勤講師、八王子ゆめおり市民会議二〇一一代表等を歴任。

樋口哲郎（ひぐち　てつろう）　第八章
東北大学ベンチャーパートナーズ株式会社取締役管理部長。一九八四年慶應義塾大学経済学部卒業。同年日本合同ファイナンス株式会社（現、株式会社ジャフコ）入社。投資事業組合の企画募集や出資者対応に従事した後、退職し、二〇一五年より現職。講義時は、株式会社ジャフコファンド運用部ファンド運用推進グループプリンシパル。

超高齢・人口減少社会のイノベーション
——超成熟社会発展の経済学Ⅲ

2016年3月30日　初版第1刷発行

編著者————樋口美雄・駒村康平・齋藤潤
発行者————古屋正博
発行所————慶應義塾大学出版会株式会社
〒108-8346　東京都港区三田2-19-30
TEL〔編集部〕03-3451-0931
〔営業部〕03-3451-3584〈ご注文〉
〔　〃　〕03-3451-6926
FAX〔営業部〕03-3451-3122
振替 00190-8-155497
http://www.keio-up.co.jp/
装丁————土屋　光
印刷・製本——萩原印刷株式会社
カバー印刷——株式会社太平印刷社

Printed in Japan　ISBN978-4-7664-2312-9